Q&Aでわかる
業種別法務
銀行

日本組織内弁護士協会〔監修〕
桑原秀介・西原一幸〔編〕

中央経済社

＊本書中の意見にわたる部分は，各執筆者の個人的な見解であり，
　各執筆者が所属する組織の見解ではありません。

シリーズ刊行にあたって

　本書を手に取る人の多くは，これから法務を志す人，すでに法務に従事している人，異なる業界へ転職を考えている人，他職種から法務に転身してみようという人などでしょう。そういった方々の期待に応えようとしたのが本書です。

　これまで本書のような，シリーズとして幅広い業種をカバーした業種別法務の解説書は存在しませんでした。しかし，経験のない法務や業種に飛び込む前に，その業界の法務のイメージを摑み，予習をしておくことができれば不安を除くことができます。また，一旦業務を開始した後でも，業界の指針となるような参考書がそばにあると安心ではないか，と考えました。

　社会の複雑高度化，多様化，国際化等によって企業法務に対する経済界からの強いニーズが高まるとともに，先行して進められてきた政治改革，行政改革，地方分権推進と関連して官公庁や地方自治体からのニーズも高まり，弁護士の公務員への就任禁止の撤廃や営業許可制度の廃止等による参入規制の緩和，司法試験合格者の増加，法科大学院設立等の法曹養成制度をはじめとする司法制度の抜本的改革が行われました。その結果，企業内弁護士の届出制の導入と弁護士の公務員就任禁止の完全撤廃がなされた2004年当時，組織内弁護士数は約100名だったのが，現在では20倍以上の約2,300人に到達しました。さらに，企業のみならず官公庁，地方自治体，大学，各種の団体など弁護士の職域も拡大し，法化社会への道がますます拓けてきました。

　このような環境変化により，業種別法務も専門化・複雑化しつつあります。以前は，どこの業種に属していても，法務はほとんど変わらない，という声もありました。しかし，これだけ外部環境が変化すると，各業種の企業法務も複雑化し，どこの業種の法務も同じ，という状況ではなくなりつつあります。ま

た，同様に官公庁，地方自治体，NPO法人等の業務も複雑高度化等の影響を受けており，たとえば，自治体内弁護士といってもその職務の内容は千差万別です。

　そんな環境下で，満を持して日本組織内弁護士協会の組織内弁護士たちが業種別法務の解説書シリーズを順に出版していくことになりました。現在および将来の法務の羅針盤として，シリーズでご活用いただければ幸いです。

　2019年7月

日本組織内弁護士協会　理事長

榊原　美紀

はしがき

　本書は，「Q&Aでわかる業種別法務」シリーズの一冊として，銀行業における法務の概要やポイントを，Q&A形式で解説したものです。主たる読者としては，銀行において法務部やコンプライアンス部等に配属され，規制法務や取引法務等を含む銀行業務を初めて担当される（または担当されて日の浅い）法務担当者や組織内弁護士の方々を想定しています。また，執筆は，いずれもJILA（日本組織内弁護士協会）の第2部会（銀行，証券，金融等）に所属する組織内弁護士（またはその経験者）の有志が担当し，編者が全体のバランス等や各執筆者との議論を踏まえ，必要な調整を行いました。

　本書の特徴は，以下のとおりです。

　第一に，比較的経験の浅い方に銀行法務の概要やポイントを伝えるという上記目的に鑑み，Q&Aの形で，平易な言葉で簡潔にわかりやすく記述することを心掛けました。また，一口に銀行法務といっても，その内容は多岐にわたりますが，どの業務を担当される場合も参考にしていただけるよう，銀行規制と銀行取引の2つを基本軸とし，極力多くの項目をカバーするように努めました。その中には，融資，預金等の伝統的な銀行業務に関するものはもとより，シンジケート・ローンのような現代的な取引や，FinTechのような先端的な分野に関するものも含まれています。

　第二に，組織内弁護士（またはその経験者）が執筆を担当することによる強みを発揮するため，抽象的な法律や制度の概要のみを平板に説明することはなるべく避け，各執筆者の経験等を踏まえ，銀行法務の現場において実際に問題となる質問，取引，シチュエーション等を問いとして設定し，それに対する回答という形をとることにより，銀行法務の実務において役立つ内容になるように努めました。これにより，具体的な問題意識を持ちながら，各Q&Aをお読みいただくことが可能になっているものと考えます。

　第三に，本書で取り扱っているトピックや個別の記載について，より詳細な

調査や検証を行うことを可能にするために，参考文献や関連ウェブサイトの引用や紹介を随所に設けました。本書では，多くのテーマを限られた紙幅の中で記載していることから，やや厳密さを欠いたり，舌足らずな表現になっていたりする部分もあります。本書で概略を把握された後は，ぜひ，引用された文献（いずれも入手しやすく，かつ，銀行法務を担当する際の基本的文献といえるものです）やウェブサイトにあたって，理解を深めていただければと思います。

　以上のような本書の試みがどの程度成功しているかどうかは，本書を手に取っていただいた読者の方々のご判断に委ねるほかはありませんが，本書が，銀行で法務を担当される方々に幅広く利用され，多少なりとも参考にしていただける部分があるとすれば，執筆者一同としましては，大変幸甚に存じます。

　なお，本書は，JILA（日本組織内弁護士協会）をはじめとする各執筆者が現在所属する（または過去に所属した）企業，法律事務所，団体等の実務や見解を代表して述べるものではなく，あくまでも，各執筆者個人としての理解や意見を記したものである点，念のために申し添えます。

　最後になりますが，本書が成立するにあたっては，中央経済社の川副美郷さんに，企画の段階から，大変お世話になりました。ここに記して，厚く御礼申し上げます。

　2019年7月

執筆者を代表して

桑原　秀介

西原　一幸

目　次

シリーズ刊行にあたって… i
はしがき……………………iii

序章　銀行業の特色 …………………………… 1

1　業界概要 ……………………………………… 2
1．銀行の基本的機能 ……………………………… 2
2．銀行の経営環境の変化と業務拡大の必要性 ……… 3

2　ビジネスモデル ……………………………… 5
1．伝統的なビジネスモデル ……………………… 5
2．環境変化による業務の変化 …………………… 6

3　法務の特色 …………………………………… 8
1．規制法務（コンプライアンス）と取引法務 ……… 8
2．銀行業におけるプロダクトと法務の密接関連性 …… 10
3．法令改正やビジネスの変化への対応 ………… 10

第1章　銀行規制 ……………………………… 13

1　規制の目的 …………………………………… 14
Q1　銀行法の目的 …14

Q2　銀行員による不祥事防止 …18

2　規制の概要 ……… 22

1．銀 行 法 ……… 22

Q3　子会社等との取引に関する規制 …22

Q4　銀行の業務範囲規制 …26

Q5　銀行の子会社規制（子会社業務範囲規制）…30

Q6　銀行の議決権保有規制 …34

2．預金保険制度，預金者保護法 ……… 38

Q7　預金保険制度への対応 …38

Q8　預金の不正引き下ろしへの対応 …42

3．金商法（銀証分離規制） ……… 46

Q9　銀証連携ビジネス …46

Q10　銀行および証券会社間での人的連携 …50

4．顧客に対する適切な情報提供・説明 ……… 54

Q11　投資信託の販売手数料の内訳に関する説明 …54

Q12　顧客に適した金融商品の販売 …58

5．犯収法（マネーローンダリング・テロ資金供与対策） ……… 62

Q13　本人確認（取引時確認）の必要性 …62

Q14　疑わしい取引への対応 …66

3　規制のグローバル化 ……… 70

Q15　グローバルな金融規制 …70

4　金融庁との関わり ……… 74

Q16　金融行政の変化 …74

Q17　法令適用等について官庁に照会する制度 …78

5　銀行のガバナンス・グループ経営 ……… 82

Q18　銀行のガバナンス …82

Q19　銀行持株会社グループの業務効率化 …86

目　次　3

第2章　銀行取引 ················· 91

1 　預　　金 ································· 92

Q20　預金に関する照会 …92

Q21　預金の相続 …96

Q22　預金の差押え …100

Q23　誤振込みに関する法律関係 …104

2 　為替取引 ····························· 108

Q24　為替取引とは …108

3 　貸　　出 ····························· 112

1．融資取引（ローン） ··········· 112

Q25　融資の態様および条件 …112

Q26　債権管理と債権回収（銀行取引約定書）…116

Q27　業況悪化先に対する追加融資 …120

Q28　事業法人への貸付と経営者保証 …124

2．シンジケート・ローン ··········· 128

Q29　シンジケート・ローンとは …128

Q30　シンジケート・ローン契約 …132

Q31　シンジケート・ローンにおける担保 …136

Q32　シンジケート・ローンに係るセカンダリー取引 …140

3．海外案件に特有の契約条項および留意点 ········· 144

Q33　クロスボーダーローン …144

Q34　クロスボーダー・シンジケート・ローン，セカンダリー取引 …148

Q35　クロスボーダーローン案件での担保・保証取得 …152

4 　ストラクチャード・ファイナンス ········· 156

1．買収ファイナンス ··········· 156

4 目 次

Q36 買収ファイナンスとは …156

Q37 買収ファイナンスにおける担保と保証 …160

Q38 買収ファイナンスにおけるメザニン・ファイナンス（優先株式）…164

Q39 買収ファイナンスにおけるメザニン・ファイナンス（メザニンローン）…168

2．プロジェクト・ファイナンス ……172

Q40 プロジェクト・ファイナンスとは …172

Q41 プロジェクト・ファイナンスにおけるリスク分担 …176

Q42 プロジェクト・ファイナンスにおけるドキュメンテーション …180

Q43 プロジェクト・ファイナンスにおける担保 …184

5 社 債 ……188

Q44 社債における銀行の役割（財務代理人業務）…188

Q45 社債における銀行の役割（社債管理者業務）…192

6 デリバティブ ……196

Q46 デリバティブ取引の付随業務該当性・行為規制 …196

Q47 デリバティブ取引における適合性原則および説明義務 …200

Q48 デリバティブ取引における信用不安時の対応 …204

7 PEファンド ……208

Q49 PEファンド出資とは …208

Q50 PEファンドの組合契約の条項 …212

Q51 PEファンドへの出資とレギュレーション …216

8 FinTech ……220

Q52 暗号資産・デジタル通貨による決済・送金サービスの法的課題 …220

Q53 オープンAPI提供における法的留意点 …224

Q54 AIを用いたロボアドバイザーの利用に関する法規制 …228

目　次　5

9 付随業務 ·· 232

　　Q55　新たなサービス等に関する規制 …232

　　Q56　M&Aアドバイザリー業務の留意点 …236

　　Q57　ビジネスマッチング業務の留意点 …240

10 銀行業務の拡大，銀行の海外展開 ················ 244

　　Q58　業務拡大―相続関連業務の拡大 …244

　　Q59　業務提携 …248

　　Q60　海外展開 …252

COLUMN

　1　融資取引における手数料とみなし利息／12

　2　業務範囲規制の遵守のための法務部の関わり方／90

　3　印紙税とは／256

索　　引 ·· 257

凡　例

■法令

金商法	金融商品取引法
金商法施行令	金融商品取引法施行令
定義府令	金融商品取引法第二条に規定する定義に関する内閣府令
業府令	金融商品取引業等に関する内閣府令
金販法	金融商品の販売等に関する法律
資金決済法	資金決済に関する法律
犯収法	犯罪による収益の移転防止に関する法律
犯収法施行令	犯罪による収益の移転防止に関する法律施行令
犯収法施行規則	犯罪による収益の移転防止に関する法律施行規則
動産・債権譲渡特例法	動産及び債権の譲渡の対抗要件に関する民法の特例等に関する法律
出資法	出資の受入れ，預り金及び金利等の取締りに関する法律
投資事業有限責任組合契約法	投資事業有限責任組合契約に関する法律
投資事業有限責任組合契約法施行令	投資事業有限責任組合契約に関する法律施行令
振替法	社債，株式等の振替に関する法律
独禁法	私的独占の禁止及び公正取引の確保に関する法律
平成29年改正民法	民法の一部を改正する法律（平成29年法律第44号）による改正後の民法
平成30年改正民法	民法及び家事事件手続法の一部を改正する法律（平成30年法律第72号）による改正後の民法

■監督指針

主要行監督指針	主要行等向けの総合的な監督指針
中小・地域監督指針	中小・地域金融機関向けの総合的な監督指針
金商業者監督指針	金融商品取引業者等向けの総合的な監督指針

■パブリックコメントへの金融庁の考え方

金融庁平成19年パブコメ回答●頁No.●　「「金融商品取引法制に関する政令案・内閣府令案等」に対するパブリックコメントの結果等について」（平成19年7月31日公表）における「コメントの概要及びコメントに対する金融庁の考え方」

金融庁平成26年パブコメ回答No.●　「平成25年金融商品取引法等改正（1年以内施行）等に係る銀行法施行規則等の改正案に対するパブリックコメントの結果等について」（平成26年3月31日公表）における「コメントの概要及びコメントに対する金融庁の考え方」

警察庁平成27年パブコメ回答No.●　「『犯罪による収益の移転防止に関する法律の一部を

改正する法律の施行に伴う関係政令の整備等に関する政令案』等に対する意見の募集結果について」（平成27年9月18日公表）における「『犯罪による収益の移転防止に関する法律の一部を改正する法律の施行に伴う関係政令の整備等に関する政令案』等に対する御意見・御質問に対する警察庁及び共管各省庁の考え方について」

金融庁平成29年3月24日パブコメ回答●頁No.●　「『銀行法施行令等の一部を改正する政令等（案）』等に対するパブリックコメントの結果等について」（平成29年3月24日公表）における「コメントの概要及びコメントに対する金融庁の考え方」

金融庁平成29年3月30日パブコメ回答No.●　「『顧客本位の業務運営に関する原則』の確定について」（平成29年3月30日公表）における「コメントの概要及びコメントに対する金融庁の考え方」

■文献

〔書籍〕

神田ほか・金融法概説　　神田秀樹＝森田宏樹＝神作裕之編『金融法概説』（有斐閣，2016）

神田ほか・金融法講義　　神田秀樹＝神作裕之＝みずほフィナンシャルグループ編著『金融法講義〔新版〕』（岩波書店，2017）

池田＝中島・銀行法　　　池田唯一＝中島淳一監修『銀行法』（金融財政事情研究会，2017）

小山・銀行法精義　　　　小山嘉昭『銀行法精義』（金融財政事情研究会，2018）

田中・会社法　　　　　　田中亘『会社法〔第2版〕』（東京大学出版会，2018）

山下＝神田・金商法概説　山下友信＝神田秀樹編『金融商品取引法概説〔第2版〕』（有斐閣，2017）

橋本・社債法　　　　　　橋本円『社債法』（商事法務，2015）

みずほ・銀行実務（証券）みずほコーポレート銀行証券部編『銀行実務詳説　証券』（金融財政事情研究会，2011）

中崎＝小堀・犯取法　　　中崎隆＝小堀靖弘『詳説 犯罪収益移転防止法・外為法〔第3版〕』（中央経済社，2018）

〔判例集・雑誌〕

民（刑）集　　　最高裁判所民（刑）事判例集

裁時　　　　　　裁判所時報

判時　　　　　　判例時報

金判　　　　　　金融・商事判例

金法　　　　　　金融法務事情

ジュリ　　　　　ジュリスト

商事　　　　　　商事法務

序章 ▶▶

銀行業の特色

1 業界概要

　銀行業界自体は，本書の読者の皆さんにとって，ある程度馴染みがあるものではないかと思います。他の業界，たとえば製造業であれば，そもそも個人が使うものを作っておらず，個人顧客と接点がない場合もあります。しかし，おそらく「銀行を一度も使ったことがない」という方はいらっしゃらないと思います。たとえば，全国銀行協会が平成28年に行ったアンケートによると，個人の銀行口座利用者は91.5％，銀行取引を行っている事業者は84.3％といずれもかなり高く（一般社団法人全国銀行協会実施「よりよい銀行づくりのためのアンケートの結果について」（平成28年3月4日公表）），その意味で，銀行は皆さんの生活に深くかかわる業界の一つといえます。

1．銀行の基本的機能

　銀行の基本的機能は，①資金仲介機能，②信用創造機能，③資金決済機能です。

　銀行は，預金の受入れを行い，受け入れた預金を，資金を必要とする者に貸付，手形割引または株式・社債・国債等の有価証券への投資の形で供給します。こうした預金の受入れと投融資により，資金の需要者と供給者との間の資金の流れを円滑にする機能を果たしています（資金仲介機能）。

　この資金仲介機能を通じて，銀行は，信用創造機能を果たしています。銀行は，受け入れた預金のうち，準備預金制度の下で日本銀行に預け入れることが求められている支払準備を除いた資金を貸付等に向けますが，これは当該銀行または他の銀行の預金となり，再度，貸付等に回されます。こうした過程を繰り返すことにより，銀行全体としては，当初預金者から受け入れた預金の数倍の通貨供給を行うことができます。この資金仲介機能を通じた信用創造機能は，預金業務を扱っている銀行に固有のものであり，保険会社や証券会社にはありません（全国銀行協会企画部金融調査室編『図説 わが国の銀行〔10訂版〕』（財経詳報社，2017）17頁）。

　また，銀行は，為替取引（銀行法10条1項3号）および金銭出納事務等（同条2項9号）を行います。これらの業務は支払人と受取人間の代金決済を行う

業務であることから，銀行は資金決済機能を果たしています。銀行は，かかる資金決済機能を円滑に行うため，全国銀行データ通信システム（全銀システム），日本銀行金融ネットワークシステム（日銀ネット），手形交換制度といった決済システムを利用しています。

２．銀行の経営環境の変化と業務拡大の必要性

このように，重要な機能を有する銀行ですが，それを取り巻く経営環境は変わってきています。

⑴　国際化の進展

銀行の顧客である企業が海外に取引先を求めて海外に販路を拡大したり，生産拠点を海外に設立したりするなど海外展開を進めていく過程で，銀行は，海外宛送金等の決済業務，信用状の発行等による貿易取引のサポート，海外の現地法人への貸付，顧客の海外事業展開のサポート（市場調査，合弁事業・M&Aの相手の選定支援等）等のサービスを顧客企業に提供してきました。また外国企業への融資，シンジケート・ローンへの参加等も行っています（海外向けローンについてQ33～35，邦銀の海外展開についてQ60を参照）。最近では，アジア地域の現地銀行を買収する邦銀も現れています。

⑵　規制の強化

リーマンショックに代表される世界金融危機を踏まえ，世界各国で統一されたグローバルな規制の必要性，システム上重要な金融機関の破綻処理の実行可能性を確保することの必要性等が認識され，自己資本比率規制の強化やシステミックリスクを避けるため，健全性確保の要請が高まり国際的な規制強化（システム上重要な金融機関（SIFIs）の指定・上乗せ規制・TLAC規制）が進んでいます（バーゼルⅢによる自己資本比率規制の強化およびレバレッジ規制・流動性規制の導入ならびにシステム上重要な金融機関（SIFIs）に対する総損失吸収能力（TLAC）規制等についてQ15を参照）。

⑶　市場環境の変化

他方で，市場環境の変化から，銀行に対しては，収益を稼ぐ方法を変化させる要請が強まってきています。平成11年にいわゆるゼロ金利政策，平成28年にマイナス金利政策が採用され，現在国内では長期にわたる低金利およびマイナ

ス金利の状況が続いており，従来収益の中心となっていた「貸付による利ざやの確保」が難しくなってきています。金融庁が平成29年11月11日に公表した平成29事務年度金融行政方針においても，「低金利環境の継続により金融機関の経営環境は厳しさを増しており，預金取扱金融機関の収益が貸出利鞘や有価証券利鞘が縮小傾向にあり，特に，この1年においてマイナス金利等により国内の銀行業務の収益性は低下している」旨の指摘がされています（同方針16頁）。また，貸付を行う場合は銀行の資産として貸付金が計上されることとなりますが，(2)のとおり銀行はリスクアセットを増やす場合，自己資本比率を維持するために資本の積増しをしなければなりません。そうすると，利ざやがあまりにも小さければ，貸付増に応じ資本を積み増すコストが利ざやを超えることにもなりかねません。

(4) デジタライゼーションの加速

近時，スマートフォンなどの普及により，個人がいつでもどこでも，手軽にインターネットにアクセスができるようになってきました。そのような環境の変化から，スマートフォンを用いた振込み・諸手続などが広まり，業務の構造変化が進む，いわゆるデジタライゼーションが進んできています。また，IT技術を活用して，決済等の金融サービスを切り出し（アンバンドリング），eコマース等の業務と部分的に組み合わせる（リバンドリング）等により金融分野に進出する新しいプレイヤーが現れてきたことから，既存の金融機関も新しいプレイヤーとの協働・連携や競争を通じて，ビジネスモデルの変革による利用者利便の向上が求められるようになりました（金融庁「変革期における金融サービスの向上にむけて　金融行政のこれまでの実践と今後の方針（平成30事務年度）」（平成30年9月）参照）。

以上のような変化に伴う銀行のビジネスモデルの変化につきまして，次の**2**で説明します。

2 ビジネスモデル

1. 伝統的なビジネスモデル

1. で述べたとおり，銀行の基本的機能の一つとして，資金仲介機能があり，銀行が預金を受け入れ，それを資金調達のニーズがある者に対して貸し付けるという業務は，伝統的なビジネスモデルということができます。また，資金決済機能という観点から，顧客から依頼を受けて送金等を行うことについても，同様のことがいえます。以上のような，個人・法人の顧客から金銭をお預かりする「預金」，顧客から依頼を受けて資金を移動する「為替取引」，顧客に対して金銭を貸し付ける「貸付」の3つは，銀行の固有業務とされ（銀行法10条1項），今もなお，ビジネスモデルの根幹をなすものといえます。

以上のビジネスモデルは，銀行の損益計算書からも読み取ることができます。たとえば，ある銀行のある決算期の連結損益計算書を見ると，経常収益として「資金運用収益」，「役務取引等収益」，「特定取引収益」，「その他業務収益」等が，経常費用として「資金調達費用」，「役務取引等費用」等が記載されています。資金運用収益の中では貸出金利息が，資金調達費用の中では預金利息および譲渡性預金利息が多くを占めていることがわかります。このことから，銀行の基本的なビジネスモデルが，「預金で資金を集め，顧客に貸付を行い，貸付利率と預金利率の差である利ざやをもって収益を得るものである」ということがわかります（【図表序-1】を参照）。なお，資金運用収益には，有価証券利息配当金や金利スワップ利息も含まれます。

また，銀行の固有業務のうち，為替取引によって得られる振込手数料は，役務取引等収益に該当します。この収益には投資信託などの有価証券を販売した時の手数料や，ATMを使った時の手数料，円貨や外貨の両替の際の手数料，コンサルティングやローンのアレンジを行った場合に顧客から徴取する手数料（フィー）なども含まれます（【図表序-2】を参照。また，銀行が手数料ビジネスやアドバイザリー業務を行う際の問題点については，COLUMN 1およびQ11・55・56を参照）。

【図表序－1】資金運用収益

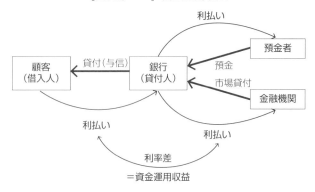

【図表序－2】手数料収益

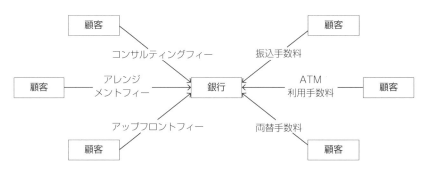

　トレーディング目的での有価証券や為替取引を行った場合の「特定取引収益」，これらの収益以外で銀行の本業による収益を示す「その他業務収益」等は，資金運用収益および役務取引等収益に比べて通常小さくなっています。

　このように，銀行の業務による収益は，資金を運用しての金利収益と，手数料などの非金利収益に大きく分けることができ，これらが2大ビジネスモデルをなしているということができると思います。

2．環境変化による業務の変化

　1. 2.で述べたように，金融業界も環境の変化が進んでいることから，伝統的なビジネスモデル（従来業務）が変化するとともに，従来にはなかった新規ビジネスモデル（新規業務）が誕生しています。以下，順に，説明します。

(1)　従来業務の変化

　貸付については，国内では低金利環境となる一方で，海外では国内に比べればまだ利ざや（スプレッド）の確保が容易です。そこで，顧客の海外進出に合わせるように，海外宛貸付や外貨建貸付などが増加しました。また，そのような貸付を行うために，原資となる外貨預金の獲得にも力を注がれるようになりました。加えて，特に非金利収益である為替の重要性が増すとともに，海外送金業務も増加しています。

　貸付の手法にも変化が生じています。すなわち，従来の貸付であれば金利による収益の確保に主眼が置かれていましたが，最近ではシンジケート・ローンの組成（Q29）によるアレンジメントフィー等の獲得にも力が注がれています。

　また，不動産ファイナンス，買収ファイナンス（Q36〜39参照），プロジェクト・ファイナンス（Q40〜43参照），航空機・船舶ファイナンス等の高度なファイナンススキームが用いられるストラクチャード・ファイナンスにおいてフィナンシャルアドバイザリー業務，アレンジメント業務，エージェント業務等を行うことにより，手数料収入の獲得を目指す銀行も増えています。

　さらに，ストラクチャード・ファイナンスを組成した後に，その債権を債権元本額よりも高値（オーバーパー）で譲渡すること（オリジネーション&ディストリビューション（O&D））も行われるようになっています。また，当該債権を信託銀行等に信託し，信託受益権の売買を銀行が仲介する（有価証券の私募の取扱い（銀行法10条2項6号））ことも行われています。

　これらの取引が増えた背景として，健全性確保の要請に関する環境の変化も挙げられます。すなわち，健全性確保のためには自己資本比率の向上が必要ですが，それには資本拡充と資産縮小の2つの側面があります。上記のような従来業務の変化は，いずれも銀行が持つ資産の圧縮や，銀行が持つ資産を増加させない形での収益獲得をも目的として行われています。

(2)　新種業務

　また，従来銀行の業務範囲ではなかった業態の新たな業務分野に取り組む銀行も増えてきました。たとえば，取引先企業に対して行うコンサルティング業務，ビジネスマッチング業務（Q57参照），人材紹介業務，M&Aアドバイザリー業務（Q56参照），相続関連業務（Q58参照）等さまざまな業務による収益

の確保が行われています（これらは，銀行の業務の種類としては，「その他の付随業務」（Q4参照）というカテゴリーに分類されることになります）。

　加えて，メガバンクをはじめとした銀行では，銀行持株会社を設立し，銀行のグループとして証券業・信託業・不動産の仲介・リース・資産運用といった銀行業以外の業務を行う会社を設立することで，銀行業とのシナジーを狙う試みも行われています（子会社の業務範囲規制についてQ5，銀証連携についてQ9・10を参照）。

　さらに，最近では，ITやAIに関する技術を用いて，たとえば取引先の決済を便利にするシステムを開発し，そのようなシステムを導入してもらうことで手数料を得る，B to Cの決済に使えるようなカードシステムを開発する，FinTech企業との提携やそのような企業への出資を通じてサービス内容を拡大する，といった取組みもなされています（暗号資産（仮想通貨）による決済，オープンAPIやAIを用いたロボアドバイザーの詳細についてQ52〜54を参照）。

3 法務の特色

　銀行における法務の特色については，いろいろな説明の仕方があるところかとは思いますが，たとえば，以下のように整理することが可能と思われます。

1．規制法務（コンプライアンス）と取引法務

　本書の構成が，「銀行規制」と「銀行取引」に大きく分けられていることからもわかるとおり，銀行における法務は，①規制法務（コンプライアンス），すなわち，銀行法や監督指針（主要行監督指針，中小・地域監督指針，金商業者監督指針）をはじめとする銀行や銀行業務に対する規制を遵守するという側面と，②取引法務，すなわち，各種の取引（トランザクション）を推進するための契約の作成や顧客への対応という側面とに分けられると思います。もちろん，両者は截然と分けられるものではなく，通常は，取引を行う際にも規制に留意する必要がありますし，規制について検討する際には，取引への影響も考慮する必要があると考えられますので，上記の区分も便宜上のものでしかありません。しかし，一般的には，法務の業務を①と②とに分け，それぞれ別々の

部署やチームが担当している銀行も多いと思います。

①の規制法務においては，銀行法等の法令・規則はもとより，監督指針や，それらが公表された際の行政庁（主として金融庁）からのパブリックコメントへの回答など，細かい規制やその解釈について，精通する必要があります（たとえば，Q5（銀行の子会社規制），Q6（銀行の議決権保有規制）あたりは，法律と規則が入り組んだ複雑な規律になっていますし，Q13（本人確認（取引時確認）の必要性）などでは，規則のかなり細かい改正の内容について言及されています）。なお，監督指針は，金融庁等の監督官庁において金融機関を監督する担当者に対する手引書としての位置付けを有するものですが，実務上は，監督を受ける側である金融機関の側もその内容を把握・分析し，あたかも法令であるかのようにそれを遵守するように努めているのが実態であると思われます。実質的にも，銀行法等の法令の規制の内容を監督指針で具体化していることもあり（たとえば，銀行法上の「その他の付随業務」に何が含まれるかについては，監督指針が基準や例を示すことにより，明確化しています（Q4，52，55〜57参照）），監督指針まで含めて初めて銀行に対する規制の全容が網羅されたことになるといってよいでしょう。加えて，本書でもしばしば引用しているような代表的な文献や金融庁の公表資料に当たり，実例や解釈について研究する必要に迫られることも少なくないと思われます。

他方，②の取引法務においては，個別の法令や監督指針等というよりは，取引で使われる契約の内容・文言，どのような点がよく交渉の対象になるのか，なぜそのような規定が置かれているのか等についての正確な理解が重要になります（その際，助けになるのが，業界スタンダードとしての地位を占める契約ひな形（および（もしあれば）その解説）です。本書でも，たとえば，Q26（銀行取引約定書），Q30（JSLA），Q34（クロスボーダー・シンジケート・ローン），Q44（社債のコベナンツモデル），Q49（PEファンドモデル契約）など，いくつかのひな形を紹介しています）。また，取引に基づく債権の保全のためにどのような方法で担保権の設定や保証の差入れをしてもらうか（たとえば，Q31，37，43，48など）というやや技術的な点について知悉することも必要になるでしょう。さらに，取引に関連する裁判例等も代表的なもの（本書でも，たとえば，Q21（預金の相続），Q23（誤振込み），Q24（為替取引），Q27

（取締役の経営判断），Q29（アレンジャーの義務）などでは，最高裁判例を含む裁判例について，やや詳細に取り上げています）は頭に入れておく必要があろうかと思います。

2．銀行業におけるプロダクトと法務の密接関連性

たとえば，自動車を製造するメーカーであれば，自動車が高性能であり安全性が確保されているかが重要で，このようなプロダクトとしての自動車自体が備えている価値は，法務がどのような活動をするかとは，直接関係がないという整理も可能かもしれません。これに対し，銀行が提供するプロダクトは，無形のサービスであり，いずれも，法律や契約がベースにあって初めて存在しうるものです。その意味で，プロダクトのありようを法務の活動と切り離すことができず，プロダクトと法務が密接に関連している，という点を特徴として挙げることができようかと思います。たとえば，利息制限法において許容される金利の上限を超える金利を含むローンは，少なくとも当該超過する限度ではプロダクトとして無価値であり，また，有効かつ対抗力がある担保権の設定されていないローンは，担保権の価値を把握できていないという意味で，担保付ローンとしては，不完全なプロダクトであるといわざるをえません。

このような特徴を有する結果，プロダクトを作り上げる部門，すなわち，営業部門やフロント部門と，法務部門とが協働する必要があるケースが多く，コミュニケーションやディスカッションの重要性がより高い，ということができようかと思います。

3．法令改正やビジネスの変化への対応

銀行や銀行業務に関連する法令や規制の内容は，頻繁に改正されます。

まず，法令については，本書で明示的に取り扱っているものだけでも，平成26年犯罪収益移転防止法改正，平成28年と29年の銀行法改正，平成29年民法（債権法）改正，平成30年民法（相続法）改正，令和元年の資金決済法や金商法等の改正などがあります。また，会社法についても，平成31年2月14日に，法制審議会において「会社法制（企業統治等関係）の見直しに関する要綱」が決定・答申され，早ければ令和元（2019）年秋にも改正法案が国会に提出され

3 法務の特色　11

る見通しです。

　一方，その他の規制については，本書でもしばしば引用される監督指針は，不定期で頻繁に改訂がなされるため，その動向を注視する必要がありますし，金融法務事情や金融・商事判例（いずれも月2回刊行）に掲載されている裁判例は，銀行業務に関連する重要なものが含まれることが多いです。さらに，関連する書籍・論文・研究会の報告書なども，多数発表されます（書籍の改訂もかなり頻繁になされます）。これらの改正の内容や新しい議論の動向をタイムリーにフォローし，銀行業務への影響等を分析した上で行内に周知させることも，法務の重要な役割であるといえます。

　また，1および2でも言及したとおり，銀行を取り巻く環境は今激変の真っただ中にあり，収益構造の変化や新種ビジネスの誕生を招くに至っています。これらの変化等により，新たな法律問題が生じる可能性が高く，そのような場合には，既存の判断枠組みや最新の議論を踏まえ，適切な助言を行ったりビジネスをリードしたりすることが求められることもあるでしょう（Q52〜54は，そのような新しい問題について，議論や考え方の一端を示したものです。もっとも，この分野は議論や実務のスピードが早いため，日々のキャッチアップが求められる分野であるといえます）。

COLUMN 1
融資取引における手数料とみなし利息

　銀行は，融資取引に関して，アップフロントフィー（銀行が融資事務（信用リスクの分析，融資条件の検討等）の対価として貸付実行時に収受する手数料）やアレンジメントフィー（銀行がシンジケート・ローンにおいてアレンジャーとしての業務（Q29を参照）を行う対価として受領する手数料）等の手数料を受け取ることがあります。

　これらの手数料を受領する場合は，それが「みなし利息」に該当しないかどうかの確認が必要です。一般に，銀行が受け取る利息については，利息制限法および出資法の利息上限規制がかかります（たとえば，元本額が100万円以上の融資における利息は年15％を超える部分については無効となり（利息制限法1条3号），また，年109.5％（業として行う場合は年20％）を超える場合は刑事罰の対象となります（出資法5条））。そして，上限規制の対象となる「利息」には，「消費貸借に関し債権者の受ける元本以外の金銭」（利息制限法3条）および「金銭の…貸付けに関し受ける金銭」（出資法5条の4第4項）が，手数料等の名目のいかんを問わず，広く含まれます（「みなし利息」と呼びます）。したがって，手数料が「みなし利息」に該当する場合には，利息上限規制に抵触しない金額の範囲内で受領する必要があります。

　アレンジメントフィーは，貸付自体に関わる対価ではなく，借入人からの依頼に基づき貸付とは独立して別途提供されるアレンジメント業務の対価としての性質および内容を有するとの整理により，みなし利息に該当しないと考えることが可能です（金融法委員会「論点整理：シンジケートローン取引におけるアレンジメントフィー／エージェントフィーと利息制限法及び出資法」（平成21年6月22日））。これに対し，アップフロントフィーについては，多くの場合，「みなし利息」に該当すると整理せざるを得ないと考えられ，その場合の手数料の計算方法についても検討がなされています（金融法委員会「期限前弁済手数料及びアップフロントフィーと利息制限法及び出資法に関する中間論点整理」（平成23年1月10日））。

第 **1** 章 ▶▶

銀行規制

1　規制の目的

> ## Q1　銀行法の目的
>
> 　新入行員向けの研修において「銀行の役割とは何か」をテーマに講師を行うことになりました。銀行法において，銀行にはどのような役割が期待されているのでしょうか。

A

　銀行法は信用の維持，預金者等の保護，金融の円滑を目的として定めており，これらの目的を実現するためにさまざまな法律，制度があります。銀行の役割はこれらの目的に沿って信用創造機能，決済機能，金融仲介機能を発揮することにあるといえます。

1．銀行法の目的

　銀行法は，「この法律は，銀行の業務の公共性にかんがみ，信用を維持し，預金者等の保護を確保するとともに金融の円滑を図るため，銀行の業務の健全かつ適切な運営を期し，もって国民生活の健全な発展に資することを目的とする。」と規定しています（同法1条1項）。この規定から，銀行業務の最終的な目的は国民生活の健全な発展を実現することであり，その前提として「信用の維持」，「預金者等の保護」，「金融の円滑」を図ることが求められています。これらは，個々に独立しているわけではなく，信用の維持によって預金者等の保護や金融の円滑が促進され，それらがさらに信用の維持につながるというように，相互に影響し合うものと考えられます（【図表1－1】）。そして，これら3項目の実現は，「信用創造機能」，「資金決済機能」，「資金仲介機能」といった銀行の機能の実現につながるものとなります。

【図表1－1】銀行法の目的

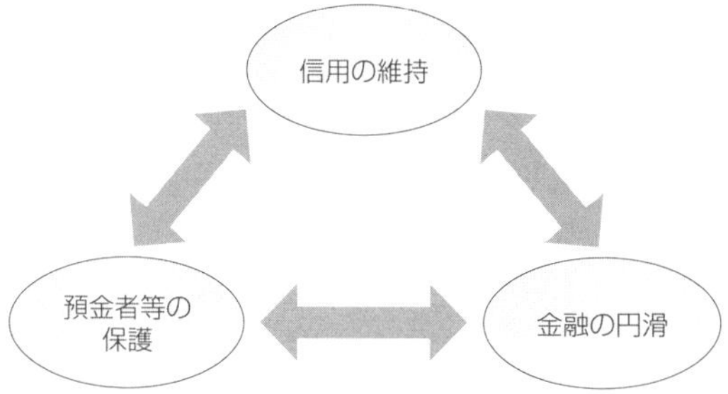

2．信用の維持

　ここでいう「信用」とは，「預けた金，貸し付けた金は必ず返済される。また，返済されなければならない」という確信ないし信頼を指します（小山・銀行法精義）。このような「信用」が動揺ないし喪失すると，人々がいっせいに預金を引き出す，いわゆる取付けが起こり，銀行の倒産，ひいては金融恐慌にまで至ることになります。

　そのような事態を招かないよう，銀行法は，銀行に一定の自己資本比率を維持するよう求める自己資本比率規制を設けています（同法14条の2）。すなわち，自己資本の充実によって，銀行の支払能力に対する預金者の信認を確保することが期待されています。預金者に対する支払能力が確保されるという点で，後述の預金者等の保護の側面も有しています（自己資本比率については，Q15も参照）。

　また，預金保険法は，信用秩序の維持に極めて重大な支障が生ずるおそれがあると認めるときは，資本注入措置（いわゆる公的資金の注入），預金全額保護措置，一時国有化措置を行うことができると定めており（同法102条1項），信用不安が発生した場合への対処方法を規定しています（詳細についてはQ7を参照）。

3．預金者等の保護

　銀行は不特定多数かつ相互に横の連絡も結合もない預金者から預金というかたちで金銭を受け入れ，融資などのかたちで運用を行います。預金の法的性質は消費寄託契約（民法666条）であり（もっとも，委任ないし準委任的な性質も有

16 第1章 銀行規制

する点につき，Q20の1を参照），元本保証が建前であるところ，預金者にとっては，銀行が運用に失敗して，預け入れた金銭が返ってこないということになれば，銀行に金銭を預けようとはしなくなり，銀行が融資に利用できる原資もなくなり，銀行法の目的である金融の円滑や信用の維持も実現できなくなるおそれがあります。

　預金者等の保護は，預金保険法が，銀行の倒産等の保険事故があった場合に預金者に対して保険金を支払うこととしていること（預金保険制度）にもあらわれています（同法53条。ただし，一般預金等については，元本1,000万円およびその利息等を限度とします（同法54条2項，同法施行令6条の3）。詳細についてはQ7を参照）。また，出資法が，他の法律に特別の規定のある者以外の者が業として預金や貯金などの受入れといった預り金を行うことを禁止していることも預金者等保護のあらわれと考えられます（同法2条1項）。

　さらに，偽造・盗難カードや振り込め詐欺など，預金者の財産は銀行外部からの侵害にもさらされています。このような外部からの侵害から預金者を保護するために，比較的最近成立した法律として，偽造カード等及び盗難カード等を用いて行われる不正な機械式預貯金払戻し等からの預貯金者の保護等に関する法律（「預金者保護法」（平成17年成立））や犯罪利用預金口座等に係る資金による被害回復分配金の支払等に関する法律（「振り込め詐欺救済法」）（平成19年成立）があります。このうち，預金者保護法は，偽造カードや盗難カードを用いて，ATMなどから預貯金の払戻しが行われた場合に，銀行への立証責任の転換や銀行による払戻し金額の補てんを定めて預金者の保護を図っています（以上につき，Q8も参照）。また，振り込め詐欺救済法は，詐欺その他の人の財産を害する罪の犯罪行為であって，財産を得る方法としてその被害を受けた者から振込みの振込先となった預金口座について，捜査機関等からの情報提供その他の事情を勘案して犯罪利用預金口座等である疑いがあると認めるときは，銀行に取引停止等の措置を講ずることを定めるとともに（同法3条1項），一定の手続のもと，被害者への被害回復分配金の支払いを行うことを定めています（同法8条1項）。

　預金者等の保護が図られることは，預金口座の安全性を保つことと言い換えることもできます。そして，預金口座の安全性が確保されることは，為替業務を通じて口座間の資金移動を安全に行うことができることを意味します。すな

わち，預金者等の保護を図ることは，銀行による資金決済機能の充実につながることとなります。

4．金融の円滑

　家計や企業，国家といった経済主体が，自前の資金のみでは経済活動に係る支出を賄うことができない場合には，外部の資金余剰者から資金を調達する必要があります。このような資金需要者が資金余剰者から資金を調達し活用するためには，両者を結び付ける場や機関が必要となります。銀行は，預金者から預かった金銭を貸付や手形の割引などを通して資金の需要者に供給することによって両者を結び付ける役割，すなわち資金仲介機能を果たしているといえます。金融の円滑とは，銀行をはじめとした資金仲介者が正常に機能し，資金余剰者から資金需要者への資金が滞りなく供給されている状態を指すものと考えられます。

　このような資金仲介機能を果たす銀行の経営上の健全性を確保するために，銀行法は，大口与信供与規制を設けています（同法13条）。すなわち，銀行の自己資本等に対する貸出金の比率を一定に制限することによって，特定の企業に対して銀行の信用供与が集中しないようにし，貸出先企業の経営上の危険が銀行に波及しないように規制されています。また，銀行に金銭を預けている預金者等の最大の関心事は元本が確実に戻ってくることですから，銀行には，リスク管理債権の開示（同法21条1項，同法施行規則19条の2第1項5号），金融機能の再生のための緊急措置に関する法律（金融再生法）による債権の開示（同法6条，同法施行規則4条）が求められているほか，銀行が適切な引当て，償却の額を決定するために自己査定を行い貸出先に対する債権を分類することが求められています（金融検査マニュアル（預金等受入金融機関に係る検査マニュアル）。なお，このマニュアルの廃止が予定されている点につき，Q16の3を参照）。

　このほか，金融の円滑を促進するための制度として，中小企業からの融資の申込みに対し，貸出条件の変更等できる限り柔軟な対応を取るよう金融機関に求める中小企業金融円滑化法（平成25年3月末失効）や，経営者保証に依存しない融資の促進を図るための経営者保証に関するガイドラインなどがあります（経営者保証については，Q28も参照）。

18　第1章　銀行規制

Q2　銀行員による不祥事防止

　銀行員が顧客から預かったお金を着服していた，銀行の複数の支店で書類が改ざんされていたという事件は後を絶ちませんが，行員の不正を防止するために各銀行はどのよう対策をとっていますか。

A

　銀行法は，銀行の業務の健全かつ適切な運営を目的として掲げ，一定の事項については不祥事件として届出を行うことを求めています。銀行業務の健全性を維持するために，行員による不正を未然に防止するための態勢整備が重要となります。

1．銀行業務の健全性

　銀行で起こる代表的な不正には，行員による顧客の預金の着服や融資関連の書類の改ざんなどがあります。前者は金銭に窮した行員が行う属人的なものであることが多いのですが，後者の場合は必ずしも行員が個人的に行うものとは限らず，収益を優先するあまり複数の支店にまたがって組織的に行われることもあります。

　Q1でも述べたとおり，銀行法は，「信用の維持」，「預金者等の保護」，「金融の円滑」の3つの目的を達成するために「銀行の業務の健全かつ適切な運営」を目的として掲げています（同法1条1項）。そのため，銀行業務の健全性を維持するために，行員による不正を防止するための態勢を整備することは銀行の責務といえます。

2．銀行法における不祥事件

　銀行法施行規則は，銀行の役員や従業員が以下に該当する行為を行ったことを「不祥事件」と定義しています（同法施行規則35条8項）。不祥事件が発生したことを知った場合，銀行は発生を知った日から30日以内に内閣総理大臣に届出を行わなければなりません（同法53条1項8号，同法施行規則35条1項25号・8項1号）。

① 銀行の業務を遂行するに際しての詐欺，横領，背任その他の犯罪行為

② 出資法または預金等に係る不当契約の取締に関する法律に違反する行為（いわゆる浮貸しや導入預金など）

③ 現金，手形，小切手または有価証券その他有価物の紛失のうち，銀行の業務の特性，規模その他の事情を勘案し，これらの業務の管理上重大な紛失と認められるもの（出納事故や現金の盗難など）

④ 海外で発生した①〜③に掲げる行為またはこれに準ずるもので，発生地の監督当局に報告したもの

⑤ その他銀行の業務の健全かつ適切な運営に支障を来す行為またはそのおそれがある行為であって①〜④に掲げる行為に準ずるもの

　このうち，⑤については，重大な法令違反があるか，行為の悪質性，被害の有無・程度（被害金額・件数の多寡等），行為が行われた時期の長短，行為の反復継続性，顧客への影響の有無・程度，行為の発生原因，類似事案が多数発生している等態勢的な問題点が認められるか，役員や管理者の関与が認められるか，組織的な関与が認められるかといった点を総合的に考慮して判断していくことになります（森・濱田松本法律事務所編『企業危機・不祥事対応の法務〔第2版〕』（商事法務，2018）422頁）。

　行員が金銭を着服することは，窃盗罪（刑法235条）や業務上横領罪（同法253条）にあたることから，①に該当します。これに対して，書類の改ざんについては，私文書偽造罪（同法159条）が成立する可能性がありますが，①には詐欺，横領，背任といった経済犯罪が例示されていることから，「その他の犯罪行為」も経済犯罪を指すものと考えられています（前掲・森・濱田松本法律事務所編422頁）。そのため，私文書偽造は，詐欺などの手段として行われることがありますが，改ざんした箇所や文書の性質，行使の目的などによっては必ずしも経済犯罪に該当するとはいえず，①の「その他の犯罪行為」に該当するかどうか個別に判断することになるものと考えられます。他方で，仮に，書類の改ざんが①には該当しないとしても，業務の健全性・適切性に支障を来す行為であるとして⑤に該当する可能性があります。

　なお，過去に⑤に該当するとして届出がなされた事例としては，次のものが

20　第1章　銀行規制

あるとされています（宇佐美豊＝川西拓人「銀行法における「不祥事件」の定義改正への対応」金法2078号24頁）。

- 振込手数料や保証料の過大徴収
- 業務書類の大量かつ長期間の握り込み，自宅への持ち帰り
- 預金や融資の金利相違（多数かつ長期間）
- 遅延損害金の未払い（多数，累計で多額）
- 受取証の未交付
- 顧客からの個人的な金銭の借入れ
- 顧客情報・行内情報の紛失
- クレジットカード年会費の立替え
- 決算書，融資関係書類の偽造（日付改ざん）

3．行員による不正を防止するための対策

　行員が不祥事件やその他社会的に不相当な行為を行わないようにするためには研修などを通して行員の倫理観を醸成していくことも大切ですが，それと同時にそもそも行員がこのような行為を起こさないような態勢整備も重要となります。

　行員による金銭の着服に対しては，その動機が行員の経済的困窮にあることが一般的であることから，以下のような対策が講じられています。まず，行員の給与振込口座を自行に開設させたり，定期的に行員の任意で1カ月当たりの収支を報告させたりすることで，行員の経済状況をできるだけ把握するようにしています。また，経済的困窮が認められる行員は現金を取り扱う部署には配置しないことによって金銭の着服をできないようにしたり，行員向けの低利の融資制度を勧めることによって着服を行う意思を生じさせないようにしたりしています。さらに，行員が顧客から金銭等を預かるときは受取証を作成するのが一般的ですが，それに加えて，上司が渉外用かばんを抜打ちでチェックすることで受取証に記載されていないものを預かっていないか確認を行っています。加えて，過去には名刺の裏に顧客からの預り物件を記載していた事例があることから，名刺の裏には銀行のロゴなどを印刷して使用できないようにしたり，

顧客に対して金銭等を預かるときには必ず受取証を交付する旨を周知したりするなどの対策をとっています。

　書類の改ざんが起こる背景としては，営業成績に対する過度なプレッシャーなどから行員が業務を抱え込んでしまう場合が想定されます。書類の改ざんを防止する態勢としては，たとえば，上司が部下の業務内容を把握する，休暇中の行員の業務を別の行員が行うなどして牽制をはたらかせるなどの方法が考えられます。また，行員が短期的な収益獲得に走らないよう，銀行のなかには数値目標を廃止したり，結果だけでなくプロセスを評価する評価体系を導入したりしているところもあります。

　銀行は顧客の財産を預かっていることから，高度な倫理観が求められます。そのため，ひとたび不正が行われた場合には，法的リスクだけでなく銀行のレピュテーションにも大きな影響を与えることがありますので，不正の未然防止を図っていくことが健全な業務運営にあたって重要となります。

22　第1章　銀行規制

2　規制の概要

1. 銀 行 法

Q3　子会社等との取引に関する規制

　銀行が子会社等と取引をするにあたり，いわゆるアームズ・レングス・ルールの観点から，どのような点に注意する必要がありますか。たとえば，銀行の敷地の一部を子会社に無償で貸すことや，子会社の証券会社で金融商品を購入した顧客に対して，当該顧客が銀行に預けている定期預金の金利を上乗せすることは，問題となるでしょうか。

A

　銀行が子会社（またはその顧客）と取引を行うにあたっては，アームズ・レングス・ルールの観点から，子会社以外の他の会社（またはその顧客）と同様の取引を行う場合の取引条件と比較して，当該子会社（またはその顧客）に有利または不利になっていないかに注意する必要があります。この観点からは，銀行の敷地の一部を無償で子会社に貸すことも，子会社で金融商品を購入した顧客に対して定期預金の金利を上乗せすることも，アームズ・レングス・ルールに反する可能性があります。

1. アームズ・レングス・ルールとは

　アームズ・レングス・ルールとは，銀行が子会社等，資本関係等のあるグループ会社（以下「特定関係者」といいます）に対し，通常の取引条件と比べて優遇した条件で取引や行為を行うことを原則として禁止する規制です（銀行法13条の2）。この規制は，銀行と特定関係者との間ばかりでなく（同条1号），銀行と特定関係者の顧客との間で銀行に不利な条件の取引を行うことも規制しています（同条2号）。また，特定関係者との間の取引については，逆に銀行に有利な取引も規制の対象となっています（同法施行規則14条の11第2号）。ただし，グループ内の会社の破綻処理等やむをえない事由から監督当局の承認を

受けた場合は，例外的に本規制が適用されません（同法13条の2ただし書，同法施行規則14条の8）。さらに，平成28年の銀行法改正（平成29年施行）により，同一の銀行持株会社の子銀行同士で取引等を行う場合，銀行の経営の健全性を損なうおそれがないこと等の要件を満たすものとして内閣総理大臣の承認を受けたときは，アームズ・レングス・ルールを適用しないこととされ（同法13条の2ただし書，同法施行規則14条の8第2項），銀行持株会社グループ内の子「銀行」同士の資金融通が容易になりました。

2．規制の趣旨

　銀行が資本関係等のない全く無関係の第三者と取引を行うに際しては，双方の利害が対立するため，そこで合意される取引条件は均衡のとれた公正なものに落ち着く可能性が高いといえます。しかし，銀行と資本関係等のある特定関係者との取引となると，そこで合意される取引条件は，一方が自己の利益を犠牲にしてでも，意図的に譲歩したりして，不公正なものになるリスクがあります。このことは，結局，資本関係等のある銀行にはね返り，ひいては，預金者の利益を害するおそれがあります。そこで，銀行にとって，腕の長さ（アームズ・レングス）の範囲内，つまり身内同士の取引において，特定関係者やその顧客に都合の良い条件を設定することで，銀行本体の財務内容等に悪影響を与えることを防止するための措置として本規制が設けられました。逆に，銀行にとって都合の良い取引についても，相手が特定関係者の場合は，銀行が特定関係者を犠牲にして一時的に利益を得ても，結局は回り回って銀行グループ全体としての不利益を招く可能性が高いため，規制の対象とされました（小山・銀行法精義232頁）。

3．通常の取引条件

　このように，銀行が特定関係者やその顧客と取引を行う場合，それが通常の取引条件に照らして銀行にとって不利な条件（特定関係者だけでなくその顧客との取引も）でも有利な条件（特定関係者との取引のみ）でも，アームズ・レングス・ルールに抵触する可能性があります。ここでいう「通常の取引条件」とは，自行の顧客に対する一般的な取引条件であり，市中の平均的な取引条件

を指すものではありません（小山・銀行法精義232頁）。具体的には，ある取引の条件が銀行にとって不利な条件であるかどうかは，特定関係者やその顧客の営む業務の種類，規模および信用度等が同様の特定関係者やその顧客以外の者との間で，同種および同量の取引を同様の状況下で行う場合の取引の条件と比較することによって判断します（銀行法施行規則14条の10・14条の11第1号）。また，ある条件が銀行にとって有利な条件（特定関係者にとって不利な条件）であるかどうかは，当該銀行の取引の通常の条件と比較することによって判断します（同法施行規則14条の11第2号）。

4．設問の事例の場合

(1) 子会社との取引のケース

本設問で挙げられている事例のうち，銀行の敷地の一部を無償で子会社に貸すことは，銀行と特定関係者との間の取引条件に関する問題です。この場合，仮に子会社でなければ賃料を徴収するのが通常と思われますので，無償で貸すという取引は，「銀行に不利な条件で行われる取引」に該当し（銀行法施行規則14条の10），アームズ・レングス・ルールに反する可能性があります。したがって，賃料を徴収することが望ましく，その際の賃料額については，行内に当該不動産を賃貸する場合の賃料の算定基準があれば，当該基準が「通常の取引条件」に該当することになると考えられるため，それに則って計算すべきでしょう。

(2) 子会社の顧客との取引のケース

他方，証券子会社で金融商品を購入した顧客に対し，銀行に預けている定期預金の金利を上乗せすることは，銀行と特定関係者の顧客との間の取引条件に関する問題です。この場合，当該金利の上乗せが，仮に当該子会社の顧客に限定した上乗せサービスであり，自行や他の子会社や関連会社の顧客については，同種の金融商品を購入した場合でも同様の上乗せを行っているのでなければ，当該上乗せサービスは，「銀行に不利な条件で行われる取引」に該当し（銀行法施行規則14条の11第1号），アームズ・レングス・ルールに反する可能性があります。これに対し，同種の金融商品を購入した顧客については，当該子会社の顧客に限らず，銀行に預けている定期預金について同様の金利上乗せを行っ

ているのであれば，当該上乗せサービスは，「銀行に不利な条件で行われる取引」に該当せず，アームズ・レングス・ルールに反しないと考える余地もあるものと考えられます。

5．実務上の対応

以上のとおり，銀行が特定関係者（またはその顧客）と取引を行うにあたっては，その取引条件について，特定関係者以外の者（またはその顧客）との取引条件と比較して，「銀行に不利な条件で行われる取引」になっていないか等に注意する必要があります。

もっとも，実務上は，取引の相手方が特定関係者（またはその顧客）だからこそ一定の条件で行う取引というものがありえます。しかし，アームズ・レングス・ルールに違反した場合，銀行に対する直接の罰則規定はありませんが，場合によっては業務停止等の行政処分（銀行法26条・27条）が行われる可能性があります。これを踏まえますと，弁護士等の専門家の意見を聞きながら，慎重に検討する必要があり，違反の懸念がある場合は避けるべきであると考えられます。

26　第1章　銀行規制

Q4　銀行の業務範囲規制

　銀行が行える業務は法令上限られていると聞いたことがありますが，具体的に，どのような業務であれば行うことができるのですか。

A

　銀行が行うことの可能な業務の範囲は，銀行法により規制されており，預金，貸付，為替取引といった「固有業務」のほか，「付随業務」，「他業証券業務等」および「法定他業」というカテゴリーの業務に限られています。

1．銀行の業務範囲規制

(1)　銀行の業務範囲規制とは

　銀行は，行うことのできる業務の範囲が，法律で認められた範囲に限られています（銀行法10条～12条）。これを業務範囲規制または他業禁止規制といい，銀行業界特有の規制の1つです。

　業務範囲規制が認められる趣旨は，本業である銀行業務に専念することによる社会的意義と経済的機能の発揮，他業リスクの排除による銀行の固有業務等のサービス水準の低下の防止，利益相反取引の防止，競争条件上の不公平の防止等にあると考えられています（神田ほか・金融法概説238頁〔三上徹＝浅田隆〕）。

　銀行は，業務範囲規制により，基本的には，不動産事業など金融との関連性が低い事業を行うことができません。もっとも，銀行が業務として行う場合でない限りは，一時的な財産処分などを事実上行うこと，たとえば，合併により大量に取得した遊休不動産の売却等を行うことには問題はないと解されています（小山・銀行法精義217頁）。

　なお，業務範囲規制の遵守のための法務部の関わり方については，COLUMN 2を参照してください。

(2)　銀行が行うことのできる業務の範囲

　銀行が行うことができる業務の範囲は，大きく分けて，「固有業務」，「付随業務」，「他業証券業務等」，および「法定他業」の4種類があります（次頁の【図表1−2】を参照）。

【図表1−2】銀行の業務の種類

業務の種類（銀行法上の区分）		具体例
固有業務（銀行法10条１項各号）		預金，貸付，為替取引（送金）
付随業務	基本的付随業務（同条２項各号）	債務保証，有価証券の貸付，金融業の代理・媒介，両替，ファイナンス・リース等
	その他の付随業務（同項柱書）	コンサルティング，ビジネスマッチング，M&Aに関する業務等
他業証券業務等（同法11条）		投資助言業務，投資信託の販売等
法定他業（同法12条）		信託業務，保険の募集，宝くじに関する業務等

　「固有業務」は，銀行の核となる金融の業務である預金，貸付，および為替取引（送金）の３つの業務のことをいいます。

　「他業証券業務等」は，固有業務の遂行を妨げない限度において認められる一定の証券業務等のことをいいます。たとえば，銀行は，金商法上の登録金融機関として登録を受けることにより（同法33条の２），投資助言業務を行ったり（銀行法11条１号），営業所の窓口で投資信託商品を一般顧客向けに販売したりすることができます（同条２号）（これらの他業証券業務等とロボアドバイザーを用いたサービスとの関係について，Q54を参照）。

　「法定他業」は，銀行法以外の法律により兼営が認められる業務のことをいいます。「法定他業」としては，「金融機関の信託業務の兼営等に関する法律」に基づく認可により許容される信託業務，保険業法に基づく登録により許容される保険窓販業務等があります。このように，「法定他業」については，他の法律のどの規定に基づきどのような条件で許容されるのかについて，注意する必要があります。

　「付随業務」は，「固有業務」に伴って当然に発生する業務のことをいい，その範囲は，金融をめぐる状況の変化等に伴い，銀行法の改正等により，順次拡大されています。

　業務の種類のうち，「その他の付随業務」以外の各業務については，いずれも法に具体的な業務が規定されていることから，行おうとする事業（業務）について法に規定があるかどうかを確認することにより，当該事業を行うことができるかどうかを判断できます（「その他の付随業務」については後述２参照）。

28　第1章　銀行規制

(3)　業務範囲規制の違反

　銀行が業務範囲規制に違反した場合は，当該銀行の役員に100万円以下の過料が科せられます（銀行法65条3号）。また，当該銀行に対し業務の停止や役員の解任が命じられ，営業免許を取り消されるおそれがあります（同法27条）。さらに，民事上，法令違反を行った取締役は，銀行に対し損害賠償責任を負うこともあります（会社法423条1項・355条）。なお，業務範囲規制に違反した行為であっても，私法上の効力には影響を及ぼさないと一般に解されています（小山・銀行法精義217頁）。

2．付随業務

(1)　「基本的付随業務」とは

　「付随業務」には，前述1のとおり，法に明示された「基本的付随業務」と，法に明示されていない「その他の付随業務」の2種類があります。

　「基本的付随業務」には，①債務保証または手形の引受け，②有価証券の売買または有価証券関連デリバティブ取引（投資目的をもってするものまたは書面取次行為に限る），③有価証券の貸付，④国債等の引受けまたは当該引受けに係る国債等の募集の取扱い，⑤金銭債権の取得または譲渡，⑥特定目的会社が発行する特定社債等の引受けまたは募集の取扱い，⑦短期社債等の取得または譲渡，⑧有価証券の私募の取扱い，⑨地方債または社債その他の債券の募集または管理の受託，⑩銀行その他金融業を行う者の業務の代理または媒介，⑪外国銀行の業務の代理または媒介，⑫金銭の収納その他金銭に係る事務の取扱い，⑬有価証券，貴金属その他の物品の保護預かり，⑭振替業，⑮両替，⑯内閣府令で定めるデリバティブ取引，⑰内閣府令で定めるデリバティブ取引の媒介，取次ぎまたは代理，⑱金融等デリバティブ取引，⑲金融等デリバティブ取引の媒介，取次ぎまたは代理，⑳有価証券関連店頭デリバティブ取引，㉑有価証券関連店頭デリバティブ取引の媒介，取次ぎまたは代理，㉒ファイナンス・リース取引，㉓ファイナンス・リース取引の代理または媒介があります（銀行法10条2項各号）。

(2)　「その他の付随業務」の判断

　他方，「その他の付随業務」については，具体的業務が法に規定されていな

いことから，解釈によって何がそれに含まれるのかを検討することになります。この点，「その他の付随業務」の範囲は必ずしも固定的に考えるべきではなく，社会経済の変化に伴って，銀行に対して要求される機能に応じ，個別具体的に，かつ柔軟に考慮されるものであるとされています（小山・銀行法精義171頁）。また，金融庁の監督指針は，取引先企業に対して行うコンサルティング業務など，いくつかの業務を「その他の付随業務」として例示した上で（主要行監督指針Ｖ-3-2(1)～(3)，中小・地域監督指針Ⅲ-4-2(1)～(3)），例示されていない業務が「その他の付随業務」にあたるかについては，①検討の対象となる業務が「固有業務」および「基本的付随業務」に掲げる業務に準じるか，②当該業務の規模がその業務が付随する「固有業務」の規模に比して過大なものとなっていないか，③当該業務について銀行業務との機能的な親近性やリスクの同質性が認められるか，および④銀行が「固有業務」を遂行する中で正当に生じた余剰能力の活用に資するかという4つの要素を総合的に考慮し，業務範囲規制の趣旨に鑑みて判断すべきこととしています（主要行監督指針Ｖ-3-2(4)，中小・地域監督指針Ⅲ-4-2(4)）。

(3) 「その他の付随業務」の具体例

　監督指針上の記載から該当すると考えられる例として，Q52，55～58を，ノーアクションレター制度等により金融庁から該当するとの回答が得られている例として，Q17を，それぞれご参照ください。

3. 今後の動き

　現在，金融審議会「金融制度スタディ・グループ」において，情報の利活用等の観点から業務範囲規制の見直しが検討されています。そして，同スタディ・グループにより平成31年1月16日に出された「金融機関による情報の利活用にかかる制度整備についての報告」において，業務範囲規制のあり方については，機能別・横断的な金融規制全体の中で引き続き検討するとされており，今後の動きが注目されます。

30　第1章　銀行規制

Q5　銀行の子会社規制（子会社業務範囲規制）

　ある会社を銀行グループの傘下に加えようとする場合に，留意すべき点はありますか。

A

　銀行が子会社とすることのできる会社は，他の銀行等，銀行法において認められる会社に限られます。そこで，ある会社を自行グループの傘下に加えようとする場合には，当該会社が銀行法において銀行の子会社とすることが許容されているかどうか，事前に検討する必要があります。

1．銀行の子会社規制（子会社業務範囲規制）とは

　銀行は，どのような会社でも自行の子会社とすることができるわけではありません。すなわち，銀行に課されている業務範囲規制（業務範囲規制については，Q4を参照）の趣旨を踏まえつつ，銀行が子会社を使って業務範囲規制の潜脱をすることを防止する目的から（野﨑浩成＝江平享編著『銀行のグループ経営』（金融財政事情研究会，2016）171頁），子会社とできる会社（これを「子会社対象会社」といいます）が銀行法において具体的に規定されています（同法16条の2第1項）。したがって，銀行は，子会社対象会社に該当しない会社，たとえば，一般向け不動産業務や，物品販売業務および旅行あっせん業務などを営む会社を子会社とすることはできません（前掲・野﨑＝江平編著176頁）。

2．子会社対象会社の種類

　子会社対象会社には，大きく分けて，「金融業務会社」，「従属業務会社」，「金融関連業務会社」および「その他の子会社対象会社」の4つの種類があります。

　これらの子会社対象会社は，法令上，個別に規定されています。具体的には，まず，「金融業務会社」として，①銀行，②長期信用銀行，③資金移動専門会社，④証券専門会社，⑤証券仲介専門会社，⑥保険会社，⑦少額短期保険業者，⑧信託専門会社，⑨銀行業を営む外国会社，⑩有価証券関連業務を営む外国の

会社，⑪保険業を営む外国の会社，⑫信託業を営む外国の会社が列挙されています（銀行法16条の2第1項1号〜10号）。実際にも，銀行の多くは，信託銀行，証券専門会社（証券会社）や保険会社等の「金融業務会社」を子会社化して金融グループとして活動しています（なお，「従属業務会社」については3を，「金融関連業務会社」については4を参照）。

また，「その他の子会社対象会社」としては，(i)新たな事業分野を開拓する会社（ベンチャー・ビジネス会社。詳細な定義は同法施行規則17条の2第6項を参照），(ii)経営の向上に相当程度寄与すると認められる新たな事業活動を行う会社のうち再生計画認可の決定を受けている等の要件を満たすもの（事業再生会社。詳細な定義は同条7項を参照），(iii)情報通信技術その他の技術を活用した当該銀行の営む銀行業の高度化もしくは当該銀行の利用者の利便の向上に資する業務またはこれに資すると見込まれる業務を営む会社（FinTech企業），(iv)子会社対象会社のみを子会社とする持株会社，および，(v)(iv)の持株会社のみを子会社とする外国の会社であって，持株会社と同種のものまたは持株会社に類似するものが列挙されています（同法16条の2第1項12号〜14号）。なお，以上のうち，ベンチャー・ビジネス会社および事業再生会社のうち公的機関による再生計画認可の決定を受けている等の要件（同法施行規則17条の2第8項）を満たさない会社（特別事業再生会社。私的整理によって金融支援を受けた会社など）については，当該銀行およびその特定子会社（その定義について，同法16条の2第1項12号，同法施行規則17条の2第13項・17条の3第2項12号を参照）以外の会社が5％を超えて保有していないことが条件とされています。また，FinTech企業の子会社対象会社への追加は，銀行がFinTech企業への出資を容易に行うことを可能にするために，平成28年の銀行法改正（平成29年施行）により手当てされたものです。

3. 従属業務会社

子会社対象会社のうち，以下に列挙する「従属業務」を専ら営む会社が「従属業務会社」に該当します（銀行法16条の2第1項11号，同法施行規則17条の3第1項各号）。

すなわち，①営業用不動産管理，②福利厚生，③物品一括購入，④印刷・製

本，⑤広告・宣伝，⑥自動車運行・保守点検，⑦調査・情報提供，⑧ATM保守点検，⑨ダイレクトメール作成・発送，⑩担保評価・担保物件管理・担保財産の売買の代理・媒介，⑪消費者ローンの相談・取次ぎ，⑫外国為替・対外取引関係，⑬事務に係る計算，⑭事務に係る文書の作成・保管・発送等，⑮事務取次ぎ（コールセンター等），⑯労働者派遣・職業紹介，⑰コンピュータ関連（システムの設計・保守，プログラムの設計・作成・販売・保守等），⑱教育・研修，⑲現金・小切手等輸送，⑳現金・小切手等集配，㉑有価証券の受渡し，㉒現金・小切手等精査，㉓自らを子会社とする保険会社のための投資，㉔自らを子会社とする銀行等のための自己競落，㉕上記の業務に準ずるものとして金融庁長官が定める業務，㉖上記の業務に附帯する業務が「従属業務」に含まれます。

なお，「従属業務」を行う場合には，当該業務について，主として銀行，その子会社その他これらに類する者として内閣府令で定めるものまたは銀行の営む業務のために従属業務を営んでいることが必要となりますので，この規制にも注意が必要となります（収入依存度規制，同法16条の2第10項）。

4．金融関連業務会社

子会社対象会社のうち，以下に列挙する「金融関連業務」を専ら営む会社が「金融関連業務会社」に該当します（銀行法16条の2第1項11号，同法施行規則17条の3第2項各号）。

すなわち，①銀行等の業務の代理または媒介，②農協等の業務の代理または媒介，③銀行業を営む外国の会社の業務の代理または媒介，④資金移動業の代理または媒介，⑤信託契約代理，⑥信託兼営銀行が行う兼営業務を受託する契約の締結の代理または媒介，⑦金銭の貸付または金銭の貸借の媒介，⑧イスラム金融（金銭の貸付と同視すべきもの），⑨電子決済等代行業，⑩銀行法に規定する付随業務，⑪サービサー，⑫確定拠出年金管理，⑬保険募集（保険契約の締結の代理または媒介），⑭投資信託受託証券・抵当証券の募集または私募，投資顧問・投資一任契約の締結の代理または媒介，集団投資スキーム等有価証券等運用，⑮商品投資顧問，⑯クレジットカード，⑰個別信用購入あっせん，⑱プリペイドカード，⑲リース，⑳ベンチャー・キャピタル，㉑投資信託委託

会社・資産運用会社として行う業務，㉒投資助言業務・投資一任契約に係る業務，㉓財産運用業務（有価証券等），㉔M&Aに関する相談・仲介，㉕経営相談，㉖金融経済の調査・研究，㉗個人の財産形成相談，㉘データ処理・伝送（VAN業務），㉙金融機関の業務または財務に関するプログラムの作成等，㉚年金に係る計算および書類の作成，㉛算定割当量（排出権）取引，㉜電子債権記録，㉝有価証券に関する事務取次ぎ等の証券専門関連業務，㉞保険業務代理または事務の代理等の保険専門関連業務，㉟財産の管理等の信託専門関連業務，㊱上記の業務に準ずるものとして金融庁長官が定める業務，㊲上記の業務に附帯する業務が「金融関連業務」に含まれます。

5．子会社とすることの認可

　銀行は，子会社対象会社（主として当該銀行の営む業務のために従属業務を専ら営む従属業務会社，金融関連業務（証券専門関連業務，保険専門関連業務および信託専門関連業務を除きます）を専ら営む金融関連業務会社，ベンチャー・ビジネス会社および事業再生会社を除きます。これを「子会社対象銀行等」といいます）を子会社としようとする場合（FinTech企業については，銀行およびその子会社が合算して5％を超える議決権を取得または保有しようとする場合）には，内閣総理大臣の認可を受ける必要があります（銀行法16条の2第7項）。

6．銀行の子会社規制（子会社業務範囲規制）の違反

　銀行が以上の子会社規制に違反した場合（子会社対象会社以外の会社を子会社とした場合および上記5の認可を取得せずに子会社対象銀行等を子会社にした場合のいずれも含みます）は，当該銀行の役員に100万円以下の過料が科せられます（銀行法65条5号・6号）。また，Q4と同様，同法27条や会社法上の責任等が生じる場合もあります。

34　第1章　銀行規制

Q6 銀行の議決権保有規制

　銀行による議決権の保有は，いかなる法令により，どのような趣旨から規制されていますか。また，議決権保有規制に関する法令改正を踏まえ，現行規制下における銀行による議決権の保有，またその事業展開の状況はどうなっていますか。

A

　銀行による議決権の保有は，銀行法により，他業禁止規制や子会社規制の潜脱防止等の趣旨から，原則として，銀行グループでは5％，銀行持株会社グループでは15％を上限として規制されています。なお，近時の銀行法改正により，規制が一定範囲で緩和されましたので，こうした緩和措置を受けた新たな事業展開が期待されます。なお，銀行法とは別に，独禁法による議決権保有規制もあります。

1．銀行の議決権保有規制の導入

　銀行法は，銀行グループによる一般事業会社の議決権の取得・保有に対する規制として，以下のとおり定めています。

　すなわち，銀行またはその子会社は，「国内の会社」の議決権については，合算して，当該国内の会社の総株主の議決権の5％を超える議決権を取得し，または，保有することができません（同法16条の4第1項）。また，銀行持株会社またはその子会社は，国内の会社の議決権については，合算して，当該国内の会社の総株主の議決権の15％を超える議決権を取得し，または，保有してはならないこととされています（同法52条の24第1項）。こうした規制は，「5％ルール」「15％ルール」と呼ばれたりもします（以下でも，この呼称を用います）。「15％ルール」は，平成10年3月施行の同法改正により，「5％ルール」は，同年12月施行の改正により設けられたものです。

　これら2つのルールの趣旨としては，銀行による産業支配防止，経営の安全性確保，銀行の他業禁止規制（詳細はQ4を参照）の実効性確保，子会社規制（詳細はQ5を参照）の潜脱を回避すること等にあると解されています（小山・銀

行法精義354頁）。

　なお，銀行法が「５％ルール」「15％ルール」を導入する平成10年より前から，独禁法においても，銀行業を営む会社は，「他の国内の会社」の議決権を５％を超えて取得または保有してはならないこととされています（同法11条１項）。５％が基準となるという点では，銀行法における銀行およびその子会社の議決権保有規制と共通しますが，細かい点では違いがあるため，銀行法上の規制とは別途の検討が必要です（その例として，Q51の１を参照）。

２．銀行法上の議決権保有規制（５％ルール）の内容

　以下では，もっぱら銀行法における銀行および銀行子会社グループの議決権保有規制である「５％ルール」を概説します。

⑴　「５％ルール」の対象となる「国内の会社」の範囲

　銀行等が議決権の保有を制限される対象となるのは，「国内」の「会社」です。したがって，「国外」の会社である外国会社や，国内の組織体であっても「会社」でない特別目的会社（SPC）やパートナーシップは含まれません（主要行監督指針Ⅴ-3-3（注３），中小・地域監督指針Ⅲ-4-7（注３））。また，「国内の会社」からは，銀行が，銀行法16条の２に基づいて子会社とすることができる会社（子会社対象会社）と「特例対象会社」が除外されます。

　子会社対象会社を規制対象外としたのは，子会社（議決権の50％超保有）とすることを認めた以上，これを「５％ルール」の対象とすることは相当でないからであると解されています。なお，子会社対象会社のうち，ベンチャー・ビジネス会社（同法16条の２第１項12号。詳細についてはQ5の２を参照）・特別事業再生会社（同項12号の２。「事業再生会社」の意義も含め，詳細についてはQ5の２を参照）は，規制対象から除かれていません（同法16条の４第１項）。これは，これらの会社については，当該銀行および特定子会社以外の会社が５％を超えて保有していないことが子会社対象会社となることの条件とされており（Q5の２を参照），銀行本体や特定子会社以外の子会社が子会社とすることは許容されていないことから，銀行本体や特定子会社以外の子会社との関係では，「５％ルール」による規制の対象から外す理由がないためです（池田＝中島・銀行法298頁）。

36　第1章　銀行規制

　もう1つの規制対象外である特例対象会社とは，地域の活性化に資すると認められる事業を行う会社として同法施行規則17条の7の3第1項で定められた会社（地域経済活性化支援機構の業務の実施により設立された株式会社を無限責任組合員とする投資事業有限責任組合等から出資を受けている会社または事業の再生の計画の作成に当該機構が関与している会社（銀行の子法人等に該当しないものに限ります））ならびにベンチャー・ビジネス会社および事業再生会社（当該銀行の子会社であるものに限ります）と「特殊の関係のある会社」（同法16条の4第8項）です。ここで，「特殊の関係のある会社」とは，ベンチャー・ビジネス会社または事業再生会社の子会社等であって，当該会社の議決権を，当該銀行またはその子会社であるベンチャー・ビジネス会社もしくは事業再生会社以外の子会社が，合算して，当該会社の総株主等の議決権に100分の5を乗じて得た議決権の数を超えて保有していないもの」（つまり，当該銀行グループとはもともと縁の薄かった会社等（小山・銀行法精義357頁））を意味するものとされています（同法施行規則17条の7の3第3項）。

　なお，銀行による特例対象会社の議決権保有期間には一定の制限があります（同法施行規則17条の7の3第2項，17条の2第11項・12項）。

⑵　「5％ルール」の例外

　銀行またはその子会社が，担保権の実行による株式等の取得や，代物弁済の受領による株式等の取得，所定の要件の下での取引先である会社との間の合理的な経営改善のための計画に基づく株式等の取得，株式を所有する会社の株式の転換，併合，分割，株式無償割当て，自己株式の取得等，銀行法施行規則17条の6第1項に定める事由により，議決権を取得等する場合には，規制対象外とされています。

　ただし，当該銀行等は，内閣総理大臣の承認を受けた場合を除き，取得等した日から1年を超えてこれを保有してはならないものとされます（同法16条の4第2項）。この場合，50％超を保有することとなる部分は，承認の対象とならず，また，当該銀行等は，5％を超える部分について，取得等した日から速やかに処分することが承認の条件とされます（同条3項）。

　銀行またはその子会社は，内閣総理大臣の認可を受けて行う合併・会社分割等，同条4項各号に定める場合も，5％を超えて議決権を保有することができ

ます。ただし，50％超を保有することとなるときは，認可されません（同項）。
また，当該銀行等は，取得等した日から5年以内に議決権を処分することが認
可の条件とされます（同条5項）。

　このほか，同法2条11項に定める，金銭または有価証券の信託に係る信託財
産として所有する株式等に係る議決権（委託者または受益者が行使し，または
その行使について当該会社もしくは当該議決権の保有者に指図を行うことがで
きるものに限ります），また，同項が引用する同法施行規則1条の3第1項各
号に定める議決権については，議決権保有規制の対象外とされています（同法
16条の4第9項・2条11項）（投資事業有限責任組合の有限責任組合員となって組合
財産として保有する場合について，Q51の1⑵を参照）。

38 第1章 銀行規制

2. 預金保険制度，預金者保護法

Q7 預金保険制度への対応

預金保険制度に対応するために，銀行は何をする必要がありますか。
万一銀行が破綻した場合にはどのような処理が行われるのでしょうか。

A

預金保険制度に基づき付保預金の円滑な払戻しができるよう，銀行には，デー
タ，システムや手順書・マニュアルの整備が求められており，預金保険機構の
立入検査によりその整備状況が確認されます。万一銀行が破綻した場合には，
管理を命ずる処分，金融整理管財人の選任がなされ，原則として、保険金支払
方式または資金援助方式により，一定の預金（付保預金）について，預金者の
保護等が行われます。

1. 預金保険制度の意義

預金保険制度とは，金融機関が預金保険機構に預金保険料を支払い，万が一，
金融機関が破綻した場合には，一定額の預金等を保護するための保険制度です。
預金者が預金保険の対象金融機関に預金をすると，預金者，金融機関および預
金保険機構の間で，預金保険法に基づき自動的に保険関係が成立します（同法
49条1項）。国内の銀行はすべて預金保険制度の対象となっています。

2. 保護される預金の範囲

預金保険制度により保護の対象となる預金（「付保預金」）は，預金（当座預
金，普通預金，別段預金，定期預金，通知預金，納税準備預金，貯蓄預金）お
よび定期積金等であり，外貨預金等は保護の対象となりません。

万が一金融機関が破綻した場合に，預金保険で保護される預金等の額は以下
のとおりです。

① 当座預金，利息のつかない普通預金など決済用預金に該当するものは，
元本全額が保護されます（預金保険法54条の2第1項）。

② 利息のつく普通預金，定期預金，定期積金，掛金，元本補てん契約のある金銭信託，金融債等は，１金融機関ごとに合算して，預金者１人当たり元本1,000万円までと破綻日までの利息等が保護されます（同法54条１項・２項，同法施行令６条の２・６条の３）。

3．銀行におけるデータ，システム，マニュアル等の整備義務

　金融機関に破綻等の保険事故が生じた場合に，預金保険機構は，預金者データに基づき，名寄せを行い，付保預金を特定します（預金保険法55条の２第１項）。しかし，破綻した金融機関から預金者データが遅滞なく提出されなければ，預金保険機構は，速やかに名寄せや付保預金の特定ができません。そこで，金融機関には，日頃から預金者データや預金保険機構が定めた様式による預金者データ提出のためのシステムの整備や，預金保険機構が作成する払戻し可能な預金口座等に関するデータ等を自ら速やかに処理するためのシステム・所定手順等の整備が義務付けられています（同条４項・58条の３第１項）。

　預金保険機構は，随時金融機関へ立入検査を行い，金融機関による預金者データやシステム等の整備状況を確認しています。この検査における確認事項は，主に，①銀行の保険料の納付状況（同法50条）と，②付保預金の円滑な払戻しのための整備状況等（同法55条の２第４項・58条の３第１項）です。この②の確認のための立入検査においては，預金保険機構は，Ⅰ．経営陣の認識・関与，Ⅱ．管理態勢，Ⅲ．手順書・マニュアルの整備，Ⅳ．システムの整備，Ⅵ．内部監査等の状況について検査を行いますので（預金保険機構「法第55条の２第４項及び第58条の３第１項関連チェック項目」），銀行としては，これらについて十分な整備措置を講じておく必要があります。

4．銀行の破綻時の処理

⑴　管理を命ずる処分および金融整理管財人の選任

　銀行が破綻した場合，内閣総理大臣は，①金融機関がその財産をもって債務を完済することができないと認める場合または金融機関がその業務もしくは財産の状況に照らし預金等の払戻しを停止するおそれがあると認める場合もしくは金融機関が預金等の払戻しを停止した場合であって，②当該金融機関の業務

の運営が著しく不適切であり，またはその業務の全部の廃止または解散が行われる場合には，地域または分野における資金の円滑な需給および利用者の利便に大きな支障が生ずるおそれがあると認めるときは，当該金融機関に対し，金融整理管財人による業務および財産の管理を命ずる処分をすることができます（預金保険法74条1項）。この処分がなされ，金融整理管財人が選任された場合，破綻金融機関を代表し，業務の執行や財産の管理・処分を行う権利は，金融整理管財人に専属します（同法77条1項）。

(2) 預金保護の方法（原則）

金融機関が破綻したときの預金保護の方法としては，以下の2つの方法があります。

いずれの方法による場合も，付保預金のうち上記2②に挙げた預金については，同じく②で述べた金額（定額）のみ保護されます（ペイオフ）。

> ① 預金保険機構が預金者に対し，直接保険金を支払うかたちで，預金等の保護を行う方法（保険金支払方式）
> ② 破綻金融機関の付保預金を含む営業の一部を他の健全な金融機関（救済金融機関）が受け継ぎ，そのために必要なコスト等を預金保険機構が救済金融機関等に資金援助するかたちで，預金等の保護を行う方法（資金援助方式）

保険金支払方式では，破産手続の併用により破綻金融機関の金融機能が停止し清算されることが予定されているのに対して，資金援助方式では，破綻金融機関の一定の金融機能は救済金融機関に移管され維持されます。そのため，金融審議会の答申（平成11年12月21日）では，金融機関の破綻処理方式としては，資金援助方式の適用を優先し，保険金支払方式の発動はできるだけ回避すべきであるとの方針が示されています。

資金援助方式がとられた場合，金融整理管財人は，民事再生手続開始の申立てを行いつつ，また，金融庁長官の求めに応じて，破綻金融機関の業務および財産の状況等に関する報告や経営に関する計画を作成し，破綻金融機関の業務を暫定的に維持・継続する一方で，譲渡する資産等を選定し，破綻後6カ月を目途に救済金融機関等への事業譲渡等を行うことが想定されています。救済金融機関等が直ちに現れない場合は，預金保険機構が設立している承継銀行に暫

定的事業譲渡等を行います。

　破綻後の金融機関の具体的な業務内容は，その都度決定されることとなりますが，名寄せの結果等に基づき，支払ってよい預金等と支払いを差し止める必要のある預金等を分別した上で，以下のような業務を行います。

---

① 　付保預金の払戻しおよび破綻後の新規預金等の受払い
② 　決済業務
③ 　資金使途が適切であり，返済が可能と判断された場合の融資

　このほか，金融整理管財人は，旧経営者に対する経営破綻の責任を明確にするための民事上の提訴や刑事上の告発も行います。

(3) 例外①——金融危機に対応するための措置

　預金保険の対象金融機関に保険事故が発生した場合には，原則として上記のとおり付保預金のみが保護されます。しかし，次のような措置（【図表1－3】を参照。「金融危機対応措置」）を講じなければ，わが国または対象金融機関が業務を行っている地域の信用秩序の維持に極めて重大な支障が生ずるおそれがあると内閣総理大臣が認めるときは，金融危機対応会議の審議を経て，金融危機対応措置が講じられることがあります（預金保険法102条1項）。

【図表1－3】金融危機対応措置

措置の内容	対象
①資本増強	金融機関（破綻金融機関または債務超過の金融機関を除く）
②保険金支払コストを超える資金援助	破綻金融機関または債務超過の金融機関
③特別危機管理	破綻金融機関であって債務超過の銀行

(4) 例外②——金融システムの安定を図るための措置

　さらに，内閣総理大臣は，金融機関，保険会社，証券会社等について，特別の措置を講じなければ，わが国の金融市場その他の金融システムの著しい混乱が生ずるおそれがあると認めるときは，金融危機対応会議の議を経て，当該金融機関等を内閣総理大臣の監視ないし管理下に置くことができます（預金保険法126条の2）。

42　第1章　銀行規制

Q8 預金の不正引き下ろしへの対応

　大口の個人の預金者から，知らない間に海外のATMから預金が引き下ろされたとの申出を受けました。どのように対応するのがよいでしょうか。

A

　預金者保護法に則った対応が必要です。具体的には，被害事実の通知，申告を受けた上で，警察への被害届の提出等を促すとともに，ヒアリング等により事実調査を行い，偽造カード等ないし盗難カード等による支払いとして預金者保護法上の要件を充足すると判断する場合には，同法に従って，被害額の100％ないし75％の補てん金を支払います。

1. 預金の払戻しの有効性

(1) 無権利者への払戻しの有効性

　従来，預金約款には，銀行が払戻請求書，諸届その他の書類に使用された印影を届出の印鑑と相当の注意をもって照合し，相違ないものと認めて取り扱えば，偽造・変造等があってもそのために生じた損害については銀行が免責されるとの条項があり，判例上も当該条項の有効性が認められていました。

　また，民法478条は，債権の準占有者に対してした弁済は，弁済をした者が善意であり，かつ，過失がなかったときは，効力を有する旨を定めています。そこで，従来，判例（最判昭37・8・21民集16巻9号1809頁等）では，預金通帳や届出印鑑等が紛失・盗難・偽造によるものであったとしても，それを所持し，払戻しを請求する者は準占有者にあたるとして，銀行が善意無過失で弁済したのであれば，その弁済は有効であるとされてきました。なお，平成29年民法（債権法）改正により，同条における「債権の準占有者」との文言が，「受領権者……以外の者であって取引上の社会通念に照らして受領権者としての外観を有するもの」と変更されましたが，実質的な内容には変更がありません。

(2) 預金者保護法の制定

　ところが，平成15年から16年にかけて，スキミング等による預金の偽造・盗難カード等による不正払戻しの被害が急増しました。これを受け，平成17年，

議員立法の形で「偽造カード等及び盗難カード等を用いて行われる不正な機械式預貯金払戻し等からの預貯金者の保護等に関する法律」（いわゆる「預金者保護法」）が成立し，個人の預金者は，偽造カード等または盗難カード等を用いたATM等からの不正払戻しから保護されることとなりました。

預金者保護法は，偽造カード等と盗難カード等のいずれによる不正払戻しかにより，保護内容を区別しています。まず，偽造カード等を用いたATMからの不正払戻しについては，当該不正払戻しについて，①預金者に故意がある場合，または，②預金者に重過失があり，かつ，銀行が善意無過失である場合のみ，預金の払戻しが有効とされ，それ以外の場合は，銀行は真の預金者からの払戻請求に応じる必要があるとされています（同法4条）。次に，盗難カード等を用いたATMからの不正払戻しについては，預金者が，速やかに金融機関に盗取された旨の通知を行い，遅滞なく十分な説明を行い，かつ，捜査機関に対して盗取に係る届出をしたことを要件として，金融機関が以下のとおり補てんを行うこととされています（同法5条）。

① 金融機関が不正払戻しでないことまたは預金者に故意があったことを証明できなかった場合（②，③の場合を除く）には，払戻し額の全額（100％）を補てん。

② 金融機関が不正払戻しにつき善意無過失であり，かつ，預金者に軽過失があることを証明した場合には，払戻し額の3／4（75％）を補てん。

③ 金融機関が，(a)(i)当該金融機関が不正払戻しにつき善意無過失であり，かつ，(ii)預金者に重過失があること，預金者の配偶者等一定の関係にある者により行われたこと，もしくは，預金者が偽りの説明を行ったこと，または，(b)戦争，暴動等による著しい社会秩序の混乱に乗じてもしくは付随して不正払戻しが行われたことを証明した場合には，補てんは不要。

(3) 「偽造・盗難キャッシュカードに関する預金者保護の申し合わせ」（平成17年・全国銀行協会）

預金者保護法の制定を受け，全国銀行協会は，平成17年10月6日，「偽造・盗難キャッシュカードに関する預金者保護の申し合わせ」を定め，各行が同法の定めにとどまらず，不正な機械式預金払戻し等の防止のための措置を講じる

44　第1章　銀行規制

こと等の対応等をとることにより，預金者保護に関する取組みを一層強化することとされました。

　さらに，この申し合わせは，預金者の重大な過失となりうる場合と，預金者の過失となりうる場合を具体的に例示しており，これをカード規程の変更等にあわせて預金者に明示することとされています。

(4)　その他の自主ルール

　さらに，預金者保護法附則3条および付帯決議を踏まえ，全国銀行協会は，平成20年2月19日，「預金等の不正な払戻しへの対応について」を公表しました。これは，個人の預金者が盗難通帳やインターネット・バンキングにより預金の不正払戻しの被害にあった場合，銀行に過失がない場合でも，預金者の責任によらずに生じた被害であれば，被害補償を実施するとするものです。

　また，全国銀行協会は，平成26年7月17日，「法人向けインターネット・バンキングにおける預金等の不正な払戻しに関する補償の考え方」を公表し，法人のインターネット・バンキングの不正払戻しについても預金者保護法と同様の基準により被害の補償を行うこととされました。

2．預金の不正引き下ろしへの具体的対応

　さて，本設問のように，預金者から海外のATMからの引き下ろしの申告があった場合の対応についてですが，一般に国内の銀行の預金規定においては，預金契約に関する準拠法は日本法とされていますので，海外のATMにより不正な預金の引き下ろしの有効性については，日本法である預金者保護法および上記各自主ルールにより解決することになります。そこで，預金者から海外のATMの不正引き下ろしの申告を受けた銀行としては，国内における預金の不正引き下ろしへの対応と同様，概要以下の対応を講じることになります。

　①　預金者からATMによる不正引き下ろしの被害の申告を受けた銀行は，それ以上の不正引き下ろしの被害が生じることを防止するため，直ちに当該銀行口座を凍結することが必要です。

　②　次に，警察等の捜査機関に対する被害届の提出は，預金者保護法に基づく補てん等の要件となっているため，銀行は預金者に対してこれを促すことが必要です。

③　預金者に関する状況や被害の状況を確認するために，預金者に対して被害申告書・補償請求書等の作成および提出を求めます。

④　さらに，電話，面談等により預金者から被害の具体的な状況を聴取します。この際には，まずは，当該引き下ろしが盗難カード等により行われた可能性があるか（預金者が真正なカード等を保有しているか），偽造カード等によるものと考えられるかを確認することが必要です。いずれかによって預金者保護法上の要件が異なるためです。次いで，預金者の重過失や過失の有無を明らかにするため，預金者のカード等の保管状況やパスワードの管理状況等を確認します。

⑤　預金者からの申告書やヒアリングの結果から，「偽造・盗難キャッシュカードに関する預金者保護の申し合わせ」も踏まえつつ，預金者保護法が定める銀行から補てんを受けるための要件を充足するかを検討します。要件を充足すると判断される場合には預金者保護法に基づき，引き下ろし額の100％ないし75％の補てんを行います。

⑥　銀行が，預金者保護法に定める要件を充足するか，とりわけ重過失・過失があるかどうかについて判断がつかない場合には，具体的な事情に応じて，法定の補てん額よりも小さい金額を提案することにより和解に向けた話合いを行うことや，場合によっては訴訟・調停においてその要件の該当性を争うことも考えられます。

⑦　最終的に預金者から補てん金額について了解を得られた場合には，銀行は，預金者との間で合意書を締結し，合意の対象となる預金の範囲，補てん金額や清算条項等を定めた上で，その条項に従って，補てん金の支払いを行うことになります。

46　第1章　銀行規制

3．金商法（銀証分離規制）

Q9 銀証連携ビジネス

　当行ではグループ内に設立された証券会社と連携を図ろうと考えています
が，どのような連携の仕方がありますか。また連携にあたってどのよう
な点に留意する必要がありますか。

A

　銀行における証券会社との主な連携方法としては，①銀行がその顧客を証券
会社に紹介することや②銀行が証券会社の取り扱っている金融商品を顧客に販
売することなどが考えられます。いずれの業務も銀行法および金商法における
各種規制がかかわってくることから，当該規制の遵守に留意する必要があります。

1．銀証連携ビジネスの進展

　従前より，メガバンク等においては，銀行グループ内に証券会社を擁し，銀
証連携ビジネスを提供してきましたが，近時は，地方銀行においても銀行グ
ループ内に証券会社を設立する動きが活発となっています。その主な目的とし
ては，顧客に対して，単に預金というかたちで資産を預かるだけでなく，資産
運用サービスを提供することにより顧客満足度を向上させることと，貸出金利
の低下を受けて，利ざやの獲得による収益機会の確保が難しくなったために有
価証券の販売手数料による収益獲得を目指すことがあると考えられます。

　なお，銀行グループ内に証券会社を設立するスキームとしては，既存の地場
証券などを子会社化する形態，大手証券会社からノウハウの提供を受けて
100％子会社を設立する形態，大手証券会社との間で合弁会社を設立する形態
などがあります。

　銀行における証券会社との主な連携方法としては，以下のものが考えられま
す。

2. 証券会社への顧客の紹介業務

勧誘行為をせず単に顧客を金融商品取引業者（証券会社）に対し紹介する業務は，銀行法上の「その他の付随業務」（同法10条2項）に該当します（主要行監督指針V-3-2(1)（注1），中小・地域監督指針Ⅲ-4-2(1)（注1）。Q55の2も参照）。

また，金商法は，銀行が有価証券関連業（同法28条8項）や投資運用業（同条4項）を行うことを原則として禁止していますが（同法33条1項），金商業者監督指針Ⅷ-2-6(1)①ロによれば，「勧誘行為をせず，単に顧客を金融商品取引業者に紹介する業務」は，金商法33条1項で禁止している行為には該当しないとされています。そして，ここでいう「紹介」には，「イ. 当該銀行等の店舗に，金融商品取引業者が自らを紹介する宣伝媒体を据え置くことまたは掲示すること」，「ロ. 当該銀行等と金融商品取引業者の関係または当該金融商品取引業者の業務内容について説明を行うこと」が含まれるとされています（金商業者監督指針Ⅷ-2-6(1)②）。

そこで，銀行と証券会社が連携する方法の1つとして，銀行がその顧客を証券会社に紹介することが考えられます。その際，第一に，銀行としては，証券会社への顧客の紹介行為が，あくまで「紹介」にとどまり，「勧誘」に該当しないように留意する必要があります。どのような行為が「勧誘」に該当するかは実質的に判断せざるをえず，必ずしも明確な基準があるわけではありませんが，裁判例のなかには，銀行員が顧客の証券会社への振込手続等を行うために顧客を訪問している事実や証券会社の社員による商品説明の際に同席した事実があるからといって，直ちに銀行員が勧誘を行ったものと認めることはできないと述べているものがあります（東京地判平25・11・18金判1438号44頁）。他方で，紹介者が個別の商品の説明や勧誘行為，受注等まで行うような場合は，有価証券の売買の媒介に該当しうると考えられていることから（金融庁「広く共有することが有効な相談事例（金融商品取引法関係）」Q3），このような行為は金商法33条1項で禁止される「有価証券関連業」に該当する可能性があります。

第二に，金融商品取引業者は，顧客の書面による同意を得ているなどの例外的な場合を除き，顧客の非公開情報を当該金融商品取引業者の親法人等もしく

は子法人等との間で授受することが禁止されていることから（同法44条の3第1項4号，業府令153条1項7号），顧客の紹介にあたって，銀行から証券会社に対して当該顧客の非公開情報の伝達を行わないように留意する必要があります。もっとも，この点については，銀行および証券会社において，顧客がどのような金融商品への投資を希望しているのか，顧客がどのような金融商品を保有しているのかといった情報を共有したほうがより効果的に顧客の資産運用に資することから，紹介にあたって，書面による事前の同意を得た上で情報共有するケースも少なくないように思われます。

このほかにも，紹介業務においては，初回の面談は証券会社の社員だけでなく銀行員にも同席してほしいと顧客が希望することがあり，その際には，銀行と証券会社が別法人であることを記載した書面を交付するなどして，同一の法人であると顧客に誤認させることのないようにする必要があります（金商法44条の3第1項4号，業府令153条1項11号）。

3．金融商品仲介業

金融商品仲介業とは，金融商品取引業者や登録金融機関の委託を受けて有価証券の売買の媒介や募集などを当該金融商品取引業者または登録金融機関のために行う業務をいいます（金商法2条11項1号～3号）。銀行は，金融商品仲介業者としての登録はできませんが（同法66条），登録金融機関（同法33条の2）として，金融商品仲介業を行うことができます（同法33条2項3号ハ・同項4号ロ参照）。したがって，銀行とグループ内の証券会社が連携しようとする場合，銀行が証券会社から委託を受けて，当該証券会社が取り扱う仕組債などを顧客に勧誘等するといったことを選択肢として検討することができます。

この場合，銀行としては，自ら金融商品の勧誘等を行うことができる点で，顧客に対するサービスの向上を図ることができる一方，より幅広い商品知識を身に付ける必要があります。そのため，営業店で取り扱う商品と本部の専門部署で取り扱う商品をリスクに応じて分類するなどの対応がとられています（神田ほか・金融法講義270頁〔真木善夫〕）。また，注文入力などを委託者である証券会社のシステムにおいて行うことから，銀行側において証券会社のシステムを導入するなどの一定のシステム投資が必要になります。このような銀行側に

おける態勢整備のほか，グループ内で金融商品仲介業を行う場合には，委託者である証券会社から受託者である銀行に支払われる委託手数料がアームズ・レングス・ルールに照らして適正なものであるかどうかという点についても検討が必要となります（銀行法13条の2（詳細につき，Q3も参照），金商法44条の3第1項4号，業府令153条1項1号）。

　加えて，金商法上留意すべき点として，委託元の証券会社は，顧客の財産に関する公表されていない情報その他の特別な情報を，事前に顧客の書面による同意を得ることなく委託先の銀行に提供している状況となってはならず，委託先の銀行から取得した上記の情報を利用して有価証券の売買その他の取引等を勧誘している状況になってはならないとされています（同法40条2号，業府令123条1項18号）。同様の規制は委託先の銀行にも課せられています（同法40条2号，業府令123条1項24号）。また，銀行内部の金融商品仲介業務部門と融資業務部門との間においても非公開融資等情報（業府令1条4項13号）の授受が制限されています（同法44条の2第2項3号，業府令150条5号）。かかる非公開融資等情報の授受制限の遵守のため，銀行においては，金融商品仲介業務部門と融資業務部門のフロアを別々にする，カードキーなどに制限を設けて双方の部署の銀行員がお互いの部署に出入りできないようにするといった情報隔壁（ファイアウォール）を敷く必要があります。

　そのほか，金銭の貸付その他信用の供与をすることを条件として有価証券の売買の受託等をする行為（同法44条の2第2項1号）や証券会社との間で有価証券の売買に関する契約を締結することを条件として顧客に対して信用を供与しながら金融商品仲介業務を提供することが禁止されていることについても留意する必要があります（同法44条の3第2項2号）。

50　第1章　銀行規制

Q10　銀行および証券会社間での人的連携

　当行は子会社に証券会社を有している一方で，銀行でも公共債や投資信託などの金融商品販売を行っています。このように業務に重複している部分があることから，銀行での金融商品販売を縮小し，証券会社での販売を強化しようと考えています。そこで，これまで銀行で金融商品販売に従事してきた行員を証券会社での金融商品販売に従事させたいと考えていますが，どのような方法がありますか。

A

　銀行および証券会社間での人的連携の方法としては，銀行と証券会社の兼職，銀行から証券会社への出向があります。兼職については，法令や監督指針において各種の規制が定められていることからこれらに留意する必要があります。

1．効果的な銀証連携を目指して

　銀行が子会社として証券会社を有している場合や銀行持株会社の傘下に銀行と証券会社がある場合，銀行が，基本的付随業務（その意義についてはQ4を参照）として有価証券やデリバティブ等の金融商品の販売を行う一方で，証券会社も自らの開発した金融商品を販売するということが起こりえます。この場合，金融商品販売業務に関しては重複する部分が生じてしまうおそれがあります。そこで，銀行と証券会社の間で顧客の奪い合いにならないよう，どのように棲み分けを図り，銀証連携の効果を発揮するかが重要となります。そこで，銀行においては預金や融資，為替といった固有業務やコンサルティング業務などのその他の付随業務（固有業務やその他の付随業務の意義についてもQ4を参照）に注力し，金融商品販売業務については，商品の種類が充実しており，販売ノウハウも豊富な証券会社に集中させることによって，銀行と証券会社の棲み分けを図るということが考えられます。このような棲み分けを行うにあたって，銀行の人員を証券会社に振り向けるということが考えられますが，銀行法や金商法上，以下のように留意すべき事項があります。

2. 銀行，証券会社間での役職員の兼職

(1) 兼職規制

　銀行の公共性の観点から，銀行の常務に従事する取締役，執行役は，他の会社の常務に従事するにあたっては，内閣総理大臣の認可を受ける必要があります（銀行法7条1項。詳細について，Q18の2(3)を参照）。また，証券会社の取締役，執行役が，親銀行等や子銀行等の取締役，会計参与，監査役もしくは執行役に就任した場合や兼職することになった場合は，内閣総理大臣への届出を行わなければならないとされています（金商法31条の4第2項）。そのため，銀行の役員が証券会社の役員を兼職する場合には，上記の手続を行わなければなりません。

　他方で，役員以外の職員については，兼職にあたって上記の手続は定められていません。

　銀行，証券会社間での役職員の兼職に関しては，企業の資金調達にあたって，直接金融の商品・役務と間接金融の商品・役務を最適なバランスで提供することができたり，同一グループに属する銀行と証券会社の間においては，企画業務や内部管理業務について銀証兼職を導入することでコスト削減を図ることができると考えられています（青山正博「銀証連携ビジネスの法律問題　第5回銀証兼職（1）」金法2108号50～51頁）。

(2) 外務員登録

　登録の申請に係る外務員が，既に別の金融商品取引業者等において外務員登録されている場合には登録拒否事由に該当することから（金商法64条の2第1項3号，協会員の外務員の資格，登録等に関する規則9条1項3号），銀行および証券会社の双方で外務員登録を行うことはできません。そのため，証券会社における金融商品販売業務を強化するにあたっては，銀行における外務員登録を抹消した上で，証券会社で外務員登録をすることになります。

(3) 優越的地位の濫用の防止

　証券会社が，その親銀行等または子銀行等の取引上の優越的な地位を不当に利用して金融商品取引契約の締結またはその勧誘を行うことは禁止されています（金商法44条の3第1項4号，業府令153条1項10号）。これを受けて，証券会

社の役職員が銀行の役職員を兼職する場合，顧客に対して金融商品取引に応じない場合や他の証券会社と金融商品取引を行う場合に，融資等を取りやめる旨や不利な取扱いをする旨を示唆することなどは禁止されています（金商業者監督指針IV－3－1－4⑷①，②）。また，証券会社においては，このような優越的地位の濫用を防止するための内部管理態勢の整備が求められています（金商業者監督指針IV－3－1－4⑷③～⑤）。

⑷　誤認防止

　銀行と証券会社の役職員を兼職するにあたっては，誤認防止措置についても留意する必要があります。すなわち，当該役職員が同一店舗内で取り扱う商品・サービスの内容およびその提供主体である法人名を当該店舗に掲示したり，顧客と契約を締結する際には，書面等による確認を行うなど，当該契約の相手方である法人名を顧客が的確に認識できる機会を確保したりするなどの措置を講じる必要があります（金商業者監督指針IV－3－1－5⑴②）。

⑸　ホームベース・ルール

　銀行と証券会社の役職員を兼職した場合であっても，兼職者は，銀行・証券会社間で共有されていない非公開情報については，いずれか一方の情報にしかアクセスできないこととなっています（金商業者監督指針IV－3－1－4⑵⑥イ）。これをホームベース・ルールといいます。すなわち，兼職者は，銀行と証券会社のいずれかをホームベースとして選択し，仮に証券会社を選択した場合には，銀行・証券会社間で共有が認められている非公開情報については，いずれもアクセスできますが，共有が認められていない非公開情報のうち銀行にある情報についてはアクセスできないこととなります。監督指針上，このような規制が設けられている趣旨は，兼職を通して非公開情報の授受規制（金商法44条の3第1項4号，業府令153条1項7号，金商法44条の3第2項4号，業府令154条4号）を脱法することを防止する点にあります。

　このように，非公開情報の授受に関しては厳格な規制があることから，兼職者については，他方の会社の社内データベースへのアクセスや社内会議への出席を原則禁止するなどの対応がとられています。また，兼職者の担当顧客についても，非公開情報の共有に関する同意書を受け入れた顧客や銀行・証券会社いずれかの金融サービスへのニーズしか想定されない顧客に限定して対応する

場合が多いとされています（神田ほか・金融法講義269頁〔真木善夫〕）。

3．銀行から証券会社への出向

　証券会社の金融商品販売業務の強化にあたっては，銀行から証券会社に職員を出向させるという方法も考えられます。兼職とは異なり，出向者は，銀行の業務には従事せず，専ら出向先である証券会社の業務に従事することになります。

　出向の場合は，兼職の場合のような優越的地位の濫用防止のための態勢整備は求められていませんが，出向者といえども銀行員であることに変わりはないので，顧客が金融商品取引を行うにあたって出向元の銀行との取引に影響があるかのようなことを示唆することは認められません（銀行法13条の3）。また，証券会社としての非公開情報の授受規制を遵守しなければならないことにも留意が必要です。

　出向によって，役職員は銀行の立場から顧客にサービスを提供することはできませんが，銀行の顧客の証券会社への紹介業務（Q9の2参照）を通して銀行の顧客に証券会社のサービスを提供することは可能です。顧客のなかには，紹介銀行の出身者ということで出向者に対して信頼感を持つ場合もあることから，顧客との良好な関係を築く上で，銀行から証券会社への出向も有用な手法と考えられます。

54　第1章　銀行規制

4. 顧客に対する適切な情報提供・説明

┌─ **Q11**　投資信託の販売手数料の内訳に関する説明 ─┐

顧客から，投資信託の販売手数料の内訳はどのようになっているのかとの問合せを受けました。どのように回答すればよろしいでしょうか。また，回答しないことにより法的な責任を問われることはあるのでしょうか。

A

顧客本位の業務運営を確立するために，「顧客本位の業務運営に関する原則」が公表されており，手数料の内訳の説明については，同原則に基づいて各銀行が実質的に判断して行っていくことになります。「顧客本位の業務運営に関する原則」への違反は銀行が負う義務違反を認定する際の一要素として考慮されることになる可能性があります。

1. 「顧客本位の業務運営に関する原則」制定の経緯

Q4の1(2)で説明したとおり，銀行は，他業証券業務等（銀行法11条2号）として，投資信託の窓口販売を行うことができます。そして，平成28年事務年度金融行政方針では，「国民の安定的な資産形成を実現する資金の流れへの転換」が重点課題とされ，そのためには金融事業者が顧客本位の業務運営を確立していくことが重要であるとされました。そこで，金融審議会市場ワーキンググループの議論を踏まえ，「顧客本位の業務運営に関する原則」（以下「本原則」といいます）が平成29年3月に公表されました。本原則の策定にあたっては，金融事業者がとるべき行動を詳細に規定する従来のルールベース・アプローチでは，ルールを守ればよいといった考えに陥りがちになり，金融事業者の形式的・画一的な対応を助長してきた側面があることから，金融事業者が状況に応じて実質的に顧客本位の業務運営を実現できるようプリンシプルベース・アプローチが採用されています（詳細については「担当者解説『顧客本位の業務運営に関する原則およびパブリックコメントの概要』」金法2069号28頁参照）。

なお，本原則では，「金融事業者」がどのような事業者を指すのか定義され

ていませんが，これは，金融庁によれば，あえて定義を定めないことが望ましいと考えたためであり，本原則を見て自らが関係あると考えた金融事業者に幅広く採択されることを期待するとの考え方が示されています（金融庁平成29年3月30日パブコメ回答No.25）。また，本原則の「経緯及び背景」においては，金融事業者とは，「金融商品の販売，助言，商品開発，資産管理，運用等を行う全ての金融機関等」を意味するものと表現されています。このことからすると，投資信託という金融商品を販売する銀行としては，顧客本位の業務運営を目指すという本原則は銀行に「関係ある」テーマであると考え，基本的に，銀行にも適用があるものとして実務上対応をしていくことになると考えられます。

2. 「顧客本位の業務運営の関する原則」の概要

本原則において，金融事業者には以下の7項目が求められています。

① 顧客本位の業務運営に関する方針の策定・公表等

② 顧客の最善の利益の追求

③ 利益相反の適切な管理

④ 手数料等の明確化

⑤ 重要な情報の分かりやすい提供

⑥ 顧客にふさわしいサービスの提供

⑦ 従業員に対する適切な動機づけの枠組み等

これらのなかには，既に法令等で定められていることと重複する項目もあります。それにもかかわらず，あえてこれらの項目が策定された背景として，国民に「投資の成功体験」が広く共有されていないこと，すなわち，金融商品の販売会社が，手数料収入の増大といった目先の利益を優先し，顧客とともに中長期的に成長していくという経営姿勢が総じて根付いていないことが金融事業者の課題であると考えられている点が挙げられます（中島淳一「「顧客本位の業務運営」が目指すべきもの」金融財政事情3196号11頁）。

金融事業者が本原則を採択するにあたっては，顧客本位の業務運営を実現するための明確な方針を策定し，当該方針に基づいて業務運営を行うことが求められています。一部の原則を実施しないことも可能ですが，その場合には「実

施しない理由」等を十分に説明することが求められています。

3. 手数料に関する説明

　本原則では，手数料に関して，原則4として，「金融事業者は，名目を問わず，顧客が負担する手数料その他の費用の詳細を，当該手数料等がどのようなサービスの対価に関するものかを含め，顧客が理解できるよう情報提供すべきである。」とされています。

　投資信託の取引にあたって投資家が負担するコストとしては，購入時・解約時手数料のほか，信託報酬，監査報酬，売買委託手数料，信託財産留保額があり，これらについては，投資信託の販売時に具体的な金額や手数料率などが販売会社より説明されていることと思います。本原則は，それをさらに進め，これらの手数料その他の費用について，「当該手数料等がどのようなサービスの対価に関するものかを含め」，顧客に情報提供を行うことを求めていると考えられます。手数料は，金融事業者が業務を行う上で発生する各種費用を踏まえて総合的に定められるものであることからすると，どのようなサービスの対価であるのか明確に開示することが困難な部分もありますが，たとえば，対面によるコンサルティングを重視しているのであれば，手数料は研修教育費やコンサルティングの対価といった意味合いが大きくなり，他方で，人工知能などによる投資判断に資する情報の提供に力を入れているのであれば，システム投資の費用といった意味合いが大きくなると考えられます。このように，手数料が顧客へのサービスの対価であることからすると，各銀行において，どのようなサービスに重点を置くのかによって，手数料の内訳は変わってくると思われます。顧客から手数料の内訳について説明を求められた場合には，当該サービスにおけるいかなる要素が特に手数料との対価性を有するのかを踏まえた「顧客が理解できるよう」な説明を行うことが必要になると考えられます。

　なお，投資信託の販売会社については，金融庁より，平成30年6月29日に「投資信託の販売会社における比較可能な共通KPIについて」が公表され，①運用損益別顧客比率，②投資信託預り残高上位20銘柄のコスト・リターン，③投資信託預り残高上位20銘柄のリスク・リターンという3つの共通指標に関する数値を各社が公表することにより，長期的にリスクや手数料等に見合ったリ

ターンがどの程度生じているかを「見える化」することが期待されています。投資信託を販売する銀行としては，当該KPI指標に関する数値の公表についても検討が必要であると思われます。

4．「顧客本位の業務運営に関する原則」に違反した場合の効果

　本原則に違反した場合に法的責任を負うことになるのかという点については，「法律の話というよりは経営の話なので，違反という概念には馴染まない」とされていますが，他方で「法的な議論の中での義務違反を認定する際に一要素としては考慮されうる」とされています（荒谷雅夫ほか「「顧客本位の業務運営に関する原則」の実践と今後の展開」金法2069号13頁〔神田秀樹発言〕）。すなわち，信義則（民法１条２項）や善管注意義務（同法644条），誠実公正義務（金商法36条１項）などの違反を認定するにあたって，本原則への違反が考慮されることになると考えられます。

　前述のように，本原則がプリンシプルベース・アプローチを採用し，金融事業者に対して実質的な対応を求めていることからすれば，金融商品を購入するすべての顧客に対して手数料の内訳を形式的に説明することは，かえって本原則の趣旨に反する対応になってしまうといえます。手数料の内訳についてどこまで詳しく説明するかは，顧客の知識や投資経験，財産状況，情報の重要性などによって変わってくることになります。そのため，たとえば，知識や投資経験が豊富な顧客に対して，手数料の内訳について簡潔な説明にとどめたとしても，そのことが直ちに本原則への違反となり，法的責任につながるということにはならないと考えられます。

58　第1章　銀行規制

Q12　顧客に適した金融商品の販売

　高齢の顧客の家族から，高齢者に金融商品を販売するとは何事かと苦情を受けました。当該顧客は長年株式や投資信託の経験もあり，今回販売した商品については，リスクも低く，高齢の方であっても十分理解できるものであり，本人も理解の上で購入されたと思われますが，法的に問題となるのでしょうか。

A

　金商法や金販法では，顧客にふさわしくない金融商品の勧誘を行うことが禁止され，また，勧誘が禁止されない場合も重要な情報を説明することが求められており，これらは当該勧誘行為や販売行為についての不法行為の成否へ一定の影響を与える可能性があります。高齢顧客との間で金融商品販売を行う場合には家族の同席を求めるなど，のちにトラブルとならないような態勢整備が肝要となります。

1．金融商品販売と不法行為の成否

(1)　（狭義の）適合性原則違反

　金融商品販売に関して不法行為の成立が争われる場合，違法類型の代表的なものとしては，①金商法上の（狭義の）適合性原則（同法40条1号）違反と②金商法および金販法上の説明義務（金商法38条9号，業府令117条1項1号，金販法3条1項・2項）違反があります。

　金商法は，金融商品取引業者等（登録金融機関としての銀行も含まれます（同法34条参照））は，「金融商品取引行為について，顧客の知識，経験，財産の状況及び金融商品取引契約を締結する目的に照らして不適当と認められる勧誘を行って投資者の保護に欠けることとなっており，又は欠けることとなるおそれがあること」のないように業務を行わなければならないと規定しています（同法40条1号）。これは，たとえば投資経験のない高齢者にリスクの高い金融商品を勧誘するなど，ふさわしくない顧客にふさわしくない金融商品の勧誘をしてはならないとするルール（いわゆる狭義の適合性原則）を定めたものと解

されています（山下＝神田・金商法概説404頁〔神田秀樹〕）。

狭義の適合性原則については，公法上の業務規制と位置付けられていますが，判例は，「証券会社の担当者が，顧客の意向と実情に反して，明らかに過大な危険を伴う取引を積極的に勧誘するなど，適合性の原則から著しく逸脱した証券取引の勧誘をしてこれを行わせたときは，当該行為は不法行為法上も違法となると解するのが相当である。」と判示しています（最判平17・7・14民集59巻6号1323頁）。そのため，銀行が狭義の適合性原則から著しく逸脱して金融商品の販売を行った場合，民法上の不法行為に該当し，損害賠償責任を負う可能性があります。

(2) 説明義務違反

金融商品販売における金融商品取引業者等の説明義務としては，まず，金商法が，「あらかじめ，顧客……に対して……顧客の知識，経験，財産の状況及び金融商品取引契約を締結する目的に照らして当該顧客に理解されるために必要な方法及び程度による説明をすることなく，金融商品取引契約を締結する行為」を禁止しています（同法38条9号，業府令117条1項1号）。また，金販法も，販売する金融商品の「重要事項」の説明をすることを求めつつ（同法3条1項），当該説明は，「顧客の知識，経験，財産の状況及び当該金融商品の販売に係る契約を締結する目的に照らして，当該顧客に理解されるために必要な方法及び程度によるものでなければならない」と，同趣旨を規定しています（同条2項）。以上の各規定は，顧客ごとに金融商品について当該顧客にふさわしい説明をしなければ当該金融商品を勧誘してはならないという広義の適合性原則を取り入れるかたちで説明義務の実質化を図ったものと解されています（山下＝神田・金商法概説404・417頁〔神田〕）。

前者については，公法上の規制であることから，当該規制への違反は信義則上の義務違反として不法行為の成否が問題となります（東京高判平27・1・26判時2251号47頁参照）。他方，後者については，私法上の規制であることから，当該規制への違反が不法行為を構成することになりますが，民法709条や同法715条の特則として金融商品取引業者等の無過失責任（金販法5条）や損害額の推定（同法6条）が定められています。

2.「顧客本位の業務運営に関する原則」との関係

　平成29年3月に公表された「顧客本位の業務運営に関する原則」（以下「本原則」といいます）の原則6では，「金融事業者は，顧客の資産状況，取引経験，知識及び取引目的・ニーズを把握し，当該顧客にふさわしい金融商品・サービスの組成，販売・推奨等を行うべきである。」と定められています。このように「顧客にふさわしい金融商品」の販売が求められていることからすれば，広義の適合性原則を形式的に遵守するだけではなく，「当該顧客にとって，その商品は真にふさわしいか」という顧客目線での推奨等を行う必要があることになります（森・濱田松本法律事務所／金融規制プラクティス・グループ「顧客本位の業務運営のための7大原則徹底研究」銀行実務694号28頁参照）。たとえば，資産や投資経験，知識が十分であっても，80歳を超える顧客に系列証券会社が組成した仕組債や外国株式が組み入れられた投資信託を販売することが，本当に当該顧客にふさわしいのか十分な検討が必要になると考えられます。

　本原則の原則5では，「金融事業者は，顧客との情報の非対称性があることを踏まえ，上記原則4〔筆者注：手数料等の明確化〕に示された事項のほか，金融商品・サービスの販売・推奨等に係る重要な情報を顧客が理解できるよう分かりやすく提供すべきである。」と規定されています。そして，原則5の（注1）によれば，「重要な情報」としては，金販法が定める重要事項よりも広範なものが想定されています。証券会社が被告となった裁判例のなかには，証券会社の担当者としては，顧客が値動きの大きな銘柄に積極的に投資する意向・方針を有していたとしても，そのような希望・方針にそのまま従うのではなく，リスクおよび手数料額について顧客に十分説明し，その理解を得るよう努める助言指導義務を負う旨述べているものもあることからすると（大阪地判平24・9・24判時2177号79頁），金融商品販売にあたっては，顧客の投資方針や投資意向を鵜呑みにするのではなく，それらが持つリスクについて説明することも必要になってくるものと考えられます。

　本原則に違反した場合については，「法的な議論の中での義務違反を認定する際に一要素としては考慮されうる」とされていることからすると（Q11参照），広義の適合性原則違反や説明義務違反を認定する際に商品選定の経緯や商品説

明の内容が考慮される可能性があります。

3．高齢者に対する金融商品の販売

　高齢者については，身体的な衰えや記憶力，理解力の低下に伴い適正な投資判断ができなくなったり，取引の数日後には自身が行った取引を覚えていなかったりといった事態が生じ，金融機関が本人や家族との間でトラブルになるケースもあることから，狭義および広義の適合性原則に基づいて慎重な対応を行うことが求められています（日本証券業協会「協会員の投資勧誘，顧客管理等に関する規則第5条の3の考え方（高齢顧客への勧誘による販売に係るガイドライン）」（以下「高齢者ガイドライン」といいます）参照）。

　そして，高齢者ガイドラインでは，高齢顧客の定義，高齢顧客に勧誘可能な商品の範囲等，勧誘場所や方法に応じた勧誘，約定後の連絡，モニタリングといった事項について社内規則に定めることが要請されています。これらのうち，高齢顧客の定義については，高齢者ガイドラインでは，目安として，75歳以上の顧客を対象としていますが，銀行によっては，70歳以上を高齢顧客と定義してよりきめ細かな対応をとっているところもあります。

　また，本設問のように，高齢顧客自身は，投資意欲があり，知識や投資経験が豊富であっても，その子供などの家族が金融商品の購入に反対する場合があります。そのため，家族とのトラブルを未然に防止するために，高齢顧客への金融商品販売においては，必ず家族の同席を求めることとし，その際も配偶者のような高齢顧客と年齢が近い者ではなく，子供や孫などのより判断能力が十分であると思われる者の同席を求め，そういった家族の同席がない場合には金融商品の販売を行ってはならないことを徹底している銀行もあります。

5．犯収法（マネーローンダリング・テロ資金供与対策）

Q13 本人確認（取引時確認）の必要性

預金口座の開設時に顧客に対して取引時確認を求めたところ，顧客から取引時確認を行う根拠や必要性について尋ねられました。そもそも取引時確認とはいかなる法令を根拠に，何のために行うものですか。顧客には，どのように回答すればよろしいでしょうか。

取引時確認は犯収法を根拠とし，マネー・ローンダリングやテロ資金供与防止などのために行われます。銀行としては，正確な取引時確認を行うために，取引時確認の必要性について顧客に説明し，協力を求めていく必要があります。

1．本人確認（取引時確認）の根拠

犯収法に基づき，銀行をはじめとする金融機関は，特定事業者（同法2条2項）として，顧客等と一定の取引（特定取引）を行うに際して，当該顧客等について，取引時確認（本人特定事項（個人の場合は氏名・住所・生年月日，法人の場合は名称・所在地），取引を行う目的，職業・事業の内容，法人の実質的支配者の本人特定事項等の確認をいいます）を行う義務を負っています（同法4条1項）。かかる義務が課されている理由としては，取引時に相手方の身元を確認し，これを記録することによって，誰が取引を行っているかを明らかにし，マネー・ローンダリング等が行われた場合に，警察等が，その者を事後的に追跡，捕捉することが挙げられます（中崎＝小堀・犯収法30頁）。

2．取引時確認における主な留意点

(1) 取引時確認の方法

取引時確認のうち，本人特定事項の確認は，本人確認書類によって行うことになります。個人顧客の本人確認書類については，本件のような対面取引においては，運転免許証や個人番号カードなどの写真付証明書の場合は原本の提示

を受ける方法（犯収法施行規則6条1項1号イ），写真付証明書以外の場合は，書類の証明力に応じて，提示に加えて取引関係文書（預金通帳やお礼状など）を書留郵便等により転送不要郵便物として送付する方法（同法施行規則6条1項1号ロ），2種類の本人確認書類の提示を受ける方法（同号ハ）などがあります。

　他方，非対面取引の場合，顧客から本人確認書類の原本またはその写しの送付を受け，取引関係文書を書留郵便等により転送不要郵便物として送付する方法（同法施行規則6条1項1号チ。なお，条文番号は，下記の改正後の番号です。以下も同じです）などにより取引時確認を行います。また，平成30（2018）年11月30日に公布，施行された同法施行規則の改正により，FinTechを促進するため，非対面取引の取引時確認方法として，銀行等の特定事業者が提供するソフトウェアを顧客に使用させて，本人確認用画像情報の送信を受ける方法なども認められるようになりました（同法施行規則6条1項1号ホ～ト）。なお，同改正には，2020年4月1日に施行される部分もあります。たとえば，2020年4月1日以降，上記で例示した同法施行規則6条1項1号チに基づく取引時確認方法として送付できるのは原本のみとなり，写しを送付することによって取引時確認を行うことは，より限定された要件・取引においてのみ可能となります（同号リ・ヌ）。その代わり，2020年4月1日以降は，同号チに基づく取引時確認方法として，本人確認書類の原本の送付を受ける代わりに，本人確認書類のICチップに格納された本人特定情報やアプリ画像情報の送信を受ける方法によることが可能となります。

　また，法人顧客については，登記事項証明書などの本人確認書類の提示を受ける方法（同項3号イ）や本人確認書類の写しの送付を受けて本店等に宛てて取引関係文書を転送不要郵便物として送付する方法（同号ニ）などがあるほか，上記犯収法施行規則の改正により，インターネット登記情報提供サービスの登記情報を利用する方法（同号ロ），法人番号公表サイトを利用する方法（同号ハ）が追加されています。

⑵　代表者等の権限の確認

　個人顧客の代理人や法人顧客の取引担当者による取引を行う場合には，これらの者の本人特定事項の確認に加え，これらの者が取引担当者としての権限を有しているかを委任状などによって確認する必要があります（犯収法施行規則

64 第1章　銀行規制

12条4項参照)。

　なお，以前は，(委任状ではなく) 社員証によって権限を確認することも認められていましたが，平成26年の犯収法改正 (平成28年施行) により，認められなくなりました。また，以前は，取引担当者が役員として登記されていることを確認することによっても取引担当者としての権限の確認が可能とされていましたが，この点についても同改正により代表権のある役員として登記されている場合に限定されました。

(3)　法人の実質的支配者

　顧客が法人の場合，当該法人の実質的支配者 (犯収法施行規則11条2項) が存在する場合は，当該実質的支配者の本人特定事項の確認が必要になります。この場合の確認方法としては，「代表者等から申告を受ける方法」によるものとされています (同条1項)。

　法人の実質的支配者については，平成26年の犯収法改正 (平成28年施行) により，自然人まで遡った最終的な実質的支配者まで確認することが必要となったことに注意が必要です。たとえば，顧客である非上場会社A社の議決権を非上場会社B社 (上場会社の子会社ではないものとします) が100％保有している場合，改正前まではB社を実質的支配者とすれば足りましたが，改正後はさらに遡って実質的支配者の要件を満たす自然人 (上記の例でいえば，B社ではなく，B社の議決権総数の25％超を有している自然人等) について本人特定事項を確認する必要があります。この点について，実務上，顧客から，親会社の了承を得なければ本人特定事項について教えられないとして回答を拒まれる事態や，顧客が親会社の株主構成や支配状況等を把握していないといった事態が想定され，実質的支配者の確認が円滑に進まない可能性があります。しかし，実質的支配者が不透明な法人は，資金の追跡が困難になり，そのような法人を利用してマネー・ローンダリングが行われる危険性は高いといえます。したがって，上記のような場合でも可能な範囲で顧客に協力を求め，実質的支配者を把握していくことが重要です。

3．顧客への理解・協力の要請

　平成30年2月，金融庁「マネー・ローンダリング及びテロ資金供与対策に関

するガイドライン」が制定されました。そこでは，金融機関が，自らマネー・ローンダリング・テロ資金供与（以下「マネロン・テロ資金供与」といいます）リスクを特定・評価し，これを実効的に低減するため，当該リスクに見合った対策を講ずるリスクベース・アプローチの考え方が採用され，経営陣の関与のもと，マネロン・テロ資金供与への堅牢な管理体制の構築・維持が求められています。その後，同ガイドラインは，その趣旨を明確化し，金融機関等の実効的な態勢整備を図る目的から，平成31年4月10日に改正されています（詳細については，「担当者解説『マネー・ローンダリング及びテロ資金供与対策に関するガイドライン』改正の概要」金法2112号8頁参照）。

　正確な取引時確認を行うためには，銀行の管理態勢の整備はもとより，取引時確認に対する顧客の理解・協力が不可欠となります。そのため，各銀行はマネー・ローンダリング防止に対する方針や取引時確認に関するパンフレットやポスターなどを公表していますが，これらに加えて，窓口での顧客に対する説明も重要になってきます。取引時確認に協力することが顧客の資産の保護にもつながるなど，顧客にとってメリットになることを説明するなどの工夫が必要になります。

4．国際情勢および今後のマネロン・テロ資金供与対策

　以上で説明したようなマネロン・テロ資金供与対策は，日本だけで行っているわけではなく，むしろ，Financial Action Task Force（FATF）という政府間機関（日本も設立メンバーの1国）がFATF勧告という形で国際基準を制定すること等により主導しており，日本の犯収法の制定・改正や上記ガイドラインの制定・改正も，基本的には，FATF勧告を踏まえて行われたものであるといえます。FATFは，FATF勧告の各加盟国による遵守状況を審査するために，定期的に相互審査を行っていますが，令和元（2019）年秋には第4次FATF対日相互審査が予定されています。当該審査の結果を踏まえて，日本において，さらなる法律改正やガイドラインの見直しがなされる可能性があることにも留意が必要となります。

66　第1章　銀行規制

Q14　疑わしい取引への対応

　当行が下記(i)から(iii)までの取引に応じるにあたり，取引時確認を行う必要はありますか。また，疑わしい取引の届出をする必要はありますか。

(i)　当行の顧客が給与振込目的で開設し（開設時に取引時確認済み），これまで毎月定期的に20万円ほどの入金がなされていた普通預金口座に，ある日，窓口で300万円の入金が行われました。その際，顧客は非常にあわてた様子で，顧客が持っていた紙幣も破れていたり，汚れていたりしていました。

(ii)　その数日後，当該顧客が，午前中に来店し，日本円にして15万円を自身の口座から海外の第三者の口座に送金してほしいと依頼してきました。

(iii)　さらに，当該顧客が同じ日の午後にも来店し，まず午後1時に5万円を午前中と同じ第三者の口座に送金してほしいと依頼し，次に午後2時に10万円を再度同じ第三者の口座に送金してほしいと依頼してきました。

A

　(i)の取引については，取引時確認のほか，疑わしい取引の届出を行う必要があるケースが多いと考えられます。(ii)の取引については，取引時確認のみで足りると考えられます。(iii)の取引については，特定取引への該当性が問題となりますが，結論としては，取引時確認が必要であり，さらに，疑わしい取引の届出を再度行うべきことになるケースが多いと考えられます。

1．疑わしい取引の届出

　銀行は，預金契約の締結，為替取引等の特定業務（犯収法4条1項，同法施行令6条1号）に係る取引を行うにあたって，収受した財産が犯罪による収益の疑いがあると認められる場合や顧客等がこれらの取引に関し組織的犯罪処罰法10条の罪もしくは麻薬特例法6条の罪にあたる行為を行っている疑いがあると認められる場合においては，速やかに金融庁長官に疑わしい取引の届出を行わなければなりません（犯収法8条1項）。

　疑わしい取引の届出制度の趣旨は，疑わしい取引に関する情報の集約により，

マネー・ローンダリング犯罪およびその前提犯罪の捜査に役立てることを主目的とするとともに，犯罪者によって銀行等の特定事業者（同法2条2項）が利用されることを防止し，特定事業者に対する信頼を確保しようとする点にあります（中崎＝小堀・犯収法180頁）。なお，疑わしい取引の届出を行おうとすることまたは行ったことを当該疑わしい取引の届出に係る顧客等またはその者の関係者に漏らすことは禁止されています（同法8条3項）。

2．疑わしい取引の判断

　疑わしい取引の判断は，取引時確認の結果，当該取引の態様その他の事情および犯罪収益移転危険度調査書の内容を勘案し，かつ，犯収法施行規則26条に定める項目に従って当該取引に疑わしい点があるかどうかを確認する方法その他の同法施行規則27条で定める方法により行わなければなりません（同法8条2項）。

　まず，本設問の(i)について考えると，ここでは，給与振込目的で開設され，これまで毎月定期的に20万円ほどの入金がなされていた普通預金口座に，窓口で300万円の入金がなされています。したがって，当該入金は，200万円を超える現金の「受払い」をする取引として特定取引に該当します（同法施行令7条1項1号ツ）。そして，顧客は口座開設時に既に取引時確認を行っていることから，上記の入金は，既存顧客との間で行った特定業務に係る取引（同法施行規則27条2号）に該当します。そのため，顧客の確認記録，取引記録，同法施行規則32条1項2号および3号に掲げる措置により得た情報その他の当該取引に関する情報を精査し，かつ，同法施行規則26条に規定する項目に従って疑わしい点があるかどうかを確認する方法によって疑わしい取引かどうかを判断します。この点について，本設問(i)では，毎月約20万円の給与を受け取っていたにすぎない顧客が，300万円もの現金を持参していることから，収入に見合わない入金がなされているといえます（「顧客の収入，資産等に見合わない高額な取引」については，金融庁「疑わしい取引の参考事例」においても挙げられています）。また，顧客が非常にあわてた様子であり，持っていた紙幣も破れていたり，汚れていたりしていることから，現金の入手方法や入手経路にも懸念が持たれます。そのため，疑わしい点があったと判断し，疑わしい取引とし

68　第1章　銀行規制

て届出を行うべきケースが多いと考えられます。

　また，特定業務に係る取引が疑わしい取引に該当した場合，当該取引は，「顧客管理を行う上で特別の注意を要する取引」として特定取引に該当することから（同法施行令7条1項柱書，同法施行規則5条1号），当該取引が行われる場合には，既に取引時確認済みの顧客であっても，取引時確認を省略（同法4条3項，同法施行令13条1項，同法施行規則16条）することはできないことになります（同法施行令13条2項かっこ書）。よって，本設問(i)においても，口座開設時に取引時確認済みであることを理由に取引時確認を省略することはできず，改めて，取引時確認を行う必要があります。

3．1回当たりの取引の金額を減少させるために分割した取引

　次に，本設問(ii)ですが，顧客がその数日後の午前中に来店して，日本円にして15万円を自身の口座から海外の第三者の口座に送金してほしいと依頼してきた点については，10万円を超える現金の受払いをする取引で為替取引を伴うものとして，特定取引に該当します（犯収法施行令7条1項1号ツ）。当該取引については，本設問(i)で検討した事情を考慮すると，給与振込目的とは異なった目的で取引がなされているとも考えられます。そのため，取引時確認に係る事項を偽っていた疑いがある顧客等と間で行う取引（同法施行令13条2項かっこ書，同法施行規則17条）として取引時確認を省略することはできないと考えられます。なお，この時点では，海外の第三者への送金は初めてなされたものであることから，数日前の300万円の預金の点を考慮に入れたとしても，いまだ疑わしい点があると判断することは困難であり，取引時確認に加えて，疑わしい取引の届出をするまでの必要はないと判断することが通常かと思われます。

　一方，本設問(iii)において，当該顧客が同じ日の午後に再び来店して，まず午後1時に5万円の送金を依頼し，次にその1時間後に10万円の送金を依頼している点については，個々の送金は10万円を超えないことから，個々の取引だけを見ると特定取引には該当しないように思われます。しかし，このように2以上の現金等受払取引を連続して行う場合において，当該2以上の取引が1回当たりの取引の金額を減少させるために取引を分割したものの全部または一部であることが一見して明らかである場合には，これらを1つの特定取引とみなす

ことになります（同法施行令7条3項3号）。「一見して明らか」であるかどう
かについては，各特定事業者において，当該取引の態様や各事業者の一般的な
知識や経験，商慣行をもとに適宜判断され（警察庁平成27年パブコメ回答No.8
〜10，14），具体的には，窓口における従業員の気付きに基づき判断されるこ
とや，その上席者により判断されること，システムにより検知されることが想
定されています（警察庁平成27年パブコメ回答No.13）。

　本設問(ⅲ)においては，顧客は，午前中に15万円を送金するにあたって，取引
時確認を求められたこと，5万円の送金と10万円の送金との間に時間的近接性
が認められることから，特定取引に該当することを回避するために5万円と10
万円に分割して取引を行ったと考えられます。そのため，銀行としては，これ
らの取引は1回当たりの取引の金額を減少させるために取引を分割したものの
一部であることが一見して明らかであるとして1つの特定取引とみなすことに
なると考えられます。また，顧客が海外の第三者に頻繁に送金を行っているこ
とや，その原資が先日入金された300万円からなされている可能性もあること
などから，上記2で述べた基準に照らして疑わしい点があると判断される場合
には，再度疑わしい取引の届出を行うことになります。そして，疑わしい取引
の届出を行う場合は，取引時確認を省略できない点は，本設問(ⅰ)の場合と同様
です。

3　規制のグローバル化

Q15　グローバルな金融規制
当行は，海外に支店はありませんし，海外業務もほとんど行っていませんが，バーゼル規制やその他の国際的な金融規制は関係ないのでしょうか。

直接の適用はなくとも，国際的な金融規制は日本での規制に影響を与えています。たとえば，バーゼル規制は，国際的な枠組みですが，日本においても，銀行法およびそれを受けた金融庁告示により，国内の銀行に対しても同様な規制が課されています。また，コンダクト・リスクやサイバー・リスクなどの新たなリスクについては，国際的な規制の潮流に留意することが必要です。

1．はじめに

2007年・2008年の世界的な金融危機を受け，金融市場・金融機関の安定性・健全性の確保，公的資金を使った救済の回避等を目的に，さまざまな規制が導入されました。国際的な金融規制は，各国当局のみならず国際機関もルールを策定し，かつそのルールが刻々と変化しています。

2．国際的な金融規制の枠組み・主体

2008年11月，ワシントンD.C.に各国・地域の首脳が集まり，金融危機への対応を協議しました（G20）。G20は以後毎年開かれており，2010年には自己資本比率規制を強化し，レバレッジ規制・流動性規制を導入するバーゼルⅢが承認され，2011年にはシステム上重要な金融機関（SIFIs）に対処するための政策が承認されました。

FSB（金融安定理事会）は，各国当局や国際的な基準を設立する機関等と協働しながら，規制・監督その他の金融セクターのポリシーを策定し，国際的な金融の安定を図ることを目的とした組織です。日本を含む24カ国・地域，EU

に加え，OECD（経済協力開発機構）やBCBS（バーゼル銀行監督委員会）もメンバーとなっています。

BCBSは，銀行規制のグローバル・スタンダードを策定することおよび監督当局の協働の場の提供等を目的とした組織であり，バーゼルⅠ・Ⅱ・Ⅲ等のルール作りを主導しています（以上につき，下記【図表1－4】を参照）。

【図表1－4】国際的な金融規制の枠組み

3．国際的な金融規制の概要

(1) バーゼル規制

バーゼル規制は，国際的な業務を行う銀行の健全性確保等を目的とした国際統一基準です。1988年に自己資本比率の算出方法や最低水準を規定し（バーゼルⅠ），2004年には金融取引の多様化・複雑化に合わせたリスク計測手法を公表しました（バーゼルⅡ）。金融危機後は，その教訓を踏まえ，国際的に活動する銀行について，適切なリスク管理を促し，健全性を確保するため，自己資本の質・量の向上を求める自己資本比率規制の強化等に合意しました（バーゼルⅢ）。

バーゼル規制は，それ自体が日本の銀行に対して法的な拘束力を持つものではありませんが，日本では，海外に拠点をもつ銀行（国際統一基準行）とそれ以外の銀行（国内基準行）とを区別してバーゼル規制を踏まえたルール（銀行法14条の2および「銀行法第14条の2の規定に基づき，銀行がその保有する資産等に照らし自己資本の充実の状況が適当であるかどうかを判断するための基準」（以下「金融庁告示」といいます））が整備されており，これが国内の銀行に適用されます。

(2) 自己資本比率

自己資本比率の基本は下記の計算式です。この「自己資本」に何が含まれる

か，「リスク・アセット等」におけるリスクは何か，「自己資本比率」をどのように計算するか，何パーセントが適切か等について議論がなされています。

$$自己資本比率 = \frac{自己資本}{リスク・アセット（RWA）等}$$

① 自己資本

自己資本は，株式の発行により市場から調達したお金（株主資本）に，利益の蓄積である剰余金（内部留保）を合算したものです。国内基準行の場合，「コア資本」から一定の項目を控除したものが自己資本となります。コア資本は，損失吸収力の高い普通株式および内部留保を中心にしつつ，強制転換条項付優先株式や一般貸倒引当金等を加えたものをいいます。国際統一基準行の場合は，「普通株式等Tier 1」（普通株式，内部留保），「その他Tier 1」（優先株），「Tier 2」（劣後株）という区分がありそれぞれに要求水準が異なります。

② リスク・アセット等

自己資本比率を計算する場合に分母となるリスク・アセット等は，以下の3種に区分されます（【図表1－5】を参照）。

【図表1－5】リスク・アセット等

信用リスク	貸出先の財務状況の悪化により，資産の価値が減少・消滅し損失を被るリスク
市場リスク	金利や為替等のさまざまな市場のリスクファクターの変動により，保有する資産・負債の価値が変動し損失を被るリスク
オペレーショナル・リスク	内部プロセスやシステムが不適切であること・機能しないこと，または外的要因により，損失を被るリスク（ヒューマンエラーも含まれる）

③ 自己資本比率

国内基準行については，最低自己資本比率は4％となっています（金融庁告示25条）。国際統一基準行に対しては，自己資本比率として8％以上（金融庁告示2条3号），普通株式等Tier 1比率4.5％以上（同条1号）等が要求されています。

(3) バーゼルⅢにおけるその他の規制

下記の規制は現状ではバーゼルⅢにて規定されるにとどまり，日本の法令に反映されていませんが，国際的な金融規制の潮流として，概略を説明します。

① レバレッジ比率

　レバレッジの拡大を抑制することを目的として，貸出金や有価証券等の総エクスポージャー額をベースとしたレバレッジ比率が導入されました。複雑に計算されるリスクベースの指標を補完するものとして，簡易な（個別の調整のない）指標となっています。最低水準は３％です。

② 総損失吸収能力（TLAC）

　金融危機時，巨大な金融機関が破綻すれば，世界の金融システムに極めて深刻な悪影響（システミック・リスク）が生じることが予想されたため，公的資金を投入して救済せざるをえないという「大きすぎて潰せない問題」（Too Big To Fail）が議論されました。これを踏まえ，一部の金融機関には，特殊な債券を発行することが求められています。危機時にこの債券を株式に転換し，既存の株主資本で吸収できなかった損失をカバーすることで，公的資金を使わずに危機に対処できるとされます。

4．新たな規制領域

　以下についても，近時の金融規制の潮流として，概略を説明します。

(1)　コンダクト・リスク

　LIBORやその他の指標に関する不正操作問題が明るみになり，「コンダクト・リスク」という概念が出てきました。英国当局は「顧客の正当かつ合理的な期待に応えることを金融機関がまず第一に自らの責務としてとらえて，顧客への対応や金融機関同士の行動や市場での活動で示すこと」を金融機関に期待するコンダクトとして定義しています。

(2)　サイバー・リスク

　金融機関は，顧客情報や非公開情報を取り扱っており，また金融インフラを維持しているという観点からも，サイバー攻撃の主要な対象といわれています。2016年のG７サミットでは「金融分野のサイバーセキュリティの促進」が首脳宣言に盛り込まれ，米国ではニューヨーク州の金融当局がサイバーセキュリティ規制を制定し，金融機関にサイバーセキュリティポリシーの作成・体制整備を求めています。

74　第1章　銀行規制

4　金融庁との関わり

Q16　金融行政の変化

平成30年7月の金融庁の組織再編により，金融庁の組織や検査・監督の方針はどのように変わりましたか。今後，銀行は，どのような姿勢で臨むべきですか。

A

検査局と監督局が統合され，オン・オフ一体のモニタリング体制となり，検査・監督は「形式・過去・部分」から「実質・未来・全体」的な視点に改められました。銀行では，経営陣の主体的な関与のもと，常に先を見据えた視点でリスクをコントロールするなど，PDCAを意識した取組みが求められます。

1．従来の検査・監督

金融庁の行う検査・監督には，金融庁が実際に特定の金融機関に立ち入って行う調査（以下「オンサイト・モニタリング」といいます）と，金融機関への立入りはせず金融機関から提出された資料の分析や役職員へのヒアリングなどを通じて行う調査（以下「オフサイト・モニタリング」といいます）があり，これまでオンサイト・モニタリングは検査局，オフサイト・モニタリングは監督局により別々に実施されてきました。

その際，検査・監督に関する方針については，金融検査マニュアルや監督指針といった一定の基準が示されてきました。

従来の検査・監督は，1990年代のバブル崩壊後の金融危機に対応するために形作られたものであり，金融行政の主たる課題は不良債権問題の解決と金融システムの安定にあったため，厳格な資産査定を中心とする事後チェック型の検査でした。これを象徴するものが，平成11年に策定された，金融庁が金融機関を検査する際の網羅的・包括的なチェックリスト集である「金融検査マニュアル（預金等受入金融機関に係る検査マニュアル）」です。しかし，不良債権処

理が収束するにつれ，危機対応を前提としたこの検査手法は意味をなさなくなり，むしろ，金融機関の創意工夫を不必要に制限するなどの弊害が生じました。

2．平成30年7月の組織再編

　そこで，金融庁は，平成30年7月に組織再編を実施し，従来の総務企画局，検査局および監督局を，企画市場局，総合政策局および監督局に再編しました（金融庁組織令2条）。その結果，これまでオンサイト・モニタリングを担当してきた検査局とオフサイト・モニタリングを担当してきた監督局が統合され，いずれのモニタリングも監督局が担当することにより，オン・オフ一体のモニタリングが組織体制面で整備されました。なお，総合政策局は，総合調整，総合的かつ基本的な方針その他の政策の企画・立案・実施の総括，金融システムや複数の金融機関等に共通するリスクの状況・動向に関する調査・分析の総括や包括的または特に専門的な調査・分析・検査（マネーロンダリングやサイバーテロを含みます）等を行い，企画市場局は，国内金融に関する制度（FinTechや暗号資産（仮想通貨）に関するものを含みます）の企画・立案等を行うこととなりました（以上につき，【図表1－6】を参照）。

【図表1－6】金融庁の組織再編

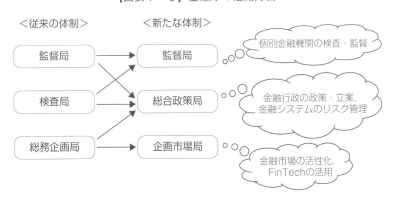

3．新しい金融行政

　新体制の下では，金融庁は，金融行政の究極的な目標を「国民の厚生の増大」と位置付け，それを実現するための基本目標を，従来の安定重視から安定

と成長の両立に切り替えました。

その結果，検査・監督の進め方は，「形式・過去・部分」的な視点から，「実質・未来・全体」的な視点へ改められました。具体的には，①最低基準（ミニマム・スタンダード）が形式に守られているかだけでなく，実質的に良質な金融サービスの提供やリスク管理等ができているか（ベスト・プラクティス），②過去の一時点の健全性の確認ではなく，将来に向けた健全性が確保されているか，③特定の個別問題への対応に集中するのではなく，真に重要な問題への対応ができているかを検証することになりました。

また，検査・監督に関する方針の示し方についても，チェックリスト方式で固定化されたルールを示す従来の手法から，結論よりも対話の材料となる「考え方・進め方」やプリンシプルを示す手法に変わりました。

具体的には，金融検査マニュアルが平成31年4月以降に廃止されるとともに，監督事務の基本的な考え方や法令等の解釈が明確化された監督指針についても，過度に詳細なルール等は見直されることになりました。一方で金融機関との対話の材料として，「金融検査・監督の考え方と進め方（検査・監督基本方針）」（平成30年6月公表）や，「顧客本位の業務運営に関する原則」（平成29年3月公表。なお，同原則については，Q11参照）のようなプリンシプルを打ち出し，さらには，分野別の「考え方と進め方」を順次公表しています（なお，分野別の「考え方と進め方」には，本稿執筆時点（2019年5月31日）で未公表のものもあり（たとえば，「融資に関する検査・監督実務についての考え方や進め方」），金融検査マニュアルもまだ廃止されていません。今後の動向について，注視する必要があります）。

4．銀行の対応

上記のとおり，これまでの検査・監督の進め方は，「形式・過去・部分」的な視点で行われていたため，多くの銀行では，金融検査マニュアルに沿った対応をしていることをいかに検査官に説明するかに注力していたものと思われます。しかし，今後は「実質・未来・全体」的な視点に転換されていくため，銀行の検査・監督に対する姿勢も変えていく必要があります。

具体的には，どんなに大きな組織であれ，経営陣の主体的な関与が必須とな

ります。上記のプリンシプルや「考え方と進め方」は当局との建設的な対話を行う上での共通理解のベースとなるものですので，担当部署の行員が深く理解するだけでなく，経営陣も経営管理を行う上で積極的に理解し，銀行としての方針や方向性を決定していかなければなりません。

その際の視点として有効なのは，常に先を見据えること（フォワードルッキング）と，リスクを想定しコントロールすること（リスクベース・アプローチ）です。

リスクをコントロールするには，まず，事業活動において想定されるあらゆるリスクを事前に洗い出し，これらのリスクが銀行に与える影響を評価する必要があります（リスクアセスメント）。その上で，各行の特色や地域性，費用対効果や実務上の運用可能性等に照らして，取りうるリスクか排除すべきリスクかを経営陣が判断していくことになります。

また，予め想定していなかったリスクであっても，検査官と対話・議論を行う中で課題として認識した場合には，どのような対応が可能かを検討し，将来に向けた行動をとることが必要と思われます。これはまさに，「過去，現在，発生していないことのみをもって，問題がない」（現状を是認すること）とするのではなく，「今後，経営計画，経営戦略を策定・実践していく上で，どこにリスクが内在しているか」といった「未来志向型のガバナンス態勢」の構築が求められているからです。すなわち，PDCAサイクルで言えば，過去にあたるPlanとDoだけでなく，未来に向けたCheckとActionを能動的に実施していくということです。その際，管理部署である法務部門は，PlanとCheckを主導することが求められています。たとえば，不祥事件が発生した場合，法務部門は，再発防止策を策定し（Plan），それを実行させる（Do）だけでなく，実行された再発防止策の有効性等を定期的に検証し（Check），問題があれば改めていく（Action）役割を担っているといえるでしょう。

78 第1章 銀行規制

Q17 法令適用等について官庁に照会する制度

銀行業務を進めるにあたって監督官庁である金融庁に法令の適用や解釈について照会をする制度として，どのようなものがありますか。また，銀行が新しい事業を実施するにあたって，金融庁所管の法令以外の法令への違反の有無が気になる場合，金融庁以外の他の省庁に相談をする制度はありますか。

A

金融庁への照会の制度としては，個別の事業等についての「ノーアクションレター制度」，一般的な法令解釈についての「書面照会手続」に加えて，FinTechに関連する「FinTechサポートデスク」などの制度があります。また，照会とは別に，金融行政モニター受付窓口等を通じて金融行政等について意見を寄せる方法も整備されています。他の省庁への相談のための制度としては，経済産業省が所管する「グレーゾーン解消制度」等があります。

1. 金融庁への照会制度

(1) 各種照会制度

① ノーアクションレター制度

まず，金融庁における法令適用事前確認手続，いわゆるノーアクションレター制度があります。これは，銀行が新しい事業や取引を具体的に計画している場合において，金融庁の所管する法令（銀行法・金商法など）について，その事業や取引を行うことが法令に違反することがないか，その事業や取引を行うことによって，行政処分を受けることがないかを金融庁に対して照会するものです。照会の方法としては，計画している新しい事業や取引の具体的内容，適用対象となるかどうかを確認したい法令，法令の適用の有無についての銀行の見解とその根拠，ならびに照会および回答を公表することについての同意に関して記載した照会書の提出，が必要になります。ノーアクションレター制度の照会および回答内容は，金融庁のウェブサイトで公表されます。

同制度の活用事例としては，銀行が，ダイレクトメールを媒体とした他者の

ための情報提供を業務として行うことや，ATMの余白部分や自己所有店舗の壁面・屋上を広告媒体として他者に使用させることが，それぞれ銀行法10条2項にいう「その他の付随業務」（詳細について，Q4の2⑵を参照）に該当するかどうかという照会に対して，「その他の付随業務」に該当するとの回答がなされた例があります（いずれも平成15年7月1日）。

② 一般的な法令解釈に係る書面照会手続

書面照会手続は，ノーアクションレター制度のような個別の取引等に対する法令適用の有無に関するものではなく，一般的な法令解釈に係る照会を金融庁に対して行うための制度です。照会の際には，照会の対象となる法令の条項および具体的な論点，照会に関する銀行の見解および根拠，照会および回答内容が公表されることに関する同意について記載した照会書の提出，が必要になります。この書面照会手続についても，照会および回答内容は，金融庁のウェブサイトで公表されます。

同制度の活用事例としては，貸金業法の事例ではありますが，住宅ローン等の説明会における一般的な商品の仕組み・活用法等についての説明等の行為が，「金銭の貸借の媒介」に該当するかどうかという照会に対して，金銭の貸借の媒介に至らない行為といえる場合もあるとの回答がなされた例があります（平成27年12月1日）。

③ 広く共有することが有効な相談事例

ノーアクションレター制度や書面照会手続に加えて，事業者から照会があった各種相談事例についても，広く共有することが有効と考えられる事例として，金融庁のウェブサイトで公表されています。公表対象となるのは，多くの事業者からの照会が予想される事例，法令違反の未然防止に資すると考えられる事例ですので，銀行で行おうとしている事業の法令解釈や適用についての疑義が生じた場合に，金融庁のウェブサイトで類似の事例がないか確認することは事業を進めるにあたって有益であると考えられます。

同制度の活用事例としては，銀行が他社の発行するクレジットカードについてアクワイアリング業務（加盟店を獲得して契約する業務）を行うことが「その他の付随業務」に該当するかという照会に対して，「その他の付随業務」に該当しうるものと考えられるという回答や，銀行が休日に新たに業務を行うこ

ととした場合や台風等による臨時休業の場合に銀行法上の届出が必要になるか
という照会に対して，前者は不要，後者は必要という回答がなされた例があり
ます（いずれも平成30年7月13日）。

④　FinTechサポートデスク

　今後，銀行業務を進めるにあたって非常に重要となっている金融とITが融
合する，いわゆる「FinTech」に関して，金融庁において一元的な相談・情報
交換窓口として，「FinTechサポートデスク」が設置されています。同デスク
は，FinTechと呼ばれるさまざまなイノベーションを伴う事業を現に営む，ま
たは今後新たな事業を検討するにあたって，具体的な事業や事業計画等に関連
するさまざまな論点について，金融規制や法解釈に関する相談をすることがで
きます。また，事業に関連する一般的な意見・要望・提案などもすることがで
きます。

　FinTechサポートデスクで金融庁が受け付けた相談のうち，共通して寄せら
れた質問事項および回答内容の概要について，金融庁のウェブサイトで公表さ
れています。

⑵　金融行政全般に対する意見

①　金融行政モニター受付窓口

　金融庁において，事業者の率直な意見等を金融行政に継続的に反映させるた
めに設置されたものです。同窓口は，金融行政全般に関する意見・提言・批判
について，金融庁職員が関与することなく，中立的な第三者である外部専門家
が直接に意見などを聴き，金融庁としての見解を付すものとされています。寄
せられた意見等のうち，主な意見等の概要は金融庁のウェブサイトで定期的に
公表されています。

②　金融行政ご意見受付窓口

　金融行政全般に対する意見・提言・批判のほか，金融庁における予算執行や
金融庁ウェブサイトに関する意見・要望等に関する連絡について，直接金融庁
に提出する仕組みとして，「金融行政ご意見受付窓口」も設置されています。

２．金融庁以外の省庁が所管する制度

(1) 経済産業省所管―産業競争力強化法に基づく企業単位の規制改革

　現在，政府全体の取組みとして，規制改革を強力に推進するという流れの中で，規制横断的な制度として，グレーゾーン解消制度および新事業特例制度が設けられています。

　まず，グレーゾーン解消制度は，新しい事業活動を実施しようとする際に，現行の規制の適用範囲が不明確な分野においても，具体的な事業計画に即し，予め規制の適用の有無を確認することを求める制度です。

　同制度の活用事例としては，金融機関が顧客である土地所有者および太陽光発電事業を希望する事業者を紹介し，ビジネスマッチング手数料を収受することについて，銀行法10条２項柱書の「その他の付随業務」として取り扱うことが可能であるという回答がなされた事例があります（平成30年９月14日）。

　次に，新事業特例制度は，新しい事業活動を実施しようとする際に，規制が求める安全性等を確保する等の代替措置を実施することを前提に，企業単位で規制の特例措置の適用を受けることを求める制度です。

(2) 内閣官房所管―プロジェクト型「規制のサンドボックス」制度

　上述の制度に加えて，規制の壁を越えて新事業を創出する制度として，内閣官房を一元的な窓口とする，プロジェクト型「規制のサンドボックス」制度が設けられています。同制度は，現行規制が想定していなかった技術やビジネスモデルを活用したい場合に，事業として行えば規制に抵触してしまうものの，規制改革のためには裏付けとなるデータが必要になるため，事業としてではなく，期間や参加者を限定して，「実証」として行うものとされています。これらの実証で得られたデータを集めて，それを基に規制改革を行い，新技術・新事業を創出することを目的とするものです。

82　第1章　銀行規制

5　銀行のガバナンス・グループ経営

Q18　銀行のガバナンス

　銀行は株式会社以外の会社形態をとることはできますか。銀行以外の会社と比べて，機関設計，取締役の兼職・資格・任期に関する規制に違いはありますか。その他，銀行のガバナンス体制の構築において留意すべき点があれば教えてください。

A

　銀行は株式会社でなければならず，それ以外の会社形態をとることはできません。また，機関設計や取締役の兼職・資格・任期について，銀行以外の株式会社には存在しない特別の規制があります。さらに，監督官庁である金融庁の監督指針等に則った高度なガバナンス体制を構築することが求められています。

1．銀行のガバナンス

　序章❶1．および❷1．で述べたとおり，銀行が顧客から預金を受け入れてそれを資金需要者に貸し出して利ざやを得るという業務は，銀行の伝統的なビジネスモデルであり，他業種と比べて高度な公共性を有しているため，信用維持と預金者等の保護および金融の円滑を確保する必要があります（この点の詳細についてはQ1を参照）。そして，このような銀行の業務の健全かつ適切な運営のために，銀行には高度なガバナンス体制の構築が求められます。このことは，銀行法を中心に金融庁の主要行監督指針（都市銀行の場合），中小・地域監督指針（地方銀行の場合）（以下，総称して「監督指針」といいます）等により，さまざまな規制となって現れています。

2．銀行法上の規制

⑴　会社の種類

　会社には，社員と呼ばれる出資者の構成（出資額の範囲で責任を負う有限責

任社員か，出資額を超えて会社に責任を負う無限責任社員か）に応じて，合名会社，合資会社，合同会社および株式会社の４つの種類があります。しかし，銀行は株式会社以外の会社形態をとることはできません（銀行法４条の２）。

これは，株式会社であれば，特定の資金力に依存しないで，幅広く資金を集めることができ，規模の大きな事業を行うのに適していること，出資者の構成が有限責任社員である株主のみで，その人的条件が経営に影響を与える度合いが小さいこと，会社の情報を公開するルールが徹底されており，株主総会や取締役会，監査役会などの内部組織が整然と区分けされていることから，会社の規模が大きくなっても，適切なガバナンス体制を構築できるという理由によるものです（小山・銀行法精義80頁）。

(2) 銀行の機関設計

株式会社においては，必ず，株主総会と取締役という２つの機関を置かなければなりませんが，それ以外の機関（取締役会，監査役，監査役会，会計監査人，監査等委員会，三委員会）については，大会社や公開会社である場合を除き，会社の規模や性質に応じて設置すればよいとされています。しかし，銀行の機関については，株主総会と取締役に加え，取締役会，監査役会（または監査等委員会・三委員会のいずれか一方）および会計監査人を置くことが強制されています（銀行法４条の２）。

この点，すべての銀行は大会社であり（銀行法５条，同法施行令３条），ほとんどの銀行は公開会社でもあるため，会社法上，取締役会（同法327条１項１号），監査役会（または監査等委員会・三委員会のいずれか一方）（同法327条２項本文・328条１項），および会計監査人（同法328条）の設置が強制されるケースが多いことからすると，会社法と銀行法の規定が重複しているようにも見えます。もっとも，銀行が株式に譲渡制限をつけて非公開会社になることは可能であり，その場合は会社法上は取締役会の設置は義務付けられなくなりますので，銀行法上の取締役会の設置強制が意味を有することになります。また，金融庁が，自らが所管する銀行法に基づき銀行の機関設計について指示することができるようになるという点からも，あえて銀行法において銀行の機関設計についての規制を設ける意味があると考えられています（小山・銀行法精義82頁）。

84　第1章　銀行規制

(3)　兼職規制

　　株式会社の取締役（なお，本項(3)の取締役についての記述は，基本的に，指名委員会等設置会社における執行役にも妥当します）は，会社と委任契約関係にあり，株式会社のために，忠実にその職務を行わなければならず（会社法330条），また，善良なる管理者の注意をもって事務を処理する義務（善管注意義務）を負っています（民法644条）。そのため，特定の企業の取締役としての職務に専念することが求められていますが，他の会社の取締役を兼ねることまでは禁止されていません。

　　しかし，銀行の場合，常務に従事する取締役は，原則として，他の会社の常務に従事することが禁止されています（銀行法7条1項）。ここでいう「常務に従事する取締役」とは，継続的に営業の実務に携わる取締役（常勤の取締役以上の地位にある者）を意味し，これに該当するかどうかは，職務上の名称にかかわらず，個別の事情により判断されると考えられています（小山・銀行法精義280頁）。銀行の取締役に上記のような特別な兼業規制が課されているのは，銀行の業務が公共性を有し，その運営が取引者に広く重大な影響を及ぼすため，銀行の取締役は，専心，銀行業務に従事すべきであると考えられるほか，仮に銀行の取締役が他の会社の常務に従事すれば，一般預金者からの資金をその会社に安易に貸し付けるおそれがあるからと説明されています（小山・銀行法精義279頁）。

(4)　取締役の資格・任期要件の緩和

　　さらに，銀行の取締役の資格や任期は，定款によっても，会社法上の規制を緩和することができません。たとえば，会社法上，株式会社においては，原則として，取締役が株主でなければならない旨を定めることはできず（同法331条2項），取締役の法定任期（2年）や監査役の法定任期（4年）を伸長することは許容されていませんが（同法332条1項・336条1項），非公開会社である株式会社においては，例外的に，取締役を株主に限定する旨を定款で定めることができ（同法331条2項ただし書），取締役や監査役の任期を定款で定めることにより10年まで伸長することが認められています（同法332条2項・336条2項）。しかし，銀行の場合，ガバナンスを適正に行う観点から（池田＝中島・銀行法47頁），上記のような定款による会社法の原則的規定の修正が認められて

いません（銀行法 7 条の 2 第 4 項）。

3．金融庁の監督指針

　銀行業を行うには免許が必要であり，免許を付与された銀行は，序章■ 1．でも述べたとおり，監督庁である金融庁の監督指針の内容を，あたかもそれが法令であるかのように遵守するよう努めているのが実情です。

　監督指針によれば，銀行のガバナンスについては，まず，東京証券取引所が平成27年 6 月から上場規則化して施行しているコーポレートガバナンス・コード（同年 3 月に金融庁と東京証券取引所が実効的なコーポレートガバナンスの実現に資する主要な原則を取りまとめたもので，上場企業が守るべき行動規範を示した企業統治の指針とされています。なお，平成30年 6 月に一部改訂がされました）に則っているかが 1 つのポイントとされています。その中でも特に，独立した社外取締役を複数名選任していることや，政策保有目的の株式をどのような方針で保有しているかを開示すること等が求められています（主要行監督指針Ⅲ-1-2，中小・地域監督指針Ⅱ-1-2）。また，代表取締役，取締役（会），監査役（会），支店長以上の管理職および内部監査部門の役割について，細かくチェックポイントが示されています。法務部門としては，これらのチェックポイントについて，ガバナンスを担う企画部門等に意見具申することや，銀行のガバナンスを有効に機能させるために，他部署に対して牽制を働かせていくことが求められているといえるでしょう。

86　第1章　銀行規制

Q19　銀行持株会社グループの業務効率化

　当行は，親会社として銀行持株会社があり，その傘下に当行を含めて複数の銀行やカード会社，リース会社，債権回収会社，書類保管等を行う会社などが子会社としてあります。このたび当グループ全体の業務効率化の観点から銀行持株会社の機能の拡充などについて検討していますが，現行の銀行法に照らしてどのような方法が考えられますか。

A

　平成28年銀行法改正により，銀行持株会社に経営管理が義務付けられ，パブリックコメントにて経営管理に附帯する業務が具体的に示されました。また，グループに属する2以上の会社に共通する業務について，銀行持株会社が認可を受けて自らこれを行ったり，グループ内の他の会社に対して（第三者に委託するよりも緩やかな規制の下）委託したりすることができるようになりました。銀行持株会社グループとしては，これらの制度を活用して業務の効率化を行うことが考えられます。

1．平成28年銀行法改正による業務の明確化・集約化

　銀行持株会社は，銀行持株会社グループ（以下「グループ」といいます）の経営管理およびこれに附帯する業務のほか，他の業務を営むことができないとされていますが（銀行法52条の21第2項），その例外として，グループに属する2以上の会社（銀行を含む場合に限ります）に共通する業務であって，銀行持株会社において行うことが業務の一体的かつ効率的な運営に資するもの（以下「共通重複業務」といいます（なお，その具体的な内容については下記3(1)を参照））について，内閣総理大臣の認可を受けて行うことができるとされています（同法52条の21の2第1項・2項）。

　また，グループに属する2以上の会社（銀行を含む場合に限ります）が，共通重複業務を第三者に委託する場合には，委託元である当該会社が，「当該業務の的確な遂行その他の健全かつ適切な運営を確保するための措置」を講じなければなりませんが（具体的にどのような措置が必要となるかについては，下記3

(2)を参照），共通重複業務をグループ内の他の会社に委託する場合や銀行持株会社に委託する場合には，当該会社が当該措置を講じる義務は免除されています（同法12条の2第3項1号・2号）。グループ内の他の会社に委託する場合に上記義務が免除されるのは，グループの頂点に位置する銀行持株会社が委託元に代わって一元的に「当該業務の的確な遂行その他の健全かつ適切な運営を確保するための措置」を講じる（同項1号，同法施行規則13条の6の8第2項）ためであり（佐藤則夫監修『逐条解説2016年銀行法，資金決済法等改正』（商事法務，2017）49～50頁），銀行持株会社に委託する場合に上記義務が免除されるのは，上述のとおり，銀行持株会社が共通重複業務を行う際には認可が必要であるところ，当該認可の審査において委託先である銀行持株会社の業務の適切な運営が確保されることが期待できるためです（前掲・佐藤監修51頁）。

　以上は，銀行持株会社等の果たすべき機能の明確化やグループ内の共通重複業務の集約等を容易化することなどを目的として平成28年改正銀行法（平成29年施行）によって定められました。

2．経営管理およびこれに附帯する業務

(1)　経営管理

　銀行持株会社の義務とされている経営管理とは，以下のものを指します（銀行法52条の21第4項各号，同法施行規則34条の14の2）。

---

①　グループの経営の基本方針，収支，資本の分配および自己資本の充実に係る方針その他のリスク管理に係る方針，災害その他の事象が発生した場合におけるグループの危機管理に係る体制の整備に係る方針の策定およびその適正な実施の確保

②　グループに属する会社相互の利益が相反する場合における必要な調整

③　銀行持株会社におけるグループに属する会社の取締役，執行役，業務を執行する社員，会社法598条第1項の職務を行うべき者その他これらの者に相当する者および使用人の職務の執行が法令に適合することを確保するための体制の整備

④　グループの再建計画を策定し，その適正な実施を確保すること

88　第1章　銀行規制

(2)　経営管理に附帯する業務

　経営管理に附帯する業務については，さまざまなものが想定され，金融庁平成29年3月24日パブコメ回答7～9頁No.25～33において具体的な例が挙げられています。

　そのなかでは，銀行持株会社が子会社の法務部門に代わって法律事務の一部を行うこと（金融庁平成29年3月24日パブコメ回答8頁No.30）や子会社に対する内部監査も経営管理に附帯する業務に含まれるとされています（金融庁平成29年3月24日パブコメ回答8頁No.29）。銀行持株会社のなかには，傘下の複数の銀行の内部監査部門の役職員を銀行持株会社に出向させ，各銀行の内部監査に従事させるなどの取組みを行っているところがあります。このように経営管理に附帯する業務を活用してグループの業務の効率化を図ることも考えられます。

3.　共通重複業務およびその外部委託

(1)　共通重複業務の類型

　共通重複業務としては，以下のものが銀行法施行規則34条の14の3に定められています。各共通重複業務の具体的内容や経営管理に附帯する業務との関係などについては金融庁平成29年3月24日パブコメ回答11～19頁No.44～87にて説明がなされています。

> ①　グループに属する銀行等の資産の運用
> ②　グループに属する会社のための事業譲渡，合併，会社分割等に関する交渉
> ③　グループに属する銀行等の与信審査
> ④　グループに属する会社のシステム設計，運用，保守等
> ⑤　グループに属する会社に対する不動産の賃貸，付随する設備の保守，点検等
> ⑥　グループに属する会社の役職員のための福利厚生に関する事務
> ⑦　グループに属する会社の事務の用に供する物品の購入，管理
> ⑧　グループに属する会社の事務に係る文書，証票等の印刷，製本
> ⑨　グループに属する会社に機械類等を使用させる業務
> ⑩　グループに属する会社の業務に関する広告，宣伝
> ⑪　グループに属する会社の業務に関し必要となる調査，情報提供
> ⑫　銀行法10条の業務に係る商品開発

⑬　グループに属する会社の事務に係る計算

⑭　グループに属する会社の事務に係る文書，証票等の作成，整理，保管，発送，配送等

⑮　グループに属する会社とその顧客との間の事務取次ぎ

⑯　グループに属する会社の役職員に対する教育，研修

⑰　①～⑯に掲げる業務に附帯する業務

　本設問におけるグループにおいては，内閣総理大臣の認可を受けて，銀行の業務（①，③，④，⑥，⑩，⑪，⑮，⑯等）の一部を銀行持株会社に集約すること，銀行持株会社が委託業務の的確な遂行を確保するための措置を講じた上で，機械類等を使用させる業務（⑨）をリース会社に集約することや事務に係る文書，証票等の印刷，製本，作成，整理，保管，発送，配送等の業務（⑧，⑭）を書類保管等を行う会社に集約することなどが想定されます。

(2)　委託業務の的確な遂行その他の健全かつ適切な運営を確保するための措置

　上記1で述べた委託元である会社が「委託業務の的確な遂行その他の健全かつ適切な運営を確保するための措置」として，具体的には，社内規程に定められた基準に従って委託先を選定し，委託先管理に必要な条項を具備した契約を締結し（外部委託契約の規定事項について，家根田正美＝小田大輔「実務相談銀行法（第29回・30回）」金法1991号・1993号参照），委託開始後は委託先に対して定期的なアンケート調査や委託元による監査を実施するなどして管理を行うのが一般的です（銀行法12条の2第2項，同法施行規則13条の6の8第1項，主要行監督指針Ⅲ－3－3－4，中小・地域監督指針Ⅱ－3－2－4参照）。

　なお，銀行持株会社が委託元に代わって行う「委託業務の的確な遂行その他の健全かつ適切な運営を確保するための措置」も，基本的には同じ内容です（同法施行規則13条の6の8第2項）。

COLUMN 2
業務範囲規制の遵守のための法務部の関わり方

Q4で説明したとおり，銀行が行うことのできる業務は銀行法で許容される範囲に限られていますが，銀行法の業務範囲規制については，個別の事業戦略から自行の経営戦略，自行グループ全体に関わる経営戦略まで，さまざまな業務において検討する場面が生じます。たとえば，自行が新たな事業分野に参入しようとする場合には，参入しようとする事業が業務範囲規制を逸脱しないかという点についての事前検討が必須となります。また，既存事業についての自行の役割を見直すなど，基本的なスキームを変更する場合にも，変更後のスキームが業務範囲規制を逸脱することにならないか，改めて業務内容をチェックしておく必要があります。他にも，自行グループ内の業務の効率化・適正化などを目的にグループを再編する場合など，グループ全体の事業の責任所管や役割分担を見直すような場合にも，業務範囲規制を遵守した対応が必要となってきます。

さまざまな場面において検討が必要になるということは，法務部だけでなく，多数の部署の担当者が業務範囲規制にかかわる業務に携わるということですから，法務部を巻き込んだ全社的なチェック態勢を確立しておくことが重要です。たとえば，事業スキームの変更が行われる場合には，必ず法務部による業務範囲規制についての審査を行うようにすることが考えられます。また，研修などの機会を通じて，経営企画部や各事業の所管部署などの行員にも幅広く業務範囲規制についての理解を深めてもらうことが有用でしょう。

他方で，Q4等でも解説したとおり，業務範囲規制についての解釈は規制緩和の流れから拡大傾向にあり，ノーアクションレター制度も実務上活用されています。したがって，法務部としては，たとえば，新たに参入を予定する事業が現行の銀行法の条文等からは直ちに読み取れない場合であっても，解釈により新たな業務を認めてもらえるよう，行政と交渉すること等が適切な場面も考えられます。このような場面は，法的な専門知識を活用して会社に貢献できる貴重な機会であり，法務部の活躍が求められる場面の一つであるといえます。

第 2 章 ▶▶

銀行取引

92　第2章　銀行取引

1　預　　金

Q20　預金に関する照会

当行は，普通預金の口座名義人Ａとは違う人物Ｂから「その口座はＡが私のために貯蓄をしてくれていた自分の口座であるが，Ａが預金通帳と届出印を持っているため残高がわからない。払戻しを受けるために残高を教えてほしい」との連絡を受けました。Ｂに対して残高を教えたり払戻しをしたりしてもよいのでしょうか。また，預金残高に関し，弁護士法23条の2に基づく照会を弁護士会から受けました。この照会に答えてよいのでしょうか。

A

銀行は，預金者に対して守秘義務を負うため，Ｂを預金者と認定できないのであれば，Ｂからの残高照会に応じるべきではありません。また，届出印および通帳をＢが持っていないことを踏まえると，Ｂからの預金の払戻請求にも応じるべきではありません。弁護士会照会に対しては照会を求める側の利益と秘密を守られる側の利益を比較衡量して報告拒絶が正当であるか否かを判断し，かかる判断を踏まえた対応が必要となります。

1．預金の法的性質と帰属

(1)　預金の基本的な法的性質

預金の基本的な法的性質は、金銭を預かり、預金者から払戻請求があった場合には同種のものを返還するという消費寄託契約（民法666条）ですが、預金契約に基づいて金融機関の処理すべき事務には，預金の返還だけでなく，振込入金の受入れ，各種料金の自動支払，利息の入金，定期預金の自動継続処理等，委任事務ないし準委任事務の性質を有するものも多く含まれていると考えられています（最判平21・1・22民集63巻1号228頁）。

(2) 預金の帰属（預金者の認定）

　たとえば，XがYから金銭を預かり，X名義で口座を開設した場合，学説上，原資を出したYに帰属するという説（客観説）と口座名義人であるXに帰属するという説（主観説）があり，判例は，定期預金については客観説をとっていると考えられています（最判昭57・3・30金法992号38頁）。

　これに対し，普通預金については，裁判例は，客観説を踏襲せず，預金の原資は誰のものか，通帳および届出印の保管者は誰か，入金および払戻しを誰が行っているか等諸般の事情を考慮して預金者を認定しているように見受けられます（最判平15・2・21民集57巻2号95頁，東京高判平27・9・9金判1492号38頁等）。これは，普通預金が入出金により残高が変動するにもかかわらず1つの債権が成立すると解されているため，客観説をとってしまうと，預入ごとに預金の原資の拠出者が異なりうる場合等原資を出した者は誰かという基準だけでは預金者を認定できない場合が生じるからと考えられます。

　本設問の預金は普通預金ですので，預金の原資は誰のものか，通帳および届出印の保管者は誰か，入金および払戻しを誰が行っているか等諸般の事情を考慮して預金者の認定を行います。「Aが私のために貯蓄をしてくれていた」というBの主張を裏付ける資料の提出がない場合，Bの主張だけで預金の原資がBのものであると認定することは困難であると考えられます。そして，預金通帳および届出印の保管者はAであることを考慮すると，Bが預金者であると認定することは難しく，むしろAが預金者であると認定される可能性が十分あると考えられますので，Bの預金払戻請求には応じるべきではないと考えます。

(3) 預金者でない者に対する預金の払戻し

　銀行が預金者でない第三者に対して預金を払い戻した場合の法的責任は実務上よく問題になるところです（特に，相続が発生した預金先について，相続発生前の預金の引出しが，預金者本人ではなく親族によるものであり払戻しが無効である，といった形で顕在化します）。銀行は預金債務を負う者ですので，真の債権者である預金者以外に対して払戻しをした場合には有効な弁済と認められず，預金債務が消滅しないことになります。その結果，真の預金者からの払戻請求があった場合にはそれに応じる必要があり，銀行が二重払いリスクを負うこととなります。

94　第2章　銀行取引

　他方で，民法478条は債権の準占有者（平成29年改正民法478条では「受領権者以外の者であって取引上の社会通念に照らして受領権者としての外観を有するもの」）に対し債務者が善意無過失で行った弁済は効力を有すると定めていますので，銀行が預金者でない第三者を預金者であると信じたことについて善意かつ無過失であったことを立証することができれば，当該第三者に対する払戻しは有効となります。その際，銀行が無過失であるというためには①払戻請求者に受領権限がないものと疑うべき特段の事情が認められる場合を除き，払戻請求書に顕出された印影と届出印の印影との同一性を相当な方法により確認すれば足り，②①の特段の事情が認められる場合には，印鑑照合に加え，さらに相当な方法により払戻請求をした者の弁済受領権限の有無を調査する義務があると考えられています（東京地判平28・4・20金法2055号82頁）。

　本設問では，Bが預金通帳および届出印のいずれも保有していないことからすると，払戻請求者に受領権限がないものと疑うべき特段の事情があるというべきであり，銀行にはBの弁済受領権限の有無を調査する義務があると考えられます。したがって，Bに弁済受領権限があることを相当な方法によって調査した上，これを確認することができない限り，Bの払戻請求に応じるべきではありません。

2．預金に対する照会

(1)　銀行の守秘義務

　銀行は，顧客との取引を通じて，顧客の資産・負債，返済能力，プライバシー等に関する情報を知りうる立場にあり，また，顧客は，銀行が正当な理由がない限り当該情報を第三者に漏らさないという期待を持ち，これを信頼して取引を行っており，この期待・信頼は法的保護に値すると考えられていることから，銀行は顧客に関する情報について守秘義務を負うと考えられています（小山・銀行法精義246頁）。判例も，銀行が「顧客との取引内容に関する情報や顧客との取引に関して得た顧客の信用にかかわる情報などの顧客情報につき，商慣習上又は契約上，当該顧客との関係において守秘義務を負い，その顧客情報をみだりに外部に漏らすことは許されない。」としています（最決平19・12・11民集61巻9号3364頁）。

⑵　照会に応じることの可否

①　預金者と主張する者からの照会

　上述のとおり，銀行の守秘義務は，顧客の期待・信頼を保護することに根拠があることから，たとえば，預金残高に関する情報であれば，預金者がその情報の開示に同意しているのであれば，銀行として預金残高の情報を開示したとしても守秘義務違反を問われることはありません。本設問の預金については，前述のとおり，本設問の預金の預金者がＡであると認定される可能性が十分ありますので，銀行は，Ａの同意がなくＢの残高照会に応じるべきではありません。仮に本件預金がＢに帰属することが認められるのであれば，預金者本人からの照会になりますので，預金残高について回答することが可能ですし，回答しない場合には受任者の報告義務（民法645条）違反とされるおそれがあります。

②　弁護士会照会

　銀行実務上よく問題となるのが，弁護士法23条の２による照会（以下「弁護士会照会」といいます）です。判例（最判昭56・４・14民集35巻３号620頁等）を踏まえると，銀行は，弁護士会照会に安易に応じた場合，顧客に対する守秘義務違反を理由に損害賠償責任を負う可能性があります。

　他方で，回答を拒絶した場合については議論があります。直接の照会者である弁護士会に対しては，報告拒絶は不法行為を構成せず（最判平28・10・18民集70巻７号1725頁），かつ弁護士会は，弁護士会に対する報告義務の確認を求める確認の利益を有しない（最判平30・12・21裁時1715号29頁）とした判例があります。また，弁護士会照会を依頼した依頼者からの損害賠償請求についても，下級審判決において依頼者は反射的な利益を得るものにすぎないとして損害賠償請求を否定した事案が多く（我妻学「民事法判例研究」金判1538号９頁以下），回答拒絶により損害賠償義務を負う可能性は一般に小さいものと考えられます。もっとも，回答を求められた事項につき，保護すべき情報の重要性の程度，照会申出をした弁護士の依頼者の権利救済の必要性の程度，他の主張立証方法の存否などの照会の必要性等を比較考量して回答義務の存否について判断すべきと考えられ（小山・銀行法精義252頁），各金融機関において個別にルールを定めているものと考えられます（照会対応について，笹川豪介「弁護士会照会を含む外部照会への対応」金法2074号52頁以下）。

96 第2章 銀行取引

Q21 預金の相続

(i) 普通預金の預金者が亡くなったとして，配偶者が1人で来店しました。相続人は配偶者と子1人の計2人とのことです。法定相続分については支払ってよいのでしょうか。

(ii) 当行から借入れし，延滞したため期限の利益を喪失した状態にある普通預金の預金者が亡くなったとの連絡を受けました。相続人全員で普通預金の払戻しの手続に来ましたが，預金全額を支払わなければならないのでしょうか。

A

(i) 現在は，預金者が死亡し預金が相続された場合，相続人全員の合意がなければ原則として引き出せないものと考えられていますので，支払うべきではありません。

(ii) 預金者が死亡したとしても，銀行の当該預金者（被相続人）への貸付について期限が到来している場合には，被相続人の預金を期限の到来している貸付と相殺することが可能であると考えられますので，相殺を行った後の残額について支払えばよいと考えられます。

1 預金と相続

(1) 従前の実務

　従来は，預金の払戻請求権は，可分債権であるとして当然に分割相続されると考えられていたため（最判昭29・4・8民集8巻4号819頁），預金者が死亡し相続が発生すると，相続人が自らの相続割合相当分の預金について銀行に対し払戻請求を行った場合には払戻しを受けることも可能でした（もっとも，実務上相続人全員の払戻請求を必要としていた銀行もあったようです）。

　また，通常，相続が発生した場合，遺産分割協議などにより具体的に誰がどの財産を取得するかを決めていくところ，従前の取扱いでは，預金は相続発生時にそれぞれの相続人に確定的に帰属してしまうこととされていたため，そもそも遺産分割協議の対象となる財産に含まれず，相続人の同意なくしては預金

の分配を通じて遺産分割を行うことができませんでした。

(2) 平成28年決定の概要

こうした中，最高裁は，「共同相続された普通預金債権，通常貯金債権及び定期貯金債権は，いずれも，相続開始と同時に当然に相続分に応じて分割されることはなく，遺産分割の対象となる」と判示しました（最決平28・12・19民集70巻8号2121頁（以下「平成28年決定」といいます））。

最高裁は，預金は消費寄託に委任ないし準委任が含まれたものであると述べた上で，①普通預金契約は，継続的取引契約であり，口座に入金が行われるたびにその額についての消費寄託契約が成立するが，その結果発生した預貯金債権は，口座の既存の預貯金債権と合算され，1個の預貯金債権として扱われる，②預貯金残高が零になっても存続し，その後に入金が行われれば入金額相当の預貯金債権が発生することから，普通預金債権は1個の債権として同一性を保持しながら，常にその残高が変動しうるものであると述べ，この理は，預金者が死亡した場合においても異ならないと判示しました。すなわち，預金者が死亡することにより，預金債権は共同相続人全員に帰属しますが，当該債権は，口座において管理されており，預金契約上の地位を準共有する共同相続人が全員で預金契約を解約しない限り，同一性を保持しながら常にその残高が変動しうるものとして存在し，各共同相続人に確定額の債権として分割されることはないと解されるとして，相続により預金債権が当然に分割されるとの従前の実務・判例を否定し，相続預金債権は相続人間で準共有されると判例変更を行いました。

(3) 預金者に相続が起きた場合の対応

以上のとおり，現在では相続預金は当然には分割されないため，相続人を特定した上，相続人全員，すなわち共有者全員の同意（民法264条・251条）を確認して払戻しを行うこととなります。相続人の特定方法としては遺言または遺産分割協議が考えられます。

本設問(i)のケースでは，いずれの方法もとられていることが明らかではありませんので，現時点では法定相続分相当額であっても払い戻すことはできません。銀行としては，来店している配偶者に対し，預金の払戻しを受けるためには，相続人全員による払戻手続を行うか，遺言書または遺産分割協議書の提示

98　第2章　銀行取引

が必要である旨を伝えるのが良いと考えられます。なお，平成30年の相続法改正により，預貯金債権のうち一定額については，各共同相続人が他の相続人の同意なく単独で払戻しを求めることができるという制度が創設された（平成30年改正民法909条の2）ことに留意が必要です。

2．預金と貸付債権との相殺

　平成28年決定後，まだ解決されていない問題として残っているのが相続預金と貸付債権との相殺です。この相殺が問題になるケースとしては，①銀行が被相続人に対して貸付債権を有しており，共同相続人がそれを相続した後に，同じ共同相続人によって相続された預金債権と相殺しようとするケース（本設問(ii)はまさにこのケースです）と，②銀行がある相続人に対して貸付債権を有しており，当該相続人によって相続された預金債権の準共有持分と相殺しようとするケースがあります（次頁の図参照）。

　まず，①のケースの場合，平成28年決定を前提にすると，各共同相続人は1個の普通預金債権の上に当該債権全体に及ぶ持分を有することになりますが，この持分は普通預金債権という金銭債権の価値の一部を把握しているものと考えられます。他方で，銀行が従前被相続人に対して有していた貸付債権は相続により当然に分割され共同相続人に承継されますが，承継された貸付債権も金銭債権ですので，当該共同相続人と銀行は「互いに同種の目的を有する債務を負担する」（民法505条1項）といってよいと考えられます。したがって，銀行は，相殺適状にある限り，共同相続人が承継した貸付債権と共同相続人が有する普通預金債権の準共有持分を相殺することができると解されます（平成28年決定の調査官解説（斎藤毅「判解」ジュリ1503号82頁）も，肯定説に立つと考えられます）。実質的に考えても，相殺適状にあって被相続人の預金と被相続人宛貸付を相殺できる地位にあった銀行が，相続という偶発事象が生じたことにより相殺ができなくなるというのは，銀行の相殺期待権を不当に害するものであって，妥当とは思われません（同趣旨の指摘として，浅田隆ほか「鼎談 11の事例から考える相続預金の最高裁大法廷決定と今後の金融実務」金法2063号22〜23頁〔平松知実発言，圓道至剛発言〕）。

　本設問(ii)において，被相続人に対する貸付について債務者である被相続人は

期限の利益を喪失した状態にありますので，相続発生前から相殺適状となっています。したがって，銀行は，貸付債権との相殺を相続人に対して主張でき，預金全額について払戻しの手続に応じる必要はないと考えられます。

　一方，②のケースのように，預金の相続人の一人に対し，銀行が相続預金持分と相続人に対する貸付債権を相殺できるのか，という問題については，調査官解説（前掲・斎藤82頁）は肯定的であり，これに同意する見解もあります（前掲・浅田ほか25頁〔圓道発言〕，松田竜「相続預金の最高裁大法廷決定とその後の問題点—相続法改正の議論状況を踏まえて」金法2081号36頁）。これに対し，被相続人に対する貸付債権の場合とは異なり，相続人に対する貸付債権については，そもそも銀行は当該相続預金との相殺に対する期待を有しておらず，かかる「棚ぼた」的な回収を認めることに疑問があること，相殺を認めると実質的に一部の相続人に対して遺産分割協議などを経ない実質的な払戻しを認めることになること等を理由として否定する見解（前掲・浅田ほか25頁〔平松発言〕，谷口安史「預貯金債権の相続に関する諸問題」金法2084号42頁）もあり，今後の裁判例の蓄積や学説上の議論が待たれます。

　加えて，②のケースにおいて銀行による相殺が可能であると考える場合であっても，回収可能になるのが法定相続分であるのか，それとも生前贈与などを加味した具体的相続分の範囲にとどまるのかという問題があります（前掲・松田37頁）。また，平成30年の相続法改正により，遺言や遺産分割によって法定相続分を超える財産を取得した場合に，法定相続分を超える部分については対抗要件を具備しなければ第三者に対抗できないとする規定が置かれたこと（平成30年改正民法899条の2第1項）から，ここでいう「対抗要件の具備」とは具体的にいかなるものを指すのか等の新たな論点も生じており，これらの点についても議論の蓄積が待たれるところです。

100　第2章　銀行取引

Q22　預金の差押え

(ⅰ)　顧客の普通預金残高100万円について，午前中に裁判所から差押債権額60万円の差押命令が届き，昼にその口座へ30万円の振込みがなされたのち，午後に税務署から差押債権額80万円の滞納処分が届きました。どのように対応すればよいでしょうか。

(ⅱ)　顧客が亡くなった後，顧客の子3人に対する相続預金持分に対する差押命令が来ました。どのように対応すればよいでしょうか。

A

(ⅰ)　差押え前から存在していた100万円については差押え・滞納処分の競合が発生しており，義務供託となりますが，昼に入金された分については差押えの効力は及ばないため，供託義務は発生しません。

(ⅱ)　原則として相続持分に対する差押えについては取立てができませんので，払戻しに応じることはできません。もっとも，仮に相続人全員が同一の債権者から預金の差押えを受けているのならば，差押債権者に対して払い戻すことも検討する必要が生じますので，差押債務者となっている3人が預金の相続人の全員であることの確認が必要です。

1．預金に対する差押え

　銀行業界は日常的に差押え対応を行っている数少ない業種の一つです。その理由は，多くの個人・企業が銀行に対して預金を有しているため債権者としてまずは預金の差押えを考えること，預金は他の財産（動産，不動産など）に比べて換価性が高く，かつ他の債権（売掛債権など）に比べて支払われる可能性が高いことが挙げられます。

　差押え対応は「銀行の日常業務」ですので，通常，差押えに関する対応要領は各行で定められているはずです。そこで，法務担当者としては異例な差押え対応が起きた際に対応できるよう，その背景にある法的な整理をしっかりと理解する必要があります。

(1) 差押えの種類

一口に「差押え」といっても，差押えには，民事執行法に基づきなされる差押えおよび転付命令，民事保全法に基づきなされる仮差押え，そして各種法令に基づきなされる滞納処分による差押えがあります（以下，総称して「差押え」といいます）。なお，滞納処分とは，公的な機関が税金や保険料などを滞納した者から取り立てるために行う処分一般を指しますが，その回収の必要性の高さから，裁判所を介在させずに手続ができ，滞納額によらず債権の全部を差し押さえることができる（たとえば国税徴収法63条）といった特色があります。

(2) 差押えの方法等

預金に対して差押えを行う場合，差押債権者は第三債務者（預金者），預金がある支店名を特定して行う必要があります（全店差押えが許されないことについて最判平23・9・20民集65巻6号2710頁）。銀行としては住所や生年月日（滞納処分においては記載されることがあります）をもとに，差押命令が届いた支店に第三債務者の預金が存在するかを判断します。また，差し押さえることができるのは差押えが銀行に到達した時点で第三債務者の預金口座にある預金のみであり，「この口座にある現在および将来の預金」のように，将来の預金も対象とする差押えは許されません（最判平24・7・24金法1961号94頁）。この点は後の差押えの競合にも関連します。

(3) 差押えの競合

複数の差押えがなされたものの，そのすべてを同時に満足させることができない場合には差押えの競合と呼ばれる問題が発生しますが，銀行にとって問題となるのは「当該預金についていくら分が義務供託になるか」，という点に尽きます。このような差押えの競合は民事執行法156条2項，民事保全法50条5項，滞納処分と強制執行等との手続の調整に関する法律（以下「滞調法」といいます）20条の6第1項・36条の6第1項・36条の12第1項という特別の法律に基づき処理されます（なお，滞納処分同士の競合については，国税庁の国税徴収法基本通達第62条関係7を参照）。

差押えは，前述のとおりその送達時に特定された預金口座に，送達時点において存在している預金債権にのみ効力を持ちます。そのため，本設問(i)のケースでは差押え後の入金により成立した預金債権に対しては差押えの効力は及び

ません。したがって，午前中になされた差押えの効力は差押送達時点で存在していた預金債権100万円のみへ及ぶのに対し，午後になされた税務署からの滞納処分による差押えの効力は，上記100万円のほか昼に振り込まれた30万円の預金債権に対しても及ぶこととなります。その結果，当初から存在していた100万円の預金債権については，民事執行による60万円と滞納処分による80万円の合計140万円の債権を保全するために差し押さえられたこととなり差押えの競合が生じます。他方で，午後に振り込まれた30万円について競合は生じません。

　そのため，銀行は100万円について供託義務を負う（滞納処分と強制執行等との手続の調整に関する法律（滞調法）36条の6第1項）一方で，昼に振り込まれた30万円については差押え等の競合が発生していないため供託義務を負わない上，競合の生じていない滞納処分については権利供託の規定がないことから銀行から任意に供託することもできず，滞納処分庁による取立てを待つことになります。

２．相続預金に対する差押え

　前述の相続預金に関する平成28年決定（Q21参照）により，預金者が死亡し相続が発生した場合には当該預金債権は当然に分割されず，相続人間の準共有となるものとされました。そこで，実務上そのような債権について，①相続人の債権者による差押えが可能か，②差押えが可能だとして取立ては可能かという点を検討する必要があります。

(1)　差押えの性質

　金銭債権の準共有持分に対する差押えについては，金銭債権に対する差押え（民事執行法143条以下）とする説と，その他財産に対する差押え（同法167条1項）とする説があります。なお，東京地裁民事執行センターでは金銭債権の差押えとして対応しているようです（東京地方裁判所民事執行センター「さんまエクスプレス　共同相続された預貯金債権に対する強制執行」金法2083号45頁）。

(2)　取立ての可否

　金銭債権の準共有持分に対する差押えを，金銭債権に対する差押えとみる場合には取立てが可能ですが（民事執行法155条1項），その他の財産に対する差

押えとみる場合は金銭債権に対する差押えではないことから直接の取立てはできず，譲渡命令または売却命令（同法161条1項）によることとなると考えられています（浅田隆ほか「鼎談 11の事例から考える相続預金大法廷決定と今後の金融実務」金法2063号25頁〔圓道至剛発言〕）。もっとも，債権に対する差押えがあっても，差し押さえられた債権の性質・内容が変わるものではなく，第三債務者は，債務者に主張できる実体法上の抗弁を差押債権者に対して主張することができると解されるところ（山本和彦ほか編『新基本法コンメンタール 民事執行法』（日本評論社，2014）376頁），共同相続された預金債権について各共同相続人が単独で払戻請求することはできないことから（Q21参照），相続預金の持分に対する差押えを金銭債権に対する差押えと考えたとしても，差押えの範囲が相続預金の一部である場合には差押債権者による取立てはできないと考えられます。したがって，銀行としては取立てに応じる必要はないことになります。なお，差押債権者としては，譲渡命令または売却命令（民事執行法161条1項）により回収を図ることが考えられます（前掲・金法2083号46頁）。

　これに対して，相続預金持分の全部を同一の差押債権者が差し押さえた場合，実質的には1人の債権者が債権を有しているといえ，この場合には取立てに応じることも可能と考えられます。国税庁による相続税の滞納に伴う相続人全員の持分の全部差押え（滞納処分）が実務上の典型例です。

　もっとも，相続預金持分の全部を同一の差押債権者が差し押さえた場合に取立てに応じることの検討においては，以下の点に留意が必要です。

　まず，相続預金持分全部が同一の債権者に差し押さえられていることが必要ですので，相続預金の持分を有している相続人全員を債務者とする差押えがなされていることの確認が必要です。この確認においては，差押債権者に被相続人の戸籍を提出させることが一案として考えられます。

　次に，差押えは差押債権の金額を超えて差し押さえることができませんので，差押債権額が相続預金額より小さい場合には，相続人全員を差押債務者としていたとしても相続預金の持分の一部を差し押さえているにすぎず，取立てに応じることはできません。この場合には，そもそも相続人が相続預金について処分権限を失っていることから遺産分割もできない状態となりますので，差押債権者および相続人全員の連名で預金の払戻手続を行うことが考えられます。

104　第2章　銀行取引

Q23　誤振込みに関する法律関係

(i)　株式会社Aが，株式会社Bに対して振込みを行おうとして，口座番号のよく似た株式会社Cの口座へ振り込んでしまったそうです。Aから，「間違えて払ってしまったので返してほしい」との申出を受けました。当行として何ができるでしょうか。

(ii)　当行与信先Dが期限の利益を喪失したため，預金と相殺の上回収しました。しかし，その後Dの口座に対してEからなされた振込みについて，「誤振込みでありDに対し返還を求めている」との申出がEからあったそうです。この場合，回収行為の効力が後から覆されるリスクはあるでしょうか。

A

(i)　振込依頼を受けた銀行としては，Aに対し組戻し依頼を行うよう案内することが考えられます。また，Aから依頼があれば振込みを行うに際して提出された振込依頼書などをAに対して開示することは可能です。

(ii)　当行が相殺を行った時点でEからの振込みが誤振込みであることを認識しえたと認められる場合には，当該相殺による当行の利得が不当利得であるとして当行は振込依頼人Eに対し不当利得の返還義務を負う可能性があります。

1．振込みの法律関係

(1)　振込みの仕組み

　振込みは，基本的に4当事者間の関係となっています。すなわち，振込依頼人，仕向銀行（振込依頼を受ける銀行），被仕向銀行（振り込まれた金銭を受領する側の銀行），受取人です。

　まず，振込みを受ける受取人と被仕向銀行との間には預金取引がありますので，この2者間の契約関係は普通預金取引規程などにより規律されます。他方で，振込人は必ずしも仕向銀行に口座を開設している必要はありませんが，振込みを行うための用紙の記入や振込サービスの利用に関する同意により，この2者間の契約関係が決まります。次に，仕向銀行と被仕向銀行の間ですが，こ

【図表2－1】振込みの法律関係

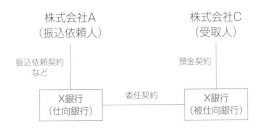

れは銀行間での委任契約が締結されており，依頼があった場合には相互に相手銀行の指定した口座に対し振込みを行うこととなっています。

ここで注目すべきは，振込依頼人と被仕向銀行，受取人と仕向銀行，振込依頼人と受取人の間には，振込みに関し契約関係がないという点です。特に，何らかの原因関係を有していると考えられる振込依頼人と受取人の間に振込みに関しては契約関係がないという点が重要です。

(2) 振込みの法的性質

まず，振込依頼人と仕向銀行との間で成立するのは，振込依頼人が仕向銀行に対して「被仕向銀行に対し，振込依頼人が指定する銀行口座へ，指定する金額の金銭を振り込むよう連絡するとともに資金を送る（振込通知）」ことを委任する準委任契約であると考えられています。したがって，振込依頼人が誤記をした場合，仕向銀行としては当該誤記のとおり振込通知を行えば準委任事務を履行したことになります。

次に，振込みを行う場合，通常はその背後に何らかの商取引があるのが一般的です（売買代金の振込みなどが典型）が，振込みに係る準委任契約は当該商取引とは独立した契約ですので，商取引が解除などで消滅した場合にも，振込依頼人と仕向銀行の間の準委任契約の効力には影響を及ぼしません。振込依頼人と受取人間で金銭の授受に関する契約が消滅したことは両者間で不当利得返還請求権を発生させるにすぎません。

106 第2章 銀行取引

2. 誤振込み

(1) 誤振込みに関する預金の成立

　店頭での振込みでは一般に受取口座名の確認を行うため，本設問のような
ケースはさほど起こりませんが，ATMやインターネットを使っての振込みの
場合には生じえます。

　上述1(1)のとおり，振込依頼人と受取人の間には振込みに関し契約関係はあ
りませんが，振込依頼人と受取人との間に振込みの原因関係（振込みの原因と
なる振込依頼人と受取人との間の商取引等）はなくとも，被仕向銀行と受取人
間の普通預金契約は有効に成立し，受取人口座に入金された時点で受取人が被
仕向銀行に対して預金債権を有すると考えられています（最判平8・4・26民
集50巻5号1267頁）。

　もっとも，受取人は，誤振込みであることを認識した場合には信義則上その
旨を通知する義務があり，その事実を秘して被仕向銀行に対し払戻しを請求す
ることは，詐欺罪の欺罔行為にあたるとされています（最判平15・3・12刑集
57巻3号322頁）。また，受取人が，振込みの原因となる法律関係が存在しない
ことを認識しながら，預金の払戻しを請求することは，「払戻しを受けること
が当該振込みに係る金員を不正に取得するための行為であって，詐欺罪等の犯
行の一環を成す場合であるなど，これを認めることが著しく正義に反するよう
な特段の事情があるときは，権利の濫用に当たる」とされています（最判平
20・10・10民集62巻9号2361頁）。

(2) 銀行の対応（本設問(i)）

　誤振込みが実行された後，通常は，振込依頼人から仕向銀行に対し，誤振込
みにより受取人に移転した金銭について振込依頼人に返還するよう受取人に依
頼することを求める，いわゆる組戻手続を行うことになります。この場合，上
述(1)のとおり，受取人が被仕向銀行に対して預金債権を有することから，受取
人の同意を得て初めて組戻しができることになります。仕向銀行としては，被
仕向銀行に対し，受取人から同意を得てもらえるよう依頼することとなります。

(3) 照会対応（本設問(i)）

　受取人が同意しない場合は，組戻しによる回収はできませんので，振込依頼

人は受取人に対し不当利得返還請求権に基づき金銭の支払いを求めることとなります。しかし，この権利行使にあたり，振込依頼人は受取人の名前や住所を知りませんので権利行使の前提としてそれらの情報を被仕向銀行から得る必要があります。なお，仕向銀行は振込依頼人が記入した情報以外認識していませんので，振込依頼人による当該権利行使のために，振込依頼人が作成した振込依頼書を開示するなどして，被仕向銀行に対する情報開示要求に必要な情報を開示することしかできません。一方で，被仕向銀行は預金契約等に基づき受取人に対する守秘義務を負っており，当該守秘義務との関係から，かかる照会に対し回答することができるのか，という問題が生じることになります。この点については，振込依頼人による開示要求が相当なものであると判断できる場合には，公益の観点から守秘義務が解除され開示を行うことができる，と考えることも可能です。

(4) 誤振込みと回収（本設問(ⅱ)）

上述(1)のとおり，誤振込みであったとしても受取人から被仕向銀行に対し預金債権は一応成立していることから，受取人に対して与信を行っている被仕向銀行としては相殺による回収が可能であるとも思えます。

しかしながら，誤振込みであることを認識しながら，被仕向銀行と受取人の間で預金が成立したとして相殺した場合に，相殺による回収は法律上の原因を欠き不当利得になると判示した裁判例があります（名古屋高判平17・3・17金判1214号19頁，東京高判平17・9・26金判1226号8頁）。また，誤振込みである旨の申告を振込依頼人から受ける前に相殺回収をした名古屋高判平27・1・29金判1468号25頁においては，誤振込みがあった口座の名義人が任意整理に入っており，かつ2年余りの間当該口座に入出金がほとんどなかったこと，相殺を行った信用金庫からの貸付について延滞していたことなどから，誤振込みであることを認識しえたとして当該相殺は不当利得にあたるとしています。これらの事例はかなり特殊なケースに関するものであり，その射程はそれほど広くないとも考えられますが，留意が必要です。

108　第 2 章　銀行取引

2　為替取引

Q24　為替取引とは

(i)　当行の顧客が，安価に外国送金を行うサービスとして，(1)日本国内で，外国送金をしたいユーザーから当該顧客の日本支社に資金を振り込ませ，(2)振込みを受けた日本支社が当該顧客の外国支社に対してその旨をメールで連絡し，(3)外国支社がその外国口座から各ユーザーが希望する送金先に対して振込みを行い，(4)一定期間ごとに日本支社が預かった金銭を外国支社の外国口座へ一括で送金し精算するというサービスを始めようとしているようです。当行は，このビジネスに対して融資を行うことを求められていますが，どのような点に留意すべきでしょうか。

(ii)　(i)の顧客から，「資金決済法上の履行保証金保全契約」を締結したいとの相談が来ましたが，これはどのようなものなのでしょうか。

A

(i)　本設問(i)のサービスは為替取引に該当する可能性があります。顧客が銀行業の免許を取得しているか，あるいは資金移動業の登録を行っているかを確認する必要があります。

(ii)　資金決済法上の資金移動業者の義務である履行保証金の供託に代えて締結する契約で，資金移動業者が破綻した場合などに内閣総理大臣の命令に応じて履行保証金の供託を行うというものです。契約の可否を判断するにあたり，その資金移動業者の安全性などを考慮する必要があります。

1．為替取引とは

　銀行法上，「銀行」とは内閣総理大臣の免許を受けて銀行業を営む者をいう（同法 2 条 1 項）とされています。「銀行業」とは①預金または定期積金の受入れと資金の貸付または手形の割引とを併せ行うこと，②為替取引を行うことのいずれかを営業として行うこととされており（同条 2 項），銀行業の免許を得

ずにそれらの営業を行った場合には罰則が定められています（同法61条1号）。以上のうち，「預金」「貸付」「手形」等についてはイメージがわくかと思いますが，「為替取引」とはなんでしょうか。

　為替取引の定義について，銀行法上の定めはありませんが，判例は為替取引を「顧客から，隔地者間で直接現金を輸送せずに資金を移動する仕組みを利用して資金を移動することを内容とする依頼を受けて，これを引き受けること，又はこれを引き受けて遂行することをいう」（最判平13・3・12刑集55巻2号97頁）としており，現在までその立場が維持されています。

　為替取引を取り扱う者が銀行業として規制された趣旨は，「隔地者間の資金授受の媒介をするに当たり，媒介となる機関において，直接現金を輸送することなく隔地者への支払等を確実にするための資金手当てのシステムを確立するなど，利用者（顧客）との間で高度の信用を保持できる体制を構築することが求められることから，十分な信用を持たない者が当該取引を行えないようにすることにより，利用者（顧客）を保護し，かつ，金融の円滑の確保を図ることにある」（東京高判平25・7・19判タ1417号113頁）と解されています。本設問(i)のようなサービスは，国内のユーザーが外国の送金先に対して現金を輸送する代わりに，顧客がその外国支社から当該外国の送金先に対して顧客に代わって振込みを行い，国内のユーザーには日本支社に振込みをさせ，一定期間ごとに精算するというサービスであり，まさに，国内のユーザーと外国の送金先という隔地者間の資金移動の媒介を行っているといえますので，為替取引にあたると考えるべきです。

　したがって，当該サービスに対して銀行が融資を行うことを検討するにあたっては，当該顧客が銀行法上の免許を取得しているか，または資金決済法上の資金移動業の登録（後記3参照）を行っているかなど，どのような法的根拠に基づいて当該サービスを行おうとしているのかを確認する必要があります。

2. 為替取引の種類

　本設問とは直接関係しませんが，以下，為替取引の種類について説明します（機能面に着目した分類です。小山・銀行法精義138頁以下）。

110　第2章　銀行取引

(1)　振込み

　振込みは，受取人の銀行口座に対して一定金額を入金するもので，もっとも一般的に利用されている為替取引です。

　通常は，（振込みの場合）依頼人から振込みに必要な資金の支払いを受け，その後振込みを行い受取人に金銭が移動する，いわゆる順為替となっているため基本的には銀行の回収リスクはありません。

(2)　送　　金

　送金は，銀行を経由して行う資金の移動であるという点で振込みと共通しますが，受取人の預金口座に対する入金を行わないものを指します。送金小切手を用いた普通送金が例とされていますが，国内で振込みに代えて利用されることは極めて稀です。

(3)　代金取立て

　代金取立てとは，典型的には手形や小切手を，本来の権利者に代わって振出人に支払呈示を行い取り立てることを指します。振出人から金銭を受領し，取立依頼者に対して支払うという逆為替になるのが特徴です。また，代金取立ては取立依頼者と銀行との委任契約に基づくため，受任者たる銀行は善管注意義務（民法644条）や報告義務（同法645条）を負うこととなります。

(4)　為替取引に該当しない取引（収納代行）

　収納代行は，サービス利用者と事業者との間の取引により，利用者が事業者に対し負った金銭債務について，収納代行業者が，事業者に代わり利用者から金銭債務に関する支払いを受け，まとめて事業者に対して支払いを行うというものです。一見，「隔地者間で直接現金を輸送せずに資金を移動する仕組みを利用して資金を移動することを内容とする依頼を受け」たものにも見えますが，利用者は，収納代行業者に対する金銭の支払いで債務を弁済する（すなわち支払時点で債務が消滅する）ものであり，利用者はその後の資金移動について依頼していないので為替取引に該当しない，との整理がなされています（久保田隆「「為替取引」概念と収納代行サービス」金法1847号26頁）。

3．資金決済法

　資金決済法は，銀行等以外の者が100万円以下の為替取引を業として行うこ

とを「資金移動業」と定義し（資金決済法2条2項，同法施行令2条），内閣総理大臣の登録を受けた者（資金移動業者）は資金移動業を営むことができると規定しています（同法37条）。資金移動業にいう「為替取引」の態様には制限がついていませんので，資金移動業者は上述の2に記載のいずれの態様の取引も取り扱うことが可能です。

　もっとも，登録に際しては，為替取引を行うに足りる信用力が求められています。すなわち，登録拒否要件が定められている（同法40条1項）ほか，取引額に応じて一定額以上の履行保証金を供託すること（同法43条1項）や，供託に代わり銀行等と内閣総理大臣の命令に応じて資金移動業者に代わり供託すべき金額を供託する旨保証する保証契約（履行保証金保全契約）を締結した上で，または信託会社等との間で内閣総理大臣の命令に応じて資金移動業者に代わり供託すべき金額を供託することを目的とする信託契約（履行保証金信託契約）を締結した上で内閣総理大臣に届け出ること（同法44条1項・45条1項）を義務付けられています。資金移動業者が破綻した場合，履行保証金保全契約や履行保証金信託契約を締結している場合には，それらの金融機関により履行保証金が供託され，送金依頼人などの為替取引に関し資金移動業者に対し債権を有する債権者は，履行保証金についてほかの債権者に先立ち弁済を受けることができます（同法59条1項）。これにより，銀行のような資本規制（銀行法5条）がなくとも利用者の保護が図れることとなります。

　本設問(ii)で顧客から締結を求められているのは，まさにこの履行保証金保全契約です。履行保証金保全契約は，上述のとおり，資金移動業者が破綻した場合に銀行が履行保証金相当額の供託義務を負う契約であり，これを締結することは，銀行が資金移動業者に対し履行保証金相当額の与信を行うことを意味します（またこのような顧客に保証を行うことを官庁に対して示すことを目的とする契約は，多くの場合当該官庁より契約文言が指定され銀行が通常使用しているひな型を使えないケースが多いです）。したがって，契約締結に応じる場合，銀行としては当該事業者の破綻リスクの検証や保全方法の検討，当該リスクに見合った保証料率の設定などを行う必要があります。

112　第2章　銀行取引

3　貸　　出

1．融資取引（ローン）

Q25　融資の態様および条件

　事業を営む顧客から設備投資資金の融資を受けたいとの相談を受けました。当該顧客から運転資金の融資を受けたいとの相談も受けています。融資の態様および条件としてはどのようなものがあり，銀行は，上記相談に対して提案を行うにあたっては，どのような点に留意する必要がありますか。

A

　設備投資資金の融資には証書貸付，運転資金の融資には手形貸付または当座貸越を利用することが通常です。いずれの貸付も，銀行が頻繁に行う取引であり，銀行取引約定書によることが多いですが，貸付期間，融資先の信用状態等のリスクを踏まえ，別途借用証書等において条件のアレンジを検討することが重要です。

1．融資の態様

　融資の態様には，主に，証書貸付，手形貸付，当座貸越などがありますが，企業の設備投資資金のための貸付は，多額で回収に時間がかかる場合が多いため，長期の貸付として証書貸付が利用されることが通常です。運転資金の貸付は，少額で回収に時間がかからない場合が多いため，短期の貸付として手形貸付または当座貸越が利用されることが通常です。

⑴　証書貸付

　証書貸付とは，貸付にあたり，証拠として借用証書を徴するものをいいます（小山・銀行法精義129頁）。企業に対する長期運転資金または設備資金の供与等長期の貸付の場合に用いられることが多い貸付形態です。長期の貸付においては，銀行としては，借入人の信用状態の変化等に対応するためのさまざまなア

レンジが必要となる場合があり，証書貸付であれば，借用証書（契約書）において規定することにより，こうしたアレンジを行うことができます。

契約書の形式ですが，銀行は，顧客と与信取引を開始するにあたり，通常，顧客と銀行取引約定書（Q26参照）を締結します。これは，個別の取引の際に締結するものではなく，同じ顧客との間の複数の取引に適用されるべき条件を，包括的に合意しておくためのものです。そして，具体的に，設備投資資金の融資を実行する場合は，さらに，顧客と（比較的シンプルな内容の）金銭消費貸借契約証書（例として，関沢正彦＝中原利明編著『融資契約〔第3版〕』（金融財政事情研究会，2015）168頁以下があります）を締結します。通常の設備投資資金では，取引の条件がシンプルであり，銀行取引約定書の規定をそのまま規定しても不都合がないため，多くの場合，上記のとおり，銀行取引約定書プラス金銭消費貸借契約証書の形式で証書貸付を行います（これに対し，貸付人が複数になる取引（シンジケート・ローン）や買収ファイナンス，プロジェクト・ファイナンス等複雑な取引では，銀行取引約定書の適用を除外して詳細なローン契約を締結する点について，Q30，36，42を参照）。

(2) 手形貸付

手形貸付は，貸付先から借用証書に代えて銀行を受取人とした約束手形の差入れを受け，資金の貸付を行うものであり（小山・銀行法精義130頁），短期の運転資金の融資において多く利用されます。銀行にとって，手形貸付には，①取立手続が簡便かつ強力である（貸付銀行が手形の支払場所を自行の営業所にしておけば債務者が貸付銀行に有する当座預金口座で決済することが可能です。手形の支払場所を他行の営業所にした場合は手形交換制度による取立てが可能です），②資金化が簡便である（他の金融機関への再譲渡（手形の再割引），ファクタリング会社への売却等による資金化が可能です），③裏書という簡便な方法により手形債権を譲渡できる，④証書貸付より印紙税が安い（たとえば，借入金額が70億円である場合，証書貸付における印紙税額は60万円ですが，手形貸付における印紙税額は20万円です）というメリットがあります（小山・銀行法精義130頁）。

(3) 当座貸越

当座貸越とは，銀行に当座勘定を有する取引先がその銀行における当座預金

114 第2章 銀行取引

残高を超過して小切手を振り出した場合に，銀行が一定の限度（極度額）まで
その小切手に対して支払いをなすことを予め約束するものです。支払資金であ
る当座預金残高を超えて資金を貸し付けるという意味で貸越という用語が用い
られています（小山・銀行法精義131頁）。

　当座貸越では，顧客は，予め定められた貸越極度額の範囲内でいつでも借入
れを受けることができ，また，当座預金に入金することによりいつでも自動的
に借入金を返済することができるので，利息の発生を抑え，効率の良い資金繰
りを行うことができます。銀行にとっては，貸付用の資金を常に準備する必要
があり，また，残高が変動するため利息計算や資金管理のコストがかかること
から，手形貸付と比較すると当座貸越の利率は高く設定される傾向があります
（小山・銀行法精義131頁）。

2．融資の条件

(1)　設備投資資金の融資（証書貸付）

①　金　利

　設備投資資金の貸付は通常長期貸付であり，長期に及ぶ貸付期間中の市場金
利の変動に対応するため，多くの場合，適用金利を基準金利（LIBOR，
TIBOR等）にスプレッド（利ざや）を加算した利率とします。

②　担保の設定

　設備投資資金の貸付のような長期貸付では，融資金の回収に至るまでのリス
クが大きいため，リスク量に応じ，担保や保証により保全を図ることもありま
すし，当初は無担保であっても，貸付期間中に借入人の信用状態が悪化するな
どして債権保全を行う必要が生じた場合に担保を提供する義務を定めることも
あります。

③　借入人のコベナンツ（誓約事項）（作為／不作為義務，報告義務等）

　設備投資資金の貸付では，設備投資計画の進捗状況，借入人の業績および財
務内容，担保および保証人の状況等の把握に努める等貸付実行後の管理が重要
です。銀行取引約定書の定める書類提出義務・一般的な経営や業況の報告義務
等のコベナンツ（Q26の1参照）で十分か，設備投資計画の進捗状況等の報告
を求める条項や追加設備投資を制限する条項を追加する必要がないか等を検討

します。

④　資金使途

　設備投資資金の貸付では，資金が設備投資計画と異なる用途に流用されることを防止するため，資金使途を記載させることが重要です。流用があった場合には，約定違反として銀行取引約定書により期限の利益を喪失させ，債権の回収を図ることも検討します。

⑤　期限の利益喪失事由

　長期貸付であることを踏まえ，借入人の信用状態の悪化への対応策として，銀行取引約定書に規定される期限の利益喪失事由（Q26の3(1)参照）に，案件固有の他の事由を追加して定めることも検討します。

(2)　運転資金の融資（手形貸付）

　手形貸付という方式で運転資金の融資を行う際，基本条件については，顧客と締結済みの銀行取引約定書を適用し，個別の取引の条件は，手形の券面に簡潔に記載するだけにとどめるのが通常です。もっとも，借入人の信用状態等を踏まえ，銀行取引約定書プラス手形では収まりきらない詳細な約定を必要とする場合は，借用証書（金銭消費貸借契約書）を併用します。

(3)　運転資金の融資（当座貸越）

　手形貸付という方式で運転資金の融資を行う際，基本条件については，顧客と締結済みの銀行取引約定書を適用し，個別の取引の条件は，当座貸越契約に規定するのが通常です。この場合，銀行は，顧客が預金残高を超過した手形を振り出すことにより，自動的に貸付を行う義務を負うことになります（これに対し，手形貸付の場合は，手形を引き受けるかどうかを銀行が判断し，引き受けた場合のみ貸付義務を負います）。したがって，顧客の信用状態が悪化した場合に銀行が貸付義務を負い続けることを防ぐために，当座貸越契約において，債権の保全その他相当の事由があるときには極度額の減額，貸越しの中止または契約の解除をすることができる旨の特約を定めることが通常です。

116　第2章　銀行取引

Q26　債権管理と債権回収（銀行取引約定書）

　融資先（会社）の経営状況はどのように把握すればよいでしょうか。融資先から元利金の返済を一時猶予してもらいたいとの相談を受けましたが，どのような対応を検討すべきでしょうか。その後，融資先が破産手続開始の申立てをしましたが，どのような回収方法が考えられるでしょうか。なお，融資先の代表取締役の長男（融資先ではない会社に勤務）が融資先の当行への返済債務について，連帯保証人となっています。

A

　融資先の経営状況は，銀行取引約定書の規定を根拠に，融資先の財務諸表の提出等を受けることにより把握します。融資先からのリスケ要請に対しては，融資先に経営改善計画書の提出を求め，一時猶予する元利金の額，猶予した元利金の返済方法等を融資先と合意します。融資先が破産手続開始の申立てをした場合，期限の利益を喪失させた上，相殺または担保権実行によるか，連帯保証人に請求することにより債権を回収します。

1．融資先の経営状況の把握

　銀行は，顧客との間で与信取引を行うに際して，銀行取引約定書を締結します。Q25で説明したとおり，銀行取引約定書は銀行の与信取引全般に共通する基本約定書であり，個別の取引ごとに都度締結されるものではありません。各銀行はそれぞれ独自の銀行取引約定書を制定していますが，かつて全国銀行協会が作成したひな形（平成12年に廃止）（以下「ひな形」といいます）の内容を参考にしているとされ，各銀行の銀行取引約定書には共通する内容が多いといわれています。そこで，以下では，ひな形の条文を（○条という形で）引用しつつ，説明します（なお，ひな形の各規定についての網羅的な解説として，鈴木禄弥編集『新版注釈民法（17）』（有斐閣，1993）286頁以下，天野佳洋監修『銀行取引約定書の解釈と実務』（経済法令研究会，2014），関沢正彦＝中原利明編著『融資契約〔第3版〕』（金融財政事情研究会，2015）38頁以下を参照）。

　ひな形には，①融資先が貸借対照表，損益計算書等の財務状況を示す書類を

定期的に提出する義務，②銀行の請求がある場合の融資先の財産，経営，業況等の報告義務および調査協力義務，ならびに③融資先の財産，経営，業況等に重大な変化がある場合の報告義務等のコベナンツ（誓約事項）が規定されています（12条）。さらに，融資先がこれらの義務を怠った場合，銀行は請求により期限の利益を喪失させることができる旨が規定されており（5条2項3号），これらの義務の履行の実効性が担保されています。

　したがって，銀行は，これらの規定を根拠に，融資先の財務諸表の提出を受け，融資先の財産，経営，業況等の報告を受けることにより，融資先の経営状況を把握することができます。

2．融資先からの返済猶予の要請への対応

　元利金の返済を一時猶予してもらいたいという融資先の要請は，一般に，「リスケ要請」と呼ばれます。中小企業者等に対する金融の円滑化を図るための臨時措置に関する法律（以下「円滑化法」といいます）は，中小企業等から銀行に返済期限の猶予等の貸出条件の変更の申出があった場合は，銀行はこれに応じる努力義務を定めた法律です（同法4条・5条）。円滑化法は平成25年3月末に失効していますが，その後も金融庁は，金融機関が貸付条件の変更等や円滑な資金供給に努めるべきということは，円滑化法の期限到来後においても何ら変わらないと述べています（金融庁パンフレット「中小企業金融円滑化法の期限到来後の検査・監督の方針」（平成24年11月1日公表））。

　銀行は，融資先からリスケ要請を受けた場合，融資先の経営が悪化した原因を分析させ，その分析を踏まえた経営の改善策をまとめた経営改善計画書を提出させるべきです。その上で，融資先の経営・財務状況を踏まえ，①返済を猶予する元本または利息の額（元本・利息ともに全額について一時猶予する，元本全額について返済を一時猶予するが利息については全額支払う等），②返済を再開する時期，③返済を再開する方法，④返済の一時猶予を受けた元利金の返済方法等を合意します。

3．融資先が破産手続開始の申立てをした場合の債権の回収

　融資先が破産手続開始の申立てをした場合，銀行が債権の回収を図る方法と

しては以下の方法が考えられます。

(1) 回収の前提としての期限の利益の喪失

　融資には，返済期限が設定されており，融資先は，返済期限が到来するまでは，返済義務を負いません（期限の利益）。そこで，銀行が当該融資に係る債権を強制的に回収するためには，まず，期限の利益を喪失させ，融資先が返済義務を負った状態を作り出す必要があります。かかる目的から，ひな形では，一定の事由を期限の利益喪失事由として規定し，それが発生した場合（または発生し，銀行が請求した場合）には，融資先は期限の利益を喪失し，直ちにその債務についての返済義務を負うこととされています。そして，融資先が破産手続開始の申立てをしたことも期限の利益の当然喪失事由として規定されている（5条1項4号）ため，融資先が破産手続開始の申立てをした場合は，融資先が期限の利益を喪失した状態を作り出すことができます。

(2) 相殺による回収

　ひな形では，「期限の利益の喪失……その他の事由によって，甲（融資先）が乙（銀行）に対する債務を履行しなければならない場合」は，銀行はその債務と融資先の預金その他融資先に対する債権とをいつでも相殺することができると定められています（7条）。したがって，上記(1)のとおり融資先の期限の利益を喪失させた上で銀行が債権回収のためにとりうる手段として，まずは，融資先の預金債権と相殺することが考えられます。相殺による回収は，以下に述べる担保権の実行や保証人への請求よりもはるかに実務上の手間が少ないので，まず，一番初めに考えるべき回収手段と言ってよいでしょう（したがって，銀行が融資を行う際には融資先に預金を差し入れさせるのが望ましいといえます）。

(3) 担保権実行による回収

　ひな形は，担保権の実行としての競売等（民事執行法第3章），質権者による債権の直接取立て（民法366条）等の法定の手続も含めて，一般に適当と認められる方法等により取立または処分を行うことができることとしています（8条）。したがって，銀行は，法定の手続によるほか，任意に担保目的物を処分した上，処分代金を融資先の債務の弁済に充当することができます。なお，民法349条は，質権設定に際して上記のような任意の処分ができる旨を合意する

ことを禁止していますが（流質契約の禁止），同条は，商行為によって生じた債権を担保するための質権には適用されないため（商法515条），銀行の融資という商取引に関して設定される担保においては，通常気にする必要はないと考えられます。

(4) 保証人からの回収

保証人は，主債務者である融資先の債務を履行する責任を負い（民法446条1項），連帯保証人の場合にはいわゆる催告・検索の抗弁権を持たないため（同法454条），銀行は融資先に対して履行を催告せず，また，融資先の財産について執行をしなくても，連帯保証人に請求することができ，連帯保証人が履行しない場合は，その財産に執行をすることもできます。

したがって，本設問では，銀行としては，まず，連帯保証人である代表取締役の長男が勤務先から支給される給料または役員報酬への差押えを行うことが考えられます。また，連帯保証人が弁済に充当できる資産（自宅等）を有している場合は，当該資産を任意に売却してもらい（または強制執行により売却し），売却代金から債権を回収することも検討すべきでしょう。

120 第2章 銀行取引

Q27 業況悪化先に対する追加融資

メインバンクである銀行が，業況の悪化している貸付先に対する追加融資を行う場合においては，可否の判断上どのような点に留意すべきですか。また，その場合の経営判断上の考慮要素は，事業会社の取締役と比較して，どのように異なりますか。

A

貸付先に対する融資の可否判断においても，経営判断の原則は適用されますが，事業会社の取締役と比較して，融資業務に際して要求される銀行の取締役の注意義務の程度は高い水準であるとの見解もあることから，融資業務の実施にあたっては，元利金の回収不能という事態が生じないよう，債権保全のための相当の措置をとるべきです。特に，業況の悪化している企業に対する支援として追加融資をする場合，客観性を持った再建・整理計画等や銀行内部での明確な計画の策定とその正式な承認手続が必要と考えられます。

1．取締役の善管注意義務と経営判断の原則

取締役は，会社に対して善管注意義務を負っています（会社法330条，民法644条）。このため，善管注意義務違反により，会社に損害を生じさせた場合，会社に対し，その損害を賠償する責任を負います（会社法423条1項）。もっとも，取締役は，銀行であれ事業会社であれ，不確実な状況の中で迅速な判断（リスクテイク）を求められることがあり，そうした判断の結果，会社に生じたすべての損害について賠償責任を負うこととなれば，委縮して判断を避けることによって，かえって，会社の利益獲得の機会を損なうことにつながりかねません。

そこで，判例・学説において，取締役の経営判断については，取締役に広い裁量が認められるべきであり，その判断の過程，内容に著しく不合理な点がない限り，取締役としての善管注意義務に違反することはないと解すべきであると考えられています（経営判断原則。最判平22・7・15判時2091号90頁，田中・会社法264〜265頁）。

２．銀行の取締役の善管注意義務と経営判断の原則

銀行の取締役においても，事業会社の取締役におけると同様，経営判断の原則は適用されると解されます。一方で，銀行の取締役は，特に融資業務については，事業会社の取締役に比べて高い水準の注意義務が求められる（裁量の幅が制限されている）とする見解も有力です（岩原紳作「金融機関取締役の注意義務—会社法と金融監督法の交錯」落合誠一先生還暦記念『商事法への提言』（商事法務，2004）212頁等）。

この点，最決平21・11・9刑集63巻9号1117頁（以下「平成21年最決」といいます）は，刑事事件に関するものではありますが，以下のように判示しています。

「銀行の取締役が負うべき注意義務については，一般の株式会社取締役と同様に，受任者の善管注意義務（民法644条）及び忠実義務（平成17年法律第87号による改正前の商法254条の3，会社法355条）を基本としつつも，いわゆる経営判断の原則が適用される余地がある。しかし，銀行業が広く預金者から資金を集め，これを原資として企業等に融資することを本質とする免許事業であること，銀行の取締役は金融取引の専門家であり，その知識経験を活用して融資業務を行うことが期待されていること，万一銀行経営が破たんし，あるいは危機にひんした場合には預金者及び融資先を始めとして社会一般に広範かつ深刻な混乱を生じさせること等を考慮すれば，融資業務に際して要求される銀行の取締役の注意義務の程度は一般の株式会社取締役の場合に比べ高い水準のものであると解され，所論がいう経営判断の原則が適用される余地はそれだけ限定的なものにとどまるといわざるを得ない。

したがって，銀行の取締役は，融資業務の実施に当たっては，元利金の回収不能という事態が生じないよう，債権保全のため，融資先の経営状況，資産状態等を調査し，その安全性を確認して貸付を決定し，原則として確実な担保を徴求する等，相当の措置をとるべき義務を有する。」

平成21年最決についての評価はさまざまですが，銀行の公共性（銀行法1条）や，銀行の取締役に求められる適格性（同法7条の2），すなわち，融資を中核とする金融業務の専門家であることに照らせば，融資の可否を決する判断にお

ける注意義務は，通常の事業会社の取締役におけるそれに比べて高度な水準を求められるとの結論には一定の合理性があると解されます。なお，融資ではなく，ノンバンクからの商工ローン債権買取りの判断においても，銀行の取締役には高度な注意義務が認められると判断した近時の裁判例として，東京地判平28・9・29金判1507号26頁，東京高判平29・9・27金判1528号8頁等があります。

3. 業況悪化先への追加融資と取締役の善管注意義務

それでは，業況の悪化している企業に対する支援として追加融資をする場合，銀行の取締役としては，どのようなプロセス・資料に基づいて，その可否を判断すべきでしょうか。

この点，平成21年最決は，実質倒産状態にある企業に対する支援策としての無担保または不十分な担保による追加融資が行われた例外的な事案についてではありますが，こうした融資をして「再建又は整理を目指すこと等があり得るにしても，これが適法とされるためには客観性を持った再建・整理計画とこれを確実に実行する銀行本体の強い経営体質を必要とするなど，その融資判断が合理性のあるものでなければならず，手続的には銀行内部での明確な計画の策定とその正式な承認を欠かせない。」と判示しました。その上で，当該事案の事実関係の下においては，「客観性を持った再建・整理計画があったものでもなく，所論の損失極小化目的が明確な形で存在したともいえず，総体としてその融資判断は著しく合理性を欠いたもの」として，銀行の取締役の責任（特別背任罪における取締役としての任務違背）を肯定しました（なお，無担保融資の際の銀行の取締役の経営判断の是非については，田原睦夫裁判官の補足意見において詳細に検討されています）。

平成21年最決は，まさに刑事事件に問われるような極限的な事案であったともいえますが，業況悪化先への追加融資をする場合一般に射程範囲を広げて考えたとしても，客観性を持った再建・整理計画等に基づく融資判断の合理性や銀行内部での明確な計画の策定とその正式な承認手続といった一連の過程は，やはり必要と解されます（ただし，各過程における検討の深度は，取引先の業況悪化のレベルに応じて合理的な差異があるものと解されます）。

4．具体的な対応

　平成21年最決の示す，客観性を持った再建・整理計画等の融資判断の合理性や銀行内部での明確な計画の策定とその正式な承認手続の履践の観点からは，概ね，以下のような実務対応が求められます。

　まず，取締役会や経営会議の事前準備の段階においては，会議のメンバーが必要な準備をすることができるよう，会議の事務局において，時間的な余裕を確保して必要（可能な限り十分）な資料な用意して会議のメンバーに連携すべきです。また，会議のメンバーにおいては，準備された資料を会議の日までに熟読の上，会議において討議すべき論点を整理し，疑問点があれば，その抽出を行うことが求められます。

　さらに，会議後における当該会議の議事録作成においても，すべての議案で発言を一言一句にわたり再現することまでは要求されないとしても，少なくとも，議案によるリスクレベルに応じた必要十分な記録が求められ，特に会議メンバーによる質問や疑義の提示については正確に記録する必要があります。

124　第 2 章　銀行取引

Q28　事業法人への貸付と経営者保証

　平成29年民法（債権法）改正が施行された場合において，銀行が事業法人 A 社に対して貸付を行うにあたり，同社代表者による経営者保証を求める際に留意すべき点は何ですか。

A

　平成29年民法（債権法）改正により，保証人保護を拡充する諸規定が新設されており，保証意思の確認や保証人への情報提供等について，新たな対応が必要な場合があります。ただし，法人の代表者等による経営者保証については適用除外とされている規定もあります。

1．はじめに

　平成29年民法（債権法）改正（令和 2 （2020）年 4 月 1 日施行予定）により，保証に関する諸規定についてもさまざまな変更が行われています。ここでは，本設問と関係する保証人保護拡充の観点から新設された諸規定について概説します。

2．保証意思宣明公正証書の作成

　まず，事業のために負担した貸金等債務（金銭の貸渡しまたは手形の割引を受けることによって負担する債務）についての個人保証の特則として，保証契約の締結に先立ち，その締結の日前 1 カ月以内に作成された公正証書（一般に，「保証意思宣明公正証書」と呼ばれます）で保証人になろうとする者が保証債務を履行する意思を表示することが求められ，これを欠く保証契約は無効となります（平成29年改正民法465条の 6 以下）。これは，個人による保証が情誼に基づいて行われることが少なくなく，保証契約を締結するリスクについて保証人において合理的判断がなされずに保証契約が締結されがちであること，特に事業のために負担した貸金等債務についての保証の場合，保証人の負担が重いものになりがちであるとの趣旨から新設された規定です（中田裕康ほか『講義 債権法改正』（商事法務，2017）194頁〔沖野眞已〕）。

ただし，①主債務者が法人である場合において，その理事，取締役，執行役，支配株主等，またはこれらに「準ずる者」が「保証人になろうとする者」であるとき（同法465条の9第1号・2号），②主債務者が個人である場合において，その共同事業者または主債務者の事業に現に従事している主債務者の配偶者が「保証人になろうとする者」であるとき（同条3号）には，同法465条の6の適用はありません（以下，同法465条の9各号に定める者を「経営者」，経営者による保証を「経営者保証」といいます）。これは，経営者である個人が保証する場合，情誼に基づく保証債務の負担という事情はないこと，そもそも経営者自身が主債務の負担・履行において経営判断を行っていること，保証意思宣明公正証書による保証人の保証意思確認手続にはコストや時間もかかり，当該手続の適時の履践ができずに主債務者が貸付等を受けられなくなるデメリットもありえること等から置かれた例外規定です（前掲・中田ほか196頁〔沖野〕）。

本設問では，「保証人になろうとする者」はA社の代表者であるため，上記例外規定が適用され，当該代表者の保証意思宣明公正証書による意思確認は不要と考えられます。

3．保証契約締結時の主債務者の情報提供義務

事業のために負担する債務（上記2と異なり，「貸金等債務」に限られず，事業のために負担する債務一般が含まれます）についての個人保証の特則として，主債務者は，保証の委託をするときは，委託を受けて保証人になる者に対して，①財産および収支の状況，②主債務以外に負担している債務の有無ならびにその額および履行状況，③主債務の担保として他に提供し，または提供しようとするものがあるときは，その旨およびその内容に関する情報を提供しなければなりません（平成29年改正民法465条の10第1項）。

そして，主債務者が，情報を提供せず，または事実と異なる情報を提供したために保証人がその事項について誤認をし，それによって保証契約の申込みまたはその承諾の意思表示をした場合において，主債務者がその事項に関して情報を提供せずまたは事実と異なる情報を提供したことを債権者が知りまたは知ることができたときは，保証人は，保証契約を取り消すことができます（同条2項）。

ここで留意すべきなのは，保証人に対する情報提供義務を負っているのは主

債務者であるにもかかわらず，その違反の効果は，債権者と保証人との間の保証契約の保証人による取消しであること（つまり，情報提供義務を負っていない債権者の契約が取り消されてしまうこと）です。したがって，債権者としては，とりわけ，「主債務者がその事項に関して情報を提供せず又は事実と異なる情報を提供したことを債権者が知り又は知ることができたとき」という要件を満たすことがないよう，主債務者から保証人への情報提供が適正になされているかについて，慎重に確認することが求められます。具体的には，たとえば，法令に基づく要提供情報事項を記載した書面を作成し，当該書面を主債務者から保証人と債権者宛に差し入れさせ，かつ，情報の正確性等について表明保証させ，さらに，保証人から情報提供を受けた旨の確認の書面を取得する等の対応をすることが考えられます（名藤朝気ほか「保証に関する民法改正と金融機関の実務対応」金法2019号50〜51頁）。

平成29年改正民法465条の10については，上記2で述べた保証意思宣明公正証書と異なり，経営者保証についての適用除外の規定はありません。もっとも，特に法人たる主債務者の取締役等による経営者保証の場合，主債務者（保証人自らが経営する法人企業）の有する情報は，その経営に従事している取締役等も当然に把握している情報であることが通常であると考えられます。そうだとすると，主債務者による情報不提供によって保証人が当該事項について「誤認をし，それによって保証契約の申込み又はその承諾の意思表示をした」という，同条2項が想定している因果関係が認められず，同条を根拠とする保証人による保証契約の取消しが認められないケースも多くなるように思われます（井上聡＝松尾博憲編著『practical金融法務 債権法改正』（金融財政事情研究会，2017）108頁）。

したがって，本設問においても，主債務者であるA社から代表者に対する情報提供がなされたことを確認するのが望ましいものの，情報提供がなされないことによる保証契約の取消しリスクは限定的と考えられます。

4．主債務者の履行状況に関する債権者の情報提供義務

保証人保護拡充の見地から，保証一般に適用される規制として，債権者による，主債務の履行状況に関する情報の提供義務の規定（上記2および3と異なり，事業のために負担する債務を主債務とするものに限られません。また，法

人保証の場合も適用されますが，委託を受けた保証人に対するものに限られます（平成29年改正民法458条の2））が新設されました。すなわち，委託を受けた保証人からの請求があったときは，債権者は，保証人に対し，遅滞なく，主債務の元本，利息，違約金，損害賠償その他債務に従たるすべてのものについての不履行の有無，これらの残額，弁済期が到来しているものの額に関する情報を提供しなければなりません（同条）。同条に違反した場合の効果については明文の規定がないことから，債権者は，一般的な債務不履行責任による損害賠償義務を負うと解されます（前掲・中田ほか202頁〔沖野〕）。銀行としては，「遅滞な」き情報提供を求められますので，予め，そのための体制を整備しておく必要があります。

　なお，この情報提供義務は，本設問のような経営者保証の場合にも適用されます。

5．主債務者の期限の利益喪失時における債権者の情報提供義務

　個人保証の特則として（ただし，上記2および3と異なり，事業に係る債務を主債務とするものに限られません。また，上記3および4と異なり，保証の委託の有無を問いません），主債務者が期限の利益を喪失した場合における債権者の情報の提供義務の規定（平成29年改正民法458条の3）が新設されました。

　すなわち，主債務者が期限の利益を有する場合において，その利益を喪失したときは，債権者は，保証人に対し，その利益の喪失を知った時から2カ月以内に，その旨を通知しなければなりません（同条1項）。同条項に違反して，通知を怠った場合の効果は，期限の利益喪失時から通知を現にするまでに生じた遅延損害金にかかる保証債務を請求できなくなるというものです（同条2項）。したがって，銀行としては，期限の利益喪失後2カ月以内での通知を実施するための体制を整備しておく必要があります。

　なお，この情報提供義務は，本設問のような経営者保証の場合にも適用されます。

　本設問のテーマ全体をカバーする実務書として，須藤英章監修・経営紛争研究会編著『保証契約の法律と実務Q&A 中小企業の経営者による個人保証』（日本加除出版，2019）があります）。

128 第2章 銀行取引

2．シンジケート・ローン

Q29 シンジケート・ローンとは

　当行は，アレンジャーとして，複数の金融機関とともに銀行団を形成し，シンジケート・ローン（協調融資）を行うこととなりました。当行が単独で行うローンとはどのような違いがありますか。シンジケート・ローンにおいて，アレンジャーは，どのような役割を果たす必要がありますか。

A

　複数の貸付人が同じ内容の権利を保有しつつも，具体的な交渉や期中管理はアレンジャーやエージェントが全貸付人を代表して行う点に違いがあります。アレンジャーは，全貸付人を代表して，借入人との融資条件の交渉，参加金融機関の招聘，最終契約の作成・交渉を行います。

1．シンジケート・ローンとは

　借入人に対し，単独ではなく，複数の貸付人が1つの融資契約に基づき共通の条件で融資を行う取引を，一般に，シンジケート・ローンといいます。シンジケート・ローンにおいては，単独の貸付人が相対で融資を行う場合（これを，一般に，バイラテラル（または略して「バイラテ」）のローンなどと呼びます）と異なり，①複数の貸付人がそれぞれどのような権利を持つかという点の調整・検討が必要になること（通常，それぞれが別個独立かつ同じ内容（融資金額等を除きます）のローン債権その他の権利を有する建付けにします（もっとも，担保権については，Q31の1で説明するように，複数の貸付人が1つの権利を（準）共有するという形がとられることもあります）），②（各貸付人が同じ権利を持つため）通常は，複数の貸付人全員が契約作成や交渉を行うのではなく，代表1人（ないし若干名）をアレンジャーとして選任し，アレンジャーが全貸付人を代理して交渉すること，③ローン実行後の債権の回収・管理についても，代表1人がエージェントとなって，全貸付人を代理して利息の受領・分配等や担保権実行を行ったりすることが想定されていること，といった点に

特徴があります。

　バイラテの代わりにシンジケート・ローンを利用することにより，借入人は，単独ではなく複数の貸付人からより多くの資金を集めることが可能となります。また，貸付人も，ある借入人に対する与信を1人で抱え込むことなく，他の貸付人とリスクを分散することが可能となります。さらに，アレンジャーやエージェント以外の各貸付人は，しかるべきアレンジャーやエージェントを選任し，彼らに交渉等を委ねることにより，自らの交渉コストを減らしつつ融資に参加することができます。

2．アレンジャーの役割

(1)　概　　要

　シンジケート・ローンにおいてアレンジャーの果たす役割としては，①借入人との基本的な融資条件の交渉（マンデートの取得），②参加金融機関の招聘（インフォメーション・メモランダムの作成を含みます），③最終契約の作成・交渉，といったものがあります。以下，各役割について，説明します。

(2)　借入人との基本的な融資条件との交渉

　アレンジャーは，通常，いずれ参加金融機関を招聘することを見据えつつも，まずは，単独で，借入人との間で基本的な融資条件（金額，金利，期間等の主要な条件）を交渉します。そして，基本的な条件で合意に至った場合は，借入人は，アレンジャーに対し，正式に，シンジケート・ローンの組成を依頼することになります。この依頼のことを，一般に，「マンデートの付与」（アレンジャー側から見れば「マンデートの取得」）といい，多くの場合，書面でなされます（当該書面を，一般に，「マンデート・レター」と呼びます）。また，マンデート・レターには，合意済みの融資基本条件がタームシートとして添付されるのが通常です。

　なお，マンデートの付与をするのと引換えに，借入人から，アレンジャーによる融資金額のコミットメント（約束）を求められる場合があります（マンデート・レター上に，アレンジャーによる融資のコミットメントに関する文言が記載されることになります。このような場合を，一般に，「アンダーライト方式」といいます）。

130　第2章　銀行取引

　マンデート・レターやそれに添付するタームシートは，銀行ごとにある程度
ひな形化されていると考えられ，その作成や交渉等にどの程度法務部門が関与
するかは，当該銀行における法務部門の位置付け，案件の内容・複雑さ，ター
ムシートの詳細さの度合い，アンダーライト方式か否か等によって変わってく
るものと考えられます。仮にレビューを求められた場合は，コミットメントを
伴わない方式である場合には，タームシートの内容のほか，不合理な義務を負
わされていないか，タームシートは仮のものであって今後変更の可能性があり
うることが文言上確保されているか等が主たる検討ポイントとなるでしょう。
一方，アンダーライト方式である場合には，以上の点に加えて，コミットメン
トどおり融資を行うための前提条件の設定が重要となります。アレンジャーと
しては，たとえば，①最終契約がアレンジャーの満足する内容で締結されるこ
と，②アレンジャーにおいて融資実行に関する最終決裁がとれること，などを
前提条件に含めるよう，交渉することになるでしょう。

⑶　参加金融機関の招聘

　マンデート・レターの取り交わし後，参加金融機関の招聘に向けた作業をす
ることになります。案件によっては，既にマンデート・レター取り交わし前に
ある程度コンタクトをしているケースもあるかと思いますが，いずれにしても，
正式に招聘し，参加をすることについてのコミットメントを各金融機関から取
得するために，アレンジャーは，借入人や案件の詳細を記載した書面（一般に，
「インフォメーション・メモランダム」といいます）を作成するのが一般的な
プラクティスです。当該書面の作成にあたっては，借入人から情報を提供して
もらい，相互にチェックをしながら，参加金融機関がシンジケート・ローンへ
の参加の可否を決定するために必要かつ十分な（そして正確な）情報を記載す
るよう努めることになります。

　なお，アレンジャーの参加金融機関に対する情報提供義務等の責任が問題に
なった近時の最高裁判例として，最判平24・11・27判時2175号15頁があります。
この判例では，シンジケート・ローンの組成を行った金融機関（以下「Ｙ銀
行」といいます）の担当者Ｃが，当該ローンに関する最終契約締結日（平成19
年9月26日）の直前（同月21日）に，借入人予定者であるＡ社の代表取締役Ｂ
より，Ａ社のメインバンクであるＭ銀行がＡ社の決算に不適切な処理があると

の疑念を抱いており，A社が，専門家に決算書の精査を依頼する予定である旨を記載したA社名義の書面をM銀行が組成した別件のシンジケート・ローンの参加金融機関に送付した事実（以下「本件情報」といいます）を，本件シンジケート・ローンの参加金融機関に一切告げることなく当該シンジケート・ローンの調印および実行を進めたところ，A社が民事再生手続の開始決定を受け，回収ができなくなったという事案において，Y銀行の参加金融機関に対する損害賠償責任の有無が問題となりました。最高裁は，Y銀行は，シンジケート・ローンへの参加を招聘した参加金融機関に対し，信義則上，当該ローンの組成・実行前に本件情報を提供すべき周知義務を負うところ，この義務に違反して本件情報を提供しなかったとして，Y銀行の不法行為責任を肯定し，損害賠償請求を認容しました。この最高裁判決は事例判決であるとされ，その意義，射程等については，さまざまな議論があるところですが（たとえば神田ほか・金融法講義290〜296頁〔渡邉展行〕，青山大樹編著・佐藤正謙＝丸茂彰監修『詳解 シンジケートローンの法務』（金融財政事情研究会，2015）50〜67頁，森下哲朗＝道垣内弘人編著『シンジケート・ローンの法的課題』（商事法務，2019）199〜205頁〔森下哲朗〕），アレンジャーとしては，本件情報に類する情報を得た場合，少なくとも，それを秘したまま案件を進める場合には損害賠償請求を受けるリスクがあることを認識し，当該リスクを避けるために，たとえば，借入人の同意を得て当該情報を参加金融機関にも共有し，案件の遂行の可否を検討する，といった対応をする必要があるように思われます。なお，インフォメーション・メモランダムには，記載情報についてアレンジャーは一切責任を負わない旨の文言が記載されるのが通例ですが，上記最高裁判決の事案でも，当該文言があったことが認定されていますので，当該文言があることをもって，アレンジャーが直ちに免責されるわけではないことについては，留意が必要です。

(4) 最終契約の作成・交渉

　借入人と交渉した融資条件に従って，最終契約を作成し，交渉します。具体的にどのような契約があるか，ポイントは何か等については，Q30およびQ31をご参照ください。

132 第2章 銀行取引

Q30 シンジケート・ローン契約

参加金融機関からも無事にコミットメントが得られたため，当行は，アレンジャー兼エージェントとして，シンジケート・ローン契約をドラフトし，参加金融機関を代表して，借入人と交渉することになりました。ドラフト・交渉にあたり，特に留意すべきポイントはどのような点ですか。参照すべきひな形のようなものはありますか。

A

参照すべきひな形としては，日本ローン債権市場協会（JSLA）が公表しているひな形があります。ドラフト・交渉において特に留意すべき点としては，貸付人間の意思結集に関する規定や契約上の地位移転および債権譲渡に関する規定などが挙げられます。

1．シンジケート・ローンのローン契約のひな形

Q25で説明したとおり，シンジケート・ローンにおいては，複数の貸付人の利害調整が必要であることから，銀行取引約定書プラス（簡易な）金銭消費貸借契約書によるのではなく，詳細なローン契約を1つ作成するのが通常です。そして，ローン契約のドラフトの際，一般に参照され，ベースとされるのが，日本ローン債権市場協会（JSLA）という団体（平成13年に設立され，多くの金融機関および法律事務所等が会員となっています）が作成し，会員向けに公表している契約ひな形（推奨フォーム）であり，特に重要なものが，シンジケート・ローン契約のひな形である「コミットメントライン契約書」（以下「CLひな形」といいます）と「タームローン契約書」（以下「TLひな形」といいます）です。前者は，ローンの形態のうち，コミットメントラインと呼ばれるもの（貸付人と借入人の間で予め合意した一定の貸付極度額の範囲内で，借入人が必要に応じて都度貸付を受けることができるローン）についてのものであり，後者は，タームローンと呼ばれるもの（貸付人と借入人の間で予め貸付金額を確定的に合意し，予め決められた日に貸付を受けることを想定したローン）についてのひな形です。なお，実際には，1つの案件の中で，タームロー

ンとコミットメントラインの双方の形態のローンを提供することも多く，その場合は，両方のひな形から，必要な部分を適宜織り混ぜる必要があることになります。

　CLひな形もTLひな形も，あくまでも１つの契約例であり，銀行として，これに従ってドラフトすることが，法令その他のレギュレーション上要求されるわけではありません。しかし，前述のとおり，JSLAには多くの会員が参加しており，そのひな形は，一定の業界スタンダードとしての位置付けを有していますので，特段の事情のない限りは，こちらに準拠するのが無難であると考えられます。銀行によっては，CLひな形やTLひな形をベースに，行内で用いるためにカスタマイズしたものを用意していることもあるでしょう。

2．ドラフト・交渉上のポイント

　シンジケート・ローン契約の条項の意義や解釈については，たくさんの解説が出ていますので（たとえば，西村あさひ法律事務所編『新しいファイナンス手法〔第２版〕』（金融財政事情研究会，2015）第２章〔上野正裕〕，青山大樹編著・佐藤正謙＝丸茂彰監修『詳解 シンジケートローンの法務』（金融財政事情研究会，2015）第３編）），詳しくはそちらをご覧いただければと思いますが，以下では，どの案件でも共通してよく問題になる２点だけ取り上げて解説します。

(1)　貸付人の意思結集

　ローン契約上，借入人が，貸付人に対して，一定の行為（たとえば，財務諸表等の提出）をすることや一定の行為（たとえば，他の借入れ）をしないことを誓約することがあります（「コベナンツ（誓約事項）」と呼ばれます）。しかし，状況によっては，そのようなコベナンツによって求められている行為をしないこと（不作為），または，コベナンツによって禁止されている行為をすること（作為）を，借入人が希望する場合があり，この場合は，貸付人が当該不作為または作為を承諾するかどうかを判断することになります。また，借入人がローン契約上の義務違反（たとえば，約定弁済の不履行など）を行った場合は，期限の利益を喪失させるかどうか，担保権を実行して回収を図るかどうかなどについて，貸付人が判断をすることになります。そして，シンジケート・ローンにおいては，貸付人が複数存在するため，複数の貸付人による意思結集

手続を，ローン契約上に定めておく必要があります（ローン契約とは別に，貸付人だけの間の契約（債権者間協定書）で定めることもあります）。

　意思結集手続に関連してポイントとなる点としては，いかなる事項を貸付人全員の同意事項とするか，いかなる事項を多数貸付人の同意事項とするか（多数貸付人をどう定義するか），いかなる事項について貸付人の同意を不要とする（エージェントの裁量に委ねる）か，という点が挙げられます（これは，意思結集手続という条項の中で網羅的に規定されることもありますが，貸付人の意思決定を必要とする事項について規定している個別の条項で規定するのみであることも多いように思われます）。貸付人全員の同意を必要とする事項として定めるということは，ある借入人の不作為または作為を許容するかどうかについて，あるいは，貸付人として，何らかのアクションをとるかどうかについて，全貸付人に拒否権を付与することを意味します。各貸付人にとってみれば，自らの判断が反映される点で望ましい一方で，1人でも他に反対する貸付人がいれば，借入人の不作為または作為を許容することができず，また，担保権実行等のアクションをとることができないということが起こりうる点で，必ずしも望ましい状況を生み出さない可能性もあります。したがって，通常は，各貸付人に拒否権を与えるのにふさわしい非常に重要な事項（たとえば，貸付金額の増額，弁済期の延長，担保権の解除など）についてのみ全貸付人同意事項とし，ある程度重要な事項（たとえば，期限の利益を喪失させるための通知，担保権の実行など）については多数貸付人（たとえば，参加割合の66.7％以上を有する貸付人）の同意事項とし，軽微な事項（たとえば，契約の軽微な修正など）については貸付人の意思決定を不要とする，といった具合に使い分けをします。

(2)　貸付債権の譲渡・貸付人の地位の移転

　シンジケート・ローンにおいては，貸付債権の譲渡や貸付人の地位の移転に関する条項が規定されるのが通常です。これは，各貸付人に対し，（債権や地位の全部を他の貸付人または第三者に譲渡または移転することにより）債権回収を図る途を与えるものであるとともに，アレンジャーが多くの貸付金額を引き受けた場合には，アレンジャーにとって，（債権や地位の一部を他の貸付人または第三者に譲渡または移転することにより）自らのリスクテイクを引き下

げることを可能にする点で，重要な規定です。譲渡をしようとする側からしますと，譲渡が完全に自由であるほうが望ましいでしょうが，完全に自由にしてしまいますと，借入人や残された他の貸付人にとって必ずしも望ましくない者が貸付人として入ってきてしまうリスクがあります。したがって，通常，①借入人およびエージェント（または他の貸付人）の承諾を要件とすること，②譲受人たりうる者の属性として，一定の条件（たとえば，日本の金融機関であること，既存の契約に拘束されることを承諾すること，など）を要求すること，などの方法で，一定の制約をかけるのが通常です。ちなみに，CLひな形やTLひな形では，貸付債権の譲渡については②の方法を（CLひな形30条，TLひな形26条），貸付人の地位の移転については①の方法をとっています（CLひな形29条，TLひな形25条）。

　なお，債権譲渡を禁止（制限）する特約（譲渡禁止特約）に違反する債権譲渡について，従来は絶対的に無効となると判例・学説上考えられていたところ，平成29年民法（債権法）改正（令和2（2020）年4月1日施行予定）により，特約違反の譲渡がなされた場合でも，債権は有効に譲受人に譲渡される（平成29年改正民法466条2項）こととなりました。この改正により，これまで用いられてきたローン契約における債権譲渡や契約上の地位の移転に関する条項の解釈や，上記のようなローン契約上の譲渡に対する制限に違反して債権譲渡がなされた場合の権利関係（誰を「貸付人」として考えるべきか）について，新しい論点が生じる可能性があります。これらについてどのように考えるかについては，まだ議論が緒についたばかりであり（たとえば，前掲・西村あさひ法律事務所編170〜173頁〔上野〕，樋口孝夫『債権法改正とローン契約』（金融財政事情研究会，2018）71〜106頁，JSLA公表の平成30年10月16日付「民法改正がシンジケートローン取引に及ぼす影響について」と題するメモランダム，森下哲朗＝道垣内弘人編著『シンジケート・ローンの法的課題』（商事法務，2019）258〜267頁〔道垣内弘人〕），今後の動向を見守る必要があります。

136　第2章　銀行取引

Q31　シンジケート・ローンにおける担保

　当行は，シンジケート・ローンにおいて，当行を含む貸付人の債権保全のために，①（借入人が保有する）不動産，②（借入人株主が保有する）借入人が発行する株式，③（借入人が保有する）売掛債権に担保設定を受けることにしました。このように複数の貸付人のために担保設定を受ける場合，どのような方法がありますか。

A

　複数の貸付人が同一の財産に対して担保権の設定を受ける場合，担保権の個数も複数とする方式と1つの担保権を準共有する方式とがあります。不動産・株式・売掛債権といった個別の資産によって，設定すべき担保権の種類・対抗要件の具備方法や個別同順位方式と準共有方式のいずれによるべきかが違ってきます。

1．シンジケート・ローンの担保

　貸付人が融資を行う際，借入人から何らかの物的担保を徴求することがあります。そして，シンジケート・ローンにおいては，貸付人が複数存在するため，同一の財産に対し，どのようにして複数人のために担保権を設定するかが問題となります。なお，ここでは，貸付人がそれぞれ別個の貸付債権を保有するケースを前提とします（複数の貸付人が1つの貸付債権を共有するというアレンジも法的には可能ですが，管理上の問題が大きく，あまり一般的ではないと考えられます）。また，担保権の設定においては，貸付人によって順位をつけて（異順位で）設定を受けるケースもそれなりに見られますが，紙幅の関係から，複数の貸付人が全員同順位で担保の設定を受ける場面を前提とします。

　大きく分けて，①複数の貸付人が自ら保有する債権を保全するために同じ目的物に対して個別に担保権の設定を受ける方法（つまり，担保権の数も貸付人の数と同じだけ複数設定されることになります。以下「個別同順位方式」と呼ぶことにします）と，②複数の貸付人が同じ目的物に対して共同で1個の担保権の設定を受ける方法（この場合，1個の担保権を複数の貸付人が準共有する

ことになります。以下「準共有方式」と呼ぶことにします）があります。また，貸付人が複数存在する場合に限った話ではないですが，担保権には，(a)特定の債権を被担保債権とする普通担保権と，(b)特定されていない債権を被担保債権とする根担保権があります。

　以下，担保権の目的財産のうち，不動産，株式，売掛債権について，一般的な方法を説明します。

2．不動産担保

⑴　不動産に設定する担保権の種類

　不動産（の所有権）に対しては，通常，抵当権（民法369条）を設定します。

⑵　設定方法

　貸付人と借入人（設定者）の間の設定の合意が効力要件であり，抵当権設定登記が対抗要件となります（民法177条）。なお，各貸付人が別々に複数の貸付債権を保有する場合，登記実務上，準共有方式による普通抵当権の登記申請は受け付けられないこととされています。これは，日本の民法上，被担保債権の債権者と担保権者は原則として一致する必要があるとされているところ，各貸付人の被担保債権は当該貸付人の保有する貸付債権のみであるにもかかわらず，すべての被担保債権を担保するために設定された担保権についての担保権者に当該貸付人がなることはできないはずだ，という発想によるものと考えられます。その結果，複数の貸付人のために普通抵当権を設定する場合は，個別同順位方式によるほかないことになります。なお，根抵当権を設定する場合には，準共有方式によることも可能であることが，明文で明らかにされています（同法398条の14）。ただし，Q32の4⑴で述べるとおり，移転の際の手続の煩雑さの点から，個別同順位方式のほうが好まれる傾向が高いように思われます。

3．株式担保

⑴　株式に設定する担保権の種類

　株式に対しては，質権（会社法146条）または譲渡担保権（最判昭48・6・15判タ299号301頁）を設定します。

(2) 設定方法

　株式に対する質権（譲渡担保権）の設定方法としては，略式質（譲渡担保）と登録質（譲渡担保）があります。略式質（譲渡担保）とは，株主名簿には記載をせずに，株券を交付することによって質権（譲渡担保権）の設定を行う方法（株券の交付が質権設定の効力要件であるため（会社法146条2項），株券不発行会社の株式についてはこの方法によることはできません）をいい，登録質（譲渡担保）とは，質権（譲渡担保権）が設定されていることを株主名簿に記載・記録して設定する方法（株券発行会社の場合，さらに株券を交付する必要があることになります）をいいます。なお，振替株式に対する担保設定については，Q37の1(2)②をご参照ください。

(3) 略式質（譲渡担保）

　複数の貸付人のために略式質（譲渡担保）を設定する場合には，質権（譲渡担保権）設定の合意をした上で，設定者が株券をエージェントに対して交付する（そしてエージェントは全貸付人のために当該株券を保有する）ことにより，会社法146条2項にいう「株券の交付」が設定者から各貸付人に対してなされたという体裁を整えるのが一般的です。

(4) 登録質（譲渡担保）

　複数の貸付人のために登録質（譲渡担保）を設定する場合には，質権（譲渡担保権）設定の合意をした上で，設定について対抗要件を具備するため，株券の発行会社の株主名簿において全貸付人の氏名または名称および住所を登録する（会社法147条1項・130条1項）方式をとるのが一般的です。

(5) 個別同順位方式か準共有方式か

　上記(3)および(4)のいずれの場合も，個別同順位方式と準共有方式のいずれの方法も可能であると考えられます。もっとも，（普通）質権については，上記の（普通）抵当権が不可とされていることとの関係から準共有方式によることはできないとする見解があるため，質権の場合には，普通・根のいずれの場合も個別同順位方式のほうが好まれる傾向があるように思います。これに対し，譲渡担保権については，「譲渡」という法形式を用いる以上，（複数の者に対して有効に「譲渡」はできないことから）個別同順位方式によることに対して疑義を呈する意見もあり，準共有方式による場合が多いです。

4．売掛債権担保

(1)　売掛債権に設定する担保権の種類

　売掛債権に対しては，質権（民法362条1項）または譲渡担保権（最判平11・1・29民集53巻1号151頁など）を設定します。

(2)　設定方法

　設定者と貸付人が合意することにより設定を行い，債務者対抗要件・第三者対抗要件を具備するために，確定日付のある証書による第三債務者に対する通知を行うか，第三債務者による承諾を取得します（民法364条・467条）。もっとも，売掛債権の場合には，第三債務者が多数存在するケースや第三債務者に通知をするなどして売掛債権が担保に入っていることを知らせずに担保設定をしたいという要望も強いことから，動産・債権譲渡特例法に基づく債権質権（譲渡担保権）登記を行う（同法4条1項・14条1項）ことにより，第三者対抗要件のみを具備しておくことのほうがむしろ多いです（以下，本設問およびQ32においては，当該登記により具備することを前提とします）。

(3)　個別同順位方式か準共有方式か

　抵当権の場合と異なり，債権質権（譲渡担保権）登記については，普通質権（譲渡担保権）も含めて準共有方式では設定できないとは必ずしも考えられていません。もっとも，設定できないとする考え方もあることから，債権質権については，普通についても根についても個別同順位方式によるほうが多いようです。これに対し，債権譲渡担保権については，株式の場合と同じ理由により，準共有方式によることが多いです。

　以上の担保権の設定方法に関する詳細については，たとえば，青山大樹編著・佐藤正謙＝丸茂彰監修『詳解　シンジケートローンの法務』（金融財政事情研究会，2015）第4編を参照してください。

Q32 シンジケート・ローンに係るセカンダリー取引

当行は，無事に，シンジケート・ローンの契約調印・実行に至りましたが，今般，当該シンジケート・ローンの一部を他の銀行に譲り渡すことになりました。ローン債権の譲渡や担保の移転等にあたって，どのような手続が必要となりますか。

ローン債権の譲渡にあたっては，債権譲渡のみならず，関連する契約上の地位や担保権もすべて移転させるのが一般的です。担保権の移転にあたっては，当初の設定時に担保目的財産の種類や個別同順位方式・準共有方式のいずれにより設定したか等により，移転方法が違ってきます。

1．シンジケート・ローンの譲渡

シンジケート・ローンにおいては，ある貸付人が，自らの保有するローン債権を，他の貸付人や全くの第三者に譲渡することがしばしば行われます。また，この場合，ローン債権を譲渡する者と譲り受ける者のいずれも，ローン債権そのもののみならず，ローン契約その他の関連契約（債権者間協定書や担保契約など，シンジケート・ローンでは，ローン契約以外にも融資に関する契約を複数締結するのが通常です）上の地位や，ローン債権に付された担保権をも（いわばパッケージで）譲渡（移転）することを企図することが通常であり，そのためにはいかなる手続が必要かを整理した上で，履践する必要があると考えられます。なお，以下では，譲渡の対象となる債権の原因契約たるシンジケート・ローン契約および譲渡を行うことを合意する契約（譲渡契約）の準拠法がいずれも日本法であることを前提にします。

2．ローン債権の譲渡

ローン債権の譲渡は，債権譲渡（民法466条）の方法により（債権を譲渡する者と譲り受ける者の間の合意に基づき）行うことになります。この場合，借入人（債務者）に対する確定日付のある証書による通知を行うか，借入人（債務

者）からの確定日付のある証書による承諾（同法467条）を取得することにより，債務者対抗要件および第三者対抗要件を具備することが必要となります。

　法律上必要な手続は概ね上記のとおりですが，ローン契約上で定められている譲渡のために必要な要件・手続を満たしているかの確認も必要です。たとえば，譲受人が関連契約に拘束されることが譲渡のための要件とされていれば，譲渡契約において，譲渡日以降，譲受人が関連契約に拘束される旨を確認する規定を置いておく必要があるでしょう。

3．ローン契約その他の関連契約上の地位の移転

　債権譲渡により譲渡されるのは「債権」のみであり，ローン契約その他の関連契約上の（債権には包含されない）権利や義務を含む契約上の地位を移転させるには，債務引受や契約上の地位の移転の方法による必要があります。これらはいずれも現行民法上は規定がありませんが（ただし，平成29年の民法（債権法）改正（令和2（2020）年4月1日施行予定）により，明文化されました（平成29年改正民法470条以下・539条の2）），学説上認められ，実務でも頻繁に用いられてきた手法です。債務引受の場合は，貸付人の負担する債務の「債権者」（つまり借入人）が引受人との間で自ら契約するか，貸付人と引受人の間で契約し，それを借入人が承諾をすることが必要です。また，契約上の地位の移転の場合も，「契約の相手方」（つまり借入人その他の貸付人以外の契約当事者）の承諾が必要であると考えられます。

　したがって，ローン債権の譲渡契約は債権の譲渡人と譲受人の間で締結することとし，債権譲渡および契約上の地位の移転について，借入人から別途承諾を取得するか，借入人も譲渡契約の当事者に含めることによるのが通常であろうと思います。

4．担保権の移転

　担保権のうち，普通担保権については，被担保債権であるローン債権の譲渡をすれば，随伴性により自動的に担保権も移転しますが，担保権の移転については，対抗力も具備するために必要な手続は何かという視点も重要です。以下，Q31で取り上げた担保目的財産ごとに，その概略を述べます。

142　第2章　銀行取引

(1)　不動産担保

　Q31の2で述べたとおり，不動産には①普通抵当権であれば個別同順位方式，②根抵当権であれば(a)個別同順位方式または(b)準共有方式により抵当権を設定することになります。

　まず，①個別同順位方式により普通抵当権の設定を受けている場合，ローン債権の譲渡に伴い抵当権も当然に有効に移転すると考えられますが，移転について対抗力を備えるためには，各貸付人の保有する抵当権の移転について，抵当権移転登記を行う必要があります。

　一方，②根抵当権の場合であって，(a)個別同順位方式により，根抵当権を各貸付人のために複数設定しているときは，各貸付人が保有する根抵当権の全部譲渡（民法398条の12第1項。貸付人が保有するローン債権のすべてを譲渡するにあたり，根抵当権を全部譲受人に譲渡する場合に用います），分割譲渡（同条2項。貸付人が保有するローン債権の一部を譲渡するにあたり，譲渡するローン債権の金額の割合に応じて根抵当権を分割して譲渡するというのが一般的な用いられ方です），一部譲渡（同法398条の13。貸付人が保有するローン債権の一部を譲渡するにあたり，根抵当権を分割せずに持分のみを移転して準共有する形をとる方法です）のいずれかの方法で移転をすることになります（いずれの場合にも，根抵当権設定者（Q31の設例でいえば借入人）の承諾が必要となります（したがって，ローン債権や関連契約上の地位の移転の際に必要な承諾書において合わせて手当てをしてしまうことも多いです））。これに対し，(b)準共有方式を用いているときは，各貸付人は，根抵当権の自己の保有する持分を全部譲渡することは可能ですが（この場合，根抵当権設定者の承諾に加えて，他の準共有者，すなわち，他の貸付人全員の同意が必要となる（同法398条の14第2項）ことに留意が必要です），持分の分割譲渡や一部譲渡は，他の準共有者の同意があったとしてもできないと解されています（我妻榮ほか『我妻・有泉コンメンタール民法〔第5版〕』（日本評論社，2018）663頁）。したがって，貸付人が，自己の保有するローン債権の一部を譲渡する場合には，当該貸付人と他の貸付人全員が一体として譲渡人となって譲受人に対して根抵当権の一部を譲渡するほかないという整理が一般的であろうと思われます。このように，準共有方式の場合，移転のための手続が煩雑になるというデメリットがあります。

(2) 株式担保

Q31の3で説明したとおり，株式の場合には，質権と譲渡担保権のいずれも設定することが可能ですが，準共有方式には上述したような移転手続における問題点があることから，個別同順位方式により質権を設定する（譲渡担保権を個別同順位方式で設定することには疑義があることについてはQ31の3(5)を参照）ことが多いです。普通質権であれば，ローン債権の移転に伴って当然に移転しますが，根質権の場合は，移転について譲渡人と譲受人の間で合意をしてはじめて有効に移転します。そして，普通質権の場合も根質権の場合も，株式を発行しているのが株券発行会社であって略式質を設定している場合には，移転についての対抗力を備えるためには，貸付人が，エージェントに対し，エージェントが全貸付人のために保有する株券について，以後は譲受人のためにも占有することを指図し，譲受人がこれを承諾する（民法184条に定める指図による占有移転）必要があると考えられます。これに対し，登録質の場合には，発行会社の株主名簿における質権者に関する記載・記録を書き換えることになります（会社法133条）。

(3) 売掛債権担保

売掛債権については，Q31の4で述べたとおり，個別同順位方式による質権または準共有方式による譲渡担保権を設定し，対抗要件は動産・債権譲渡特例法による登記により具備するのが通例です。そして，普通質権・普通譲渡担保権の場合には，ローン債権の移転に伴って質権や譲渡担保権も当然に有効に移転すると考えられますが，個別同順位方式による根質権の場合は，全部譲渡または分割譲渡によることになると考えられます。これに対し，準共有方式による根譲渡担保権の場合は，持分の全部譲渡または他の共有者も巻き込む形での一体としての一部譲渡によるほかないと考えられます。

なお，普通か根かを問わず，対抗要件具備にあたっては，質権の場合，質権移転登記が登記実務上できないこととされていることから，既にある登記をいったん抹消し，譲受人を含む貸付人を質権者として改めて登記をしなおす必要があります。これに対し，譲渡担保権の場合は，「被担保債権の譲渡に伴う譲渡担保権の移転の合意」等を登記原因とする債権譲渡登記を行うことにより，移転のための対抗要件を備えることが可能と考えられます。

144　第2章　銀行取引

3．海外案件に特有の契約条項および留意点

Q33　クロスボーダーローン

　顧客のブラジル子会社に，当行から米ドル建ての融資を行うことになりました。借入人はブラジル法人ですが，当行の国内企業向けローン契約書ひな形（日本語）を使ってもいいでしょうか。そのほか，借入人が外国企業となる場合に留意すべき点はありますか。なお，当行には，日本国外の支店や現地法人はありません。

A

　借入人が外国法人となる場合，日本法のみならず外国の法律や慣習に対処する必要があり，ローン契約書にさまざまな追加・修正が必要となります。

1．クロスボーダーローン総論

(1)　ライセンス規制

　海外の会社向けのローン（クロスボーダーローン）を日本の銀行が提供する場合，まず，借入人所在国（本件ではブラジル）に支店や現地法人を置いていない銀行が，借入人に対して外国から直接ローンを提供することが，現地の金融規制に反しないかを確認することが必要です。国外からローンを提供することで，現地で銀行業を行っているとみなされることがないか，その他の規制がないか等を確認します。

(2)　外国為替規制

　借入人所在国の通貨（本件ではブラジルレアル）と異なる通貨建てのローン契約の場合，現地通貨と米ドルや日本円との交換に規制があるか，現地通貨を国外に持ち出せるか，そもそも外貨建てのローンが可能かといった外国為替規制の確認も必要です。

2．クロスボーダーローン契約書の条項

　以下では，クロスボーダーローンに記載される特徴的な条項を解説します。

日本での日本法準拠の取引であれば，たとえ契約書に記載がなくとも，民法の規定により内容が補充されたり，契約書末尾に記載されることの多い誠実協議条項で対処されると考えられますが，法律や法慣習の異なる国の当事者との契約の場合，当事者間で何を合意したのか，何を合意していないのかを明確にしておくことが必要です。そのため，契約書は，日数の計算方法（初日を含むものかどうか）などの細かい点も含めて詳細に記載することとなり，国内のローン契約書に比べて分量は増え，複雑なものになります。

(1) 準拠法・紛争解決条項（裁判管轄）

準拠法は貸付人・借入人の所在地，両者の関係，ローンの通貨等を踏まえて当事者間で合意するものですが，一般的には，北米・ラテンアメリカでのクロスボーダーローンではニューヨーク州法（以下「NY州法」といいます），欧州や中東・アフリカのローンではイングランド・ウェールズ法（以下「英国法」といいます）が準拠法として選択され，アジアの取引では，シンガポール法や香港法，英国法が準拠法とされるケースが多いです（借入人所在国の法律で制限される場合を除きます）。なお，日本の銀行が貸付人となり，日系企業の外国子会社が借入人となるケースでは日本法が選択されることもあります。

準拠法と紛争解決条項とを合わせることは必須ではありませんが，たとえば日本の裁判所でNY州法準拠の契約書に関する紛争を取り扱う場合，裁判官にNY州法の内容を伝える必要があり，手続が煩雑になります。そのため，通常は準拠法と紛争解決条項とをセットで検討することになります（日本法準拠であれば日本の裁判所を，NY州法準拠であれば同州内の裁判所を管轄裁判所とすることが通常です）。

また，クロスボーダーローンでは仲裁が選択されることもあります。これは外国判決の承認・執行を認めていない国があるため，当該国以外の国の裁判所で判決を得たとしても執行が難しい場合があり，他方，多くの国では「外国仲裁判断の承認及び執行に関する条約」（通称ニューヨーク条約）には加盟しているため，仲裁判断であれば当該国において執行できるためです。実務においては，借入人所在国がニューヨーク条約に加盟しているか，外国判決の承認・執行手続を定めているか，さらには外国判決や仲裁判断を執行した実例があるかといった点を確認しつつ，裁判管轄にするか仲裁にするか（具体的な国や仲

146　第2章　銀行取引

裁廷）を検討・交渉していくことになります。

　本件では，貸付人が日本の銀行であり，貸付人と親会社との間の関係をもとにローンが提供されていると考えられるため，通常，日本法準拠・日本の裁判所を管轄裁判所にすると思われます。なお，ニューヨーク州はクロスボーダーローン契約に関する判決の集積があり，比較的貸付人に有利な判断がなされやすいとされますので，もし貸付人銀行に同州での実務経験がある等の理由があれば，米ドル建て取引ということもありNY州法が選択されることもありえます。ただ，いずれの場合でもブラジルで別途判決の承認手続が必要になります。なお，ブラジル法準拠でブラジルの裁判所を管轄裁判所にすることは，予測可能性の観点で貸付人としては受け入れがたいと考えられます。

(2)　言　　語

　日本法上，ローン契約書の言語が外国語であっても法律上の問題はありません。クロスボーダーローンの場合は，日系企業の外国子会社向けなどの一部の場合を除き，多くの場合英語で契約書が作成されます。便宜のためまたは現地法規制の観点から，和訳や現地の言語の翻訳を作成することがありますが，その場合は，翻訳の齟齬に起因する問題を避けるため，どの言語のものを正本とするかを明記します。なお，日本の裁判所に提出する場合は日本語訳をつける必要があります（裁判所法74条にて，裁判所では日本語を用いることとされています）。

(3)　契約締結権限の確認

　日本法上の法人が当事者となるローン契約であれば，商業登記簿や印鑑証明書，取締役会決議の写し等で署名権限・契約締結権限を確認することができますが，公的機関による登記簿や証明制度のない国も多いです。そのため，ローン契約書の署名者に署名権限があるのか，そもそも借入人が当該ローン契約を締結することが現地法令や当該借入人の定款，内部規則に反していないか，借入人が締結済みの契約上許されるのか，借入人において必要な内部手続を行っているのかについて，書面や契約書の開示を受けて確認する必要がある場合もあり，ローン契約上も，定款等の違反がないことや内部手続を履践済みであることを表明保証してもらうことがしばしばあります。また，上記の確認に際しては，現地の弁護士の協力を仰ぐことも多いです（貸付人側で弁護士を雇い，

有効な存続・権限授権や内部手続の完了を確認してもらうほか，借入人側の弁護士にこれらの点について法律意見書を出してもらうこともあります（Q35の4参照））。

⑷　グロスアップ

　グロスアップ条項は，借入人が，ローン契約上の債務（主に利息の支払債務）の履行に関して源泉徴収義務を負う場合，貸付人が契約において予定されていた金額を受領できるよう，債務の金額自体を増加させることをいい，クロスボーダーローン契約書では通常規定されている条項です。たとえば，借入人が，貸付人に対して100米ドルの利息を支払うケースで，支払利息に対して20%（20米ドル）の源泉徴収がなされる場合，貸付人が当初の想定どおり利息100米ドルを受け取れるよう，グロスアップ条項により利息債務額を125米ドルとします（これにより，貸付人は，当初の想定どおりの利息額（125米ドル×（1－20%）の100米ドル）を受け取ることができます）。

⑸　印　紙　税

　ローン契約（金銭消費貸借契約）など，一定の契約書は日本の印紙税法上の課税文書に該当します（印紙税については，COLUMN 3を参照）が，契約書の締結が，日本国外である場合は，そもそも日本の印紙税の対象とはなりません（国税庁ウェブサイトhttps://www.nta.go.jp/law/shitsugi/inshi/06/02.htm参照）。そのため，たとえば本件で，先に貸付人が日本で署名した後，借入人がブラジルで署名することにより，当該文書を日本国外（ブラジル）で完成させた場合には，日本の印紙税法の適用はありません（なお，ブラジルにおいて日本の印紙税に相当する法律があれば，その適用を受ける可能性があることに留意が必要です）。印紙税の対象の有無を明確にするため，署名欄に署名地を記載する例もあるようです。

⑹　そ　の　他

　その他，制裁条項や米ドル建てローン特有の条項はQ34にて説明します。

148　第2章　銀行取引

Q34 クロスボーダー・シンジケート・ローン，セカンダリー取引

当行は，他の邦銀が組成したシンジケート・ローンに参加することを検討しています。借入人は，米国の会社で，米ドル建てのローンです。日本でのシンジケート・ローンと比べて留意すべき点はありますか。また，日本のJSLAのようなひな形はありますか。

A

クロスボーダー・シンジケート・ローンの場合，制裁条項やベイル・インなど，国や地域特有の条項が規定されることが多く，LMA，LSTAおよびAPLMAの提供するひな形やガイドラインを確認することが肝要です。また，セカンダリー取引は，通常これらの団体が提供するひな形に基づいて行われます。

　以下では，クロスボーダー・シンジケート・ローンのひな形・ローン団体に加え，米国借入人向けローン特有の条項およびO&D（「序章**2** 2. ⑴」参照）について解説します。

1. クロスボーダー・シンジケート・ローンのひな形・団体

　クロスボーダー・シンジケート・ローンにおいては地域ごとに団体があり，それぞれひな形となる契約書やガイドラインを公開しています。セカンダリー取引も，通常ひな形を使って取引が行われます。

⑴　The Loan Market Association（LMA）

　LMAは，欧州，中東およびアフリカのプライマリーおよびセカンダリーのシンジケート・ローン市場の流動性，効率性および透明性の向上を主目的とした団体であり，シンジケート・ローンの契約書や解説を提供し，また規制当局に対するロビー活動も行っています。

⑵　The Loan Syndications and Trading Association（LSTA）

　LSTAは，主に米州において，コーポレートローン市場の健全で効率的な発展のため，ローン市場参加者の共通の利益を代弁し，市場の透明性と効率性の向上，決済手続の整備，市場参加者の教育等を行っている団体であり，ニュー

ヨーク州法準拠の標準ローン契約書を提供しています。

(3) The Asia Pacific Loan Market Association（APLMA）

　APLMAは，アジア太平洋地域におけるプライマリー・セカンダリーローン市場の発展および流動性の向上等を目的とした団体であり，準拠法や通貨に応じた標準ローン契約書を提供しています。

2．クロスボーダー・シンジケート・ローンの契約書

(1) 制裁条項

　制裁条項は，貸付人が経済制裁による処分の対象になることのないように規定される条項です。日本法においても，国連安全保障理事会決議に基づき，外為法に制裁に関する条項がありますが，多くのクロスボーダーローンで問題になるのは米国規制です。米国規制は，規制を所管している米国財務省外国資産管理室（Office of Foreign Assets Control）の名前をとってOFAC規制と呼ばれます。OFAC規制は，主に米国人および米国所在の人・企業を対象としていますが，米ドル取引の場合，通常は米国内の銀行を経由して決済が行われるため，たとえば，日本からメキシコに対して米ドル建てのローンを提供する場合でも，OFAC規制が及ぶことになります。

　OFAC規制には，イランや北朝鮮などの国を対象とした包括的な規制と，特定の個人・団体を対象にした規制（SDNリスト）があります。ローン契約において，借入人には，借入人（保証人がいる場合には保証人も加わります）が制裁対象者でないこと，制裁対象者に支配されていないこと，制裁対象国・対象者とビジネスをしていないこと等を表明保証してもらう必要があります。

　さらに，EUや英国の金融機関が参加する場合はEUおよび英国の制裁も制裁条項に加わります。

(2) 汚職防止法

　関連する国の汚職防止法に違反していないこと，さらには汚職防止のためのポリシー等を維持していることについても表明保証してもらうことが多いです（米国の案件では，米国のForeign Corrupt Practices Act of 1977，英国の案件ではUK Bribery Act 2010等が契約書に明記されます）。

150　第2章　銀行取引

(3)　ベイル・イン

　ベイル・インとは，2008年の金融危機の際，金融機関を救済するために公的資金を投入したこと（これはベイル・アウトといわれます）の反省を踏まえ，金融機関の経営が悪化した際に，株主だけでなく債権者にも負担を負わせるという発想です。日本や米国にはベイル・インの法制はありませんが，EUにおいては，破綻処理の枠組み指令およびそれぞれ加盟国の国内法に基づき，金融当局は，危機時に金融機関に対する債権を減額することや株式に転換することが可能です。シンジケート・ローンにおいて欧州経済領域（EU加盟国に加えアイスランド等）以外の国の法律を準拠法とした場合に，欧州金融当局によるベイル・インが他国法によって否定されることを防ぐため規定されます。

3．米国借入人向けローン特有の条項

　以下では，シンジケート・ローンのみならず，バイラテラル（相対），ローンも含めて，米ドル建てローン特有の条項について説明します。

(1)　FATCA

　FATCA（Foreign Account Tax Compliance Act：外国口座税務コンプライアンス法）は，米国人・米国法人による外国の金融機関を利用した租税回避行為を防止するため，米国外の金融機関に顧客口座の報告義務を課す米国の法律です。FATCAは，米国外の金融機関が受け取る米国源泉所得に対して30%の源泉徴収義務を課すものですが，当該外国金融機関が，米国の税務当局と契約を締結した場合または一定の要件を満たしてそれと同視される場合には源泉徴収義務を免除されます。クロスボーダーローンで，借入人が米国人・米国法人の場合，米国外の金融機関が借入人から受け取る利子は米国源泉所得となります。日本の金融機関の多くは，日米の政府間の取り決め（「米国のFATCA（外国口座税務コンプライアンス法）実施円滑化等のための日米当局の相互協力・理解に関する声明」）に基づき米国当局に登録しており，実際上大きな問題はないと思われますが，米国借入人向けのシンジケート・ローンにおいては，貸付人のFATCAステータス（米国当局登録済みかどうか）に関して契約書に規定されることもあります。

(2)　陪審裁判の放棄

　陪審裁判は職業裁判官による裁判に比べて一般に予見可能性が乏しいといわ

れるため，米国を含む陪審裁判を採用している国のローン契約では，実務上，陪審裁判を受ける権利を放棄する旨が記載されています。このような当事者の権利を放棄する条項は一見して明確な形で記載することを求める国があるため，陪審放棄条項は通常大文字で記載されます。

4．オリジネーション＆ディストリビューション（O&D）

　従来，銀行はローンを提供した後，期限まで保有し続け，融資金・利息を回収するのが通常でした。ところが近年の国際的な規制強化の流れの中で，ローン債権を保有し続けることのコストが増大しています（借入人の属性や残高に応じて，ローン残高の一定額をリスク資産として計上する必要があります）。とりわけクロスボーダーローンの場合，借入人所在国に起因するリスクもあり，高リスクとなります。収益拡大を目指しローン残高を増やすと，自己資本の積み増しが必要となってしまいます。そこで，ローンを提供した銀行が，他の銀行や投資家にローン債権を譲渡すること（オリジネーション＆ディスリビューション。略して「O&D」ともいいます）が増えています。貸付人銀行としては，高リスクアセットが減ることに加えて，ローン組成時の手数料収入が見込めるといったメリットがあります。他方，買手としても，直接アクセスしにくい海外市場のローンを取得でき，また一般に海外ローンの金利は国内ローンの金利よりも高いため収益を見込めるといったメリットがあります。

　O&Dを進める際には，貸付人銀行にて，契約内容や債務者との関係を踏まえ譲渡可能性を判断し，また同時に譲受人となる投資家の希望や条件を踏まえて，譲渡対象債権を選定することになります。契約の準拠法はどこか，債務者の事前承認や事後通知が必要か，譲受人の属性に制限はあるか，契約書の開示に制限はあるか（守秘義務条項）といった点を確認することが肝要になります。

　O&Dの方式としては，貸付人銀行が他の銀行や投資家に債権を譲渡する方式に加え，投資家が特別目的会社（SPC）に投資をして，そのお金でSPCが銀行からローン債権をまとめて購入する（投資家はSPCの持分を保有する）方法などさまざまな方法があります。

152　第2章　銀行取引

Q35　クロスボーダーローン案件での担保・保証取得

　顧客（日本企業）から，タイの子会社を借入人とする米ドル建てローンの依頼がありました。当行としては，同社がタイとシンガポールに保有する不動産に担保を設定し，さらに日本の親会社から保証書を差し入れてもらうことを検討しています。担保権の設定や保証において留意すべき点はありますか。準拠法と裁判管轄はどこにしたらいいでしょうか。なお，ローン契約は日本法を準拠法とし，東京地方裁判所を専属的合意管轄裁判所とする予定です。

A

　クロスボーダーローンにおいて担保権の設定・保証の提供を受ける場合，どの国の法律が適用されるか，担保物所在国・保証人所在国において外国の法律に基づく担保権設定契約や保証契約が有効か，執行できるかといった点を確認することが必要となります。保証契約は保証人所在国以外の法律を準拠法とすることがありますが，担保権設定契約は通常担保物である不動産の所在国の法律を準拠法とします。また，契約の有効性・執行可能性について担保物所在国・保証人所在国の弁護士から意見書を取得し，確認します。

1．保証人になることができるか，担保権を設定することができるか（外資規制，内部手続）

　銀行が，クロスボーダーローンにおいて担保権の設定・保証の提供を受ける場合，まず，保証人や担保提供者にとって，当該保証契約の締結や担保提供行為が保証人または担保提供者の定款や内部手続に反していないかを確認します。一般的には，定款や取締役会決議の写し，その他の証明書を取得して確認することになります。日本の会社が保証人となる場合は，当該会社から，保証行為や担保提供行為が同社の定款に反していないこと，「多額の借財」（会社法362条4項2号）や「重要な財産の処分」（同項1号）にあたらないこと，その他内部手続を遵守していることの確認書を提出してもらうこともあります。

　また，そもそもの問題として，外国の貸付人に対して担保を提供することが

できるかという外資規制の問題や，物的担保の場合には，外国企業が不動産に担保権を取得することができるかといった問題もあります（外国人・外国企業による不動産の取得を禁止している国もあります）。

たとえば，タイでは外国企業が不動産（土地）を所有することはできませんが，金融機関が担保権の実行の結果として当該土地の所有権をもつことは例外的に許されているようです（ただし，担保実行後一定期間内に処分することが必要です。一方，シンガポールの場合このような制約はありません）。

2. 保　証

(1) 保証契約の準拠法

法人である保証人の権利能力・権限については，当該保証人の所在国の会社法制により判断されますが，保証書・保証契約の準拠法はまた別の問題です。本件では，保証人および貸付人は日本の法人であり，被保証債務の発生原因であるローン契約も日本法準拠であるため，日本法が選択されることが多いと思われますが，日本の法人が外国法準拠の保証契約を締結することに日本法上問題はありません。実際に，たとえば日系企業の米国子会社向けのローンで日本の親会社が保証人となる場合，ニューヨーク州法準拠の保証書が使われることもあります。同法に準拠した保証契約の場合，保証人において当該保証契約を締結する意味・メリット（保証人が，保証債務を負う対価として得るもの）を記載することが必要になります。

(2) 損害担保条項

これは，主債務が不成立・無効，取消し等となった場合でも，保証人の保証債務は独立して存在（存続）することを確認する条項です。債務者の所在国の法令等により，主債務が発生していない，または債務者の返済義務は消滅したとされる場合であっても，保証契約の付従性により保証債務が消滅することのないよう，保証人に独立した債務を負わせる条項であり，実務上一般的に記載されるものです。

3. 担保権設定

(1) 担保権設定契約の準拠法

実務上，不動産担保にかかる担保権設定契約は，担保物である不動産の所在地の法律を準拠法とすることが一般的です。これは，不動産に関する法制や物権の考え方・範囲は国ごとにさまざまであり，外国法を準拠法として契約を締結しても，有効に担保権を設定できない可能性があるためです（以下では，タイに所在する不動産に対する担保権設定契約についてはタイ法準拠，シンガポールに所在する不動産に対する担保権設定契約についてはシンガポール法準拠を前提にします）。

(2) 担保物に対する処分権限

担保権設定者が担保物である不動産に対して有効な処分権限をもっているかを確認することが必要です。日本では登記にて確認しますが，国によって登録システムの有無・内容や効力が異なりますので注意が必要です（シンガポールにおいては登記された情報に公信力が認められているため登記を確認することになります。また，タイでは，登記や権利証書その他の証明書を確認することになります）。

(3) 担保権の種類と対抗要件

まず担保を設定しようとする国の法律において，どのような種類の担保権があるかを把握することから始めます。一般にリーエン（Lien），プレッジ（Pledge），チャージ（Charge），モーゲージ（Mortgage）といったものがありますが，同じ単語・名称であっても国によって内容が異なることがあるため注意が必要です。リーエン，プレッジ，モーゲージは，それぞれ留置権・先取特権，質権，抵当権といった訳語が当てられ，日本の制度と似ているかの印象を与えますが，日本の法制度と一対一の対応をしているわけではなく，内容をそれぞれ確認することが必要となります。不動産に対する担保権としては，シンガポール・タイでは通常モーゲージが使われています。

また，案件の規模・種類によっては，債務者の全資産に担保権を設定することもありますが，そもそもこのような全資産担保が許されるのか，集合的に担保権を設定できるのか，個別に設定契約を締結し対抗要件を具備しなければな

らないのかといった点に留意する必要があります。

さらに対抗要件具備の方法も確認が必要です（本設問とは関係ありませんが，たとえば，米国のUCC（Uniform Commercial Code）の第9編では，担保目的物の占有または支配のほか，担保目的物の概要ならびに担保権者および担保権設定者の名称を記載したファイナンシング・ステートメント（将来の買主や担保権者に対して，担保権の存在を知らせる通知で，公的機関にて公開されます）を提出する形での対抗要件具備が認められています）。

4. 法律意見書

上記のとおり，有効な担保権が成立するのか，どのように対抗要件を具備するのかといった点は，貸付人が単独で判断するのは難しい問題です。そのため，実務上，担保権設定契約および保証契約の成立・有効性・執行可能性について，それぞれの国の弁護士から法律意見書を取得します。本設問であれば，タイおよびシンガポールの担保の設定契約は，それぞれの国の弁護士から法律意見書を取得します。なお，クロスボーダーローンではない日本国内でのローン案件のうち，とくに仕組みの複雑な買収ファイナンス（Q36〜39）やプロジェクト・ファイナンス（Q40〜43）においても，当事者の設立・存続や担保・保証の有効性・対抗力等について，借入人側の弁護士から法律意見書を取得することが多いです。

法律意見書においては，通常，以下のような事項について，意見が述べられます。すなわち，

①担保権設定者または保証人（以下「対象者」といいます）が，所在国において（適法に）設立され，現在も有効な法人格を有していること，②対象者が担保権設定契約・保証契約を締結する権限を有し，それが所在国法や対象者の定款等に反しないこと，③担保権設定契約・保証契約の締結により，対象者に有効かつ拘束力のある義務が発生し，対象者に対して執行可能であること等が意見として記載され，さらに外国判決の執行の可否，印紙税の有無，所在国政府の同意・届出の有無等についてカバーされることもあります。

156 第2章 銀行取引

4　ストラクチャード・ファイナンス

1．買収ファイナンス

Q36　買収ファイナンスとは

　当行は，会社を買収するために必要な資金をバイアウト・ファンドに融資することになりました。通常のコーポレート・ローンに取り組む場合と比べて，どのような点に留意する必要がありますか。

　＊なお，Q36〜39は，共通の設例に関する連続した問いです。

A

　買収ファイナンスにおいては，通常のコーポレート・ローンより借入人の負債比率が高く，また，特定の対象会社キャッシュフローを見合いにしているという特徴があることから，ローンの返済を確保するため，対象会社の経営および財務のモニタリングを詳細に行うことが必要です。

1．買収ファイナンスの概要

　買収ファイナンスとは，広い意味では，買収者が会社を買収するために必要な資金を調達することをいいます。ここでは，買収者として，バイアウト・ファンド（以下「ファンド」といいます）を想定しています。ファンドは，買収対象の会社（以下「対象会社」といいます）の支配権を取得（典型的には対象会社の株式の全部を取得）し，対象会社の企業価値を向上（バリューアップ）させ，対象会社の株式を第三者に譲渡しまたは上場させることにより，投下資本を回収し，ファンドへの投資家（たとえば，投資事業有限責任組合の有限責任組合員）に分配することを目的としています。

2．買収資金の調達の基本的なストラクチャー

　買収資金の調達は，基本的には，①対象会社の株式を取得し保有することを目的とする特別目的会社（SPC。以下「買収目的会社」といいます）を設立す

る，②ファンドへの投資家から集めた資金を買収目的会社に出資（エクイティ）する，③買収目的会社を借入人として銀行から借入れ（ローン）を受けるという手順で行われます。ファンドは，②の出資および③の借入れにより調達した資金を用いて，買収目的会社に対象会社の株式の全部を取得させるとともに対象会社の既存ローンの返済も行います。

　ファンドが出資だけでなく借入れによっても買収資金を調達するのは，レバレッジを活用することにより，ファンドが投資家から調達した資金の投資効率を高めるためです。また，優先株式，メザニンローン等のメザニン・ファイナンスを併用する場合もあります（メザニン・ファイナンスについてはQ38・39を参照）。

　買収ファイナンスにおいては，銀行から借入れ（ローン）を受ける（＝借入人になる）のは，買収を行おうとするファンドではなく，ファンドが設立する別の法人（買収目的会社）であることが通常です。これは，ファンド自体の信用力ではなく，対象会社の事業キャッシュフローを見合いにしたファイナンスであるためです（Q40の2(2)と類似の発想です）。買収目的会社は，対象会社の株式を保有するのみで，具体的な事業を行うのは，買収前と同じく対象会社です。したがって，買収目的会社は，対象会社から株主として配当を受けるまたは貸付を受ける等の方法でキャッシュを対象会社から吸い上げることにより，ローンの返済を行います。このように，買収ファイナンスにおけるローンの返済原資は，対象会社の事業キャッシュフローであるということができます。

　留意すべきは，対象会社から買収目的会社への配当は対象会社の債権者に劣後するため，買収目的会社が配当により対象会社のキャッシュを吸い上げる場合は，買収目的会社への債権者にすぎないローンの貸付人である銀行は，返済原資である対象会社の事業キャッシュフローについて，対象会社の債権者に劣後するという構造劣後の関係にあるという点です。かかる構造劣後の関係を解消するため，通常，買収目的会社の銀行に対する債務を対象会社に連帯保証させます（Q37の2参照。これにより，銀行は，対象会社の債権者としての地位を得ることができます）。また，買収の完了後できるだけ早く買収目的会社と対象会社が合併することをローン契約上義務付けることも多いです。買収目的会社＝対象会社になれば，銀行は，対象会社に対する債権者としての地位を取

158　第2章　銀行取引

得できるからです。

3．コーポレート・ローンとの違い①―経営・財務のモニタリング

　Q25で説明した，銀行取引約定書に基づいて行う企業の設備投資資金や運転資金の貸付（これを以下「コーポレート・ローン」といいます）と異なり，対象会社の事業キャッシュフローに依拠して行う買収ファイナンスにおいては，買収目的会社の負債比率が高い（ハイ・レバレッジ）という特徴があります。また，ファンドの信用力ではなく，特定の対象会社のキャッシュフローを見合いにしていることから，銀行としては，ローンの返済を確保するため，当該対象会社の経営および財務のモニタリングを行うことが重要となります。かかるモニタリングを行うため，買収ファイナンスにおいては，Q25の1(1)で述べたとおり，銀行取引約定書の適用を除外し，1つのローン契約において詳細なコベナンツ（誓約事項）を設定します。コベナンツは，主として，財務コベナンツ，レポーティング・コベナンツ，ネガティブ・コベナンツにより構成されます。

(1)　財務コベナンツ

　コーポレート・ローンにおいても，利益維持条項（会計上黒字が確保されているか），純資産維持条項（十分な純資産が確保されているか）および最低現預金条項（手元流動性が確保されているか）などを財務コベナンツとして規定しますが，次の①および②は，買収ファイナンス特有のコベナンツです。

①　レバレッジレシオ（有利子負債／EBITDA）

　適正な負債水準が維持されていることを確認するため，レバレッジレシオを一定水準以下に維持することを求める規定です。有利子負債の額はローンの実行時が一番多く，その後の約定弁済により減少するので，レバレッジレシオの水準は一定期間ごとに低減していく形で規定します。

②　DSCR（フリーキャッシュフロー／元利金の弁済額）

　対象会社のキャッシュフローが元利金を賄えるかを確認するため，DSCR（Debt Service Coverage Ratio）を一定水準以上に維持することを求める規定です。買収ファイナンスではDSCRを1.0x〜1.3xの間の固定値で設定することが多いです（日本バイアウト研究所編『日本のLBOファイナンス』（きんざい，

2017）48頁〔中里弘樹＝野上稔久〕参照）。フリーキャッシュフローは「税引後営業利益＋減価償却等償却費－設備投資額－運転資本増減」により算出されることが通常です。このDSCRが1.0xを下回る場合，事業キャッシュフローだけでは元利金を弁済する能力がないということになります。

(2) レポーティング・コベナンツ

買収目的会社および対象会社の財務内容，事業内容，組織体制に関する情報を貸付人に提供させ，貸付人がモニタリングを行えるようにするための規定です。定期的に提出を求める書類は，決算書類（年次・半期・四半期，連結・単体，監査済み・監査法人のレビュー済み），事業計画，プロジェクションの達成状況を示す資料，月次資料（KPI，試算表等），預金口座残高一覧表，税務申告書等です。表明保証・契約上の義務違反，対象会社の事業遂行に影響が生じる事由等を随時報告する義務も規定します。

(3) ネガティブ・コベナンツ

ネガティブ・コベナンツとは，買収目的会社が，自らまたは対象会社をして，ある一定の行為を行わない旨の誓約をする規定です。たとえば，対象会社がキャッシュフローを創出するための事業内容，経営体制等の維持のため，定款・事業目的の変更や，合併等の組織再編行為や事業譲渡を禁止したり，キャッシュフローの保全のため，金融債務の負担や配当を制限したりします。

4. コーポレート・ローンとの違い②―株式担保の取得

コーポレート・ローンでは，融資先である企業自体の信用力に依拠しているため，その株式を担保にとるということは通常行われません。これに対し，買収ファイナンスでは，買収目的会社がデフォルトになった場合，貸付人が債権回収のためのメインシナリオとして考えるのは，新たなスポンサーに買収目的会社や対象会社を買収してもらい，事業を立て直してもらってキャッシュフローを創出することです。したがって，買収目的会社や対象会社の株式に担保権の設定を受けるのが通常です（詳細について，Q37の1(2)を参照）。

160　第2章　銀行取引

Q37　買収ファイナンスにおける担保と保証

　当行は，バイアウトファンドに企業買収資金を融資するにあたり，担保と保証をとることにより，債権を保全したいと考えています。どのような点に留意する必要がありますか。

A

　被担保債権および担保目的物の種類に応じて，コスト，担保管理および換価の容易性，法的安定性等を考慮し，適切な担保権を取得する必要があります。また，対象会社を連帯保証人とすることは，構造劣後解消の観点から必須といえます。対象会社の子会社を連帯保証人とする場合は当該子会社の対象会社以外の株主の存在に留意し，当該子会社が海外子会社である場合は現地法制についても留意する必要があります。

1．買収ファイナンスにおける担保権の種類（担保目的物による違い）

(1)　預金債権担保

　担保の管理および換価が他の物件に比べて容易であるため，買収ファイナンスの実務上，借入人（買収目的会社）や対象会社が貸付人に開設した口座の預金債権（自行預金）について質権を取得することが通常です。

　対抗要件は，Q31の4において説明した売掛債権の場合と同じく，確定日付のある証書による第三債務者の承諾または第三債務者への通知（民法364条）です。動産・債権譲渡特例法による登記（同法3条）によれば，第三債務者に担保権設定を知らせないで第三者対抗要件を具備することができますが（なお，第三債務者対抗要件を具備するには，第三債務者に対する登記事項証明書の交付および通知，または第三債務者の承諾が必要です（同法14条・4条2項）），自行預金においては「第三債務者＝貸付人」であり，第三債務者に知られることなく担保権を設定するという必要性がないため，かかる登記が用いられることは稀です。

(2)　株式担保（借入人株式・対象会社株式）

　Q31の3で述べたとおり，株式には質権または譲渡担保権を設定します。上

場株式等，振替機関が取り扱う振替株式以外の株式に対する質権および譲渡担
保権の設定方法については，Q31の3を参照してください。ここでは，会社法
上の譲渡制限株式に担保権を設定する場合の留意点，振替株式に対する質権お
よび譲渡担保権の設定方法についての留意点を説明します。

① 譲渡制限株式（会社法2条17号）に担保権を設定する場合の留意点

　担保権を設定する株式が譲渡制限株式である場合，担保権を実行して株式を
第三者に有効に移転するためには，発行会社の譲渡承認を取得する必要があり
ます。しかし，担保権を実行するときに，初めてかかる譲渡承認の取得をしよ
うとするのでは，担保権のスムーズな実行が阻害されるため，実務上は，発行
会社の定款を変更し，株式の譲渡制限規定を廃止するか，みなし承認規定（担
保権の実行に伴う譲渡による株式の取得については発行会社の承認があったも
のとみなす旨の規定）を定款に置いてもらうことが通常です。

② 振替株式に対する質権および譲渡担保権の設定方法

　振替株式とは，振替機関（振替法2条2項）が取り扱う株式です（同法128条
1項）。株式の発行会社が上場している場合，その上場株式はすべて振替株式
となります。振替株式については，質権者がその口座の質権欄に当該質入れに
係る数の増加の記載・記録を受けることが質権設定の効力要件であり（同法
141条），会社その他の第三者に対する対抗要件です（同法161条1項による会社
法147条1項の適用除外）。総株主通知（振替法151条1項）（総株主通知は，同条
項所定の事由がある場合に行われ，発行会社は，振替機関から基準日時点の株
主情報を総株主通知により受領することで株主名簿を更新します）の際，質権
者が口座を開設している口座管理機関に申出をした場合のみ，発行会社に質権
者の名称等が通知され，その結果，株主名簿への記載がされ，登録質の設定が
されます（同条3項・4項）。これに対して，総株主通知の際，質権者が当該申
出をしない場合は，質権欄に記載された株式について株主である質権設定者が
通知され（同条2項2号），発行会社に質権者の存在が会社に知られないため，
略式質となります。

　振替株式に対する譲渡担保権の設定は，通常の譲渡と同様，振替口座簿の記
載・記録によって効力を生じ（同法140条），会社以外の第三者に譲渡担保権の
設定を対抗できることになります（会社法130条1項，振替法161条3項）。総株

主通知の際は，加入者（譲渡担保権者）から申出がなければ，譲渡担保権者が株主として会社に通知され（登録譲渡担保），②加入者から申出があれば，譲渡担保設定者を株主として会社に通知されます（同法151条2項1号）（略式譲渡担保）。

③　株式担保の担保権実行

担保権の実行については，銀行による議決権保有制限（いわゆる5％ルール）（銀行法16条の4，独禁法11条）に留意する必要があります。Q6でも述べたとおり，銀行は，「国内の会社」の議決権を5％を超えて取得・保有することができませんが，これには例外があり，その1つが，担保権の実行により当該制限を超える株式を保有することになる場合（銀行法施行規則17条の6第1項1号）です。よって，担保権実行による株式の取得自体が5％ルールに抵触することはありませんが，この場合，銀行は，1年以内に当該株式を処分する必要があります（同法16条の4第2項，独禁法11条2項）。

(3)　不動産担保

不動産に対しては，通常，抵当権（民法369条）を設定します。設定方法についてはQ31の2(1)を参照してください。

(4)　動産担保（機械設備，在庫等）

動産に対しては，通常，譲渡担保権を設定します。対抗要件は，動産の引渡しまたは動産譲渡登記です。動産の引渡しには占有改定も含まれると解されています（我妻榮『新訂 担保物権法（民法講義Ⅲ）』（岩波書店，1968）611頁）。

なお，理論上は，動産に質権を設定することも可能ですが，質権の場合，占有改定による引渡しでは質権の効力発生の要件を充足せず（民法344条・345条），現実の引渡しをしなければならず，対象会社のもとに占有をとどめて事業を継続してもらうという買収ファイナンスの前提にそぐわないため，動産質権が利用されることは稀です。

(5)　売掛債権担保

売掛債権については，譲渡担保権または質権を設定します。設定方法等については，Q31の4を参照してください。

2. 対象会社およびその子会社による保証

　買収ファイナンスにおける返済原資は対象会社の事業キャッシュフローですが，ローンの貸付人である銀行は対象会社の債権者に劣後するという構造劣後の関係にあります（Q36の2参照）。かかる構造劣後の関係を解消するため，対象会社を連帯保証人とする必要があります。

　対象会社の子会社がある場合は，対象会社グループにおける当該子会社の重要度によっては，当該子会社も連帯保証人とすることが望ましいといえますが，当該子会社に少数株主が存在する場合には，親会社の債務のために連帯保証人となることは，子会社の取締役の善管注意義務に違反する可能性があるので，少数株主の同意が得られた場合等に限り，当該子会社を連帯保証人とすることが通常です。

　また，対象会社の子会社が海外にある場合，現地法制により，当該子会社による連帯保証の提供が制限されている場合があります。たとえば，英国法を母法とする国で多く見られる規制として，フィナンシャル・アシスタンスの規制があります。具体的には，対象会社や対象会社子会社による連帯保証が対象会社の株式を第三者から買い受けようとする買収者に対する資金的援助の供与に該当するとしてフィナンシャル・アシスタンスの規制に抵触する可能性がありますが，どのような範囲で連帯保証が制限されているかは現地法制によって違いがあります（大久保涼編著『買収ファイナンスの法務〔第2版〕』（中央経済社，2018）226頁〔大久保涼＝鈴木健太郎〕）。

164　第2章　銀行取引

Q38 買収ファイナンスにおけるメザニン・ファイナンス（優先株式）

バイアウト・ファンドが企業買収資金を調達するために，銀行からのシニアローンのほか，メザニン・ファイナンス（優先株式）の利用を検討しています。シニア貸付人としての銀行は，どのような点に留意すべきですか。

A

シニア貸付人は，優先株式の償還および剰余金の配当がシニアローンの元利金返済に劣後し，かつ，発行会社（買収目的会社）および対象会社の経営および財務に対するシニア貸付人のモニタリングや担保権等の権利行使が優先株主によって制約されないことを確保する必要があります。

1．シニア貸付人（銀行）と優先株主との利益調整の必要性

バイアウト・ファンド（以下「ファンド」といいます）は，ファンドが投資家から調達した資金の投資効率を高めるために，ファンドによる出資（普通株式）だけでなく銀行からの借入れ（シニアローン）により買収資金を調達することが通常です（レバレッジの活用）。さらに，これらの出資と借入れだけでは必要な買収資金に不足が生じる場合，ファンドは，メザニン・ファイナンスとして，優先株式による不足分の資金の調達を検討することがあります（なお，優先株式ではなくメザニンローンを利用することもありますが，それについてはQ39で取り扱います）。また，ファンドは，シニアローンに加えて優先株式により資金を調達すれば，その分，ファンドによる（普通株式による）出資を抑制でき，より少ない出資額でより高いリターンを得られる（投資効率のさらなる向上）というメリットもあります。

ファンドが優先株式による資金調達を選択した場合，分配可能額の範囲内（会社法461条1項8号・166条1項ただし書・170条5項）という制約はありますが，優先株主への剰余金の配当および優先株式の償還がなされます。シニアローンの元利返済および優先株式の償還・配当の原資がいずれも（買収目的会社が吸

い上げる）対象会社の事業キャッシュフローであることから，シニアローンの返済を確実にするためには，シニアローンの返済が優先株式の償還および剰余金の配当より優先する設計となっていることを確保する必要があります。また，借入人（買収目的会社）および対象会社の経営および財務に対する銀行のモニタリングや担保権等の権利行使が優先株主によって制約を受けることがないように確保する必要があります。

2．シニア貸付人（銀行）と優先株主の利益の調整（シニア貸付人からの視点）

(1)　金銭を対価とする取得請求権の行使の制限

　優先株式の内容として，優先株主が金銭を対価とする取得請求権（会社法108条1項5号・2項5号イ・107条2項2号ホ）を有する旨を定款で定めることが通常です。当該取得請求権は，優先株主の投資回収手段として機能するものであり，優先株主は，剰余金の配当の金額および取得請求権の行使によって得られる償還価額が想定投資リターンに見合うように設計されます。他方で，優先株主による当該取得請求権の行使は，発行会社（買収目的会社）からのキャッシュアウトを意味することから，シニア貸付人としては，自らのシニアローンの返済原資が失われることがないよう，当該請求権の行使をシニアローン完済後にのみ行う旨を，シニア貸付人と優先株主の間の合意書（通常，「関係者間協定書」などと呼ばれます）において定めることを要求することが多いです。

(2)　剰余金配当の劣後性の確保

　シニア貸付人としては，優先株式の剰余金配当の支払いがシニアローンの元利払いに劣後する旨を関係者間協定書において定めることを要求します。劣後性の内容は，案件により異なり，たとえば，シニアローンの完済までシニア貸付人の承諾がない限り剰余金の配当を行うことを禁止したり，シニアローンの完済前でも剰余金の配当を許容しつつ配当額に上限を設定したりするケースがあります。

(3)　普通株式を対価とする取得請求権の行使の制限

　優先株主は，金銭を対価とする取得請求権の行使による投資を回収するシナ

リオを基本的に想定していますが，かかる投資回収が困難となった場合に備え，普通株式を対価とする取得請求権を発行会社（買取目的会社）に求める場合があります。優先株主は，当該取得請求権の行使により，議決権のある普通株式を取得し，新たなスポンサーに当該株式を売却する等により，発行会社以外の者から投資を回収することができます。

　もっとも，優先株主が普通株式を取得するということは，シニア貸付人が担保権の設定を受けている発行会社（買取目的会社）の普通株式（株式に担保の設定を受けるのが通常であることについては，Q36の4を参照）以外の普通株式が発生することを意味し，これにより，シニア貸付人による借入人に対するコントロールに影響が生じることから，関係者間協定書において，優先株主による普通株式を対価とする取得請求権の行使にシニア貸付人の承諾を必要としたり，当該行使をシニアローンの完済後に限定したりすることを要求することが考えられます。

(4) 発行会社による取得条項の行使の制限

　発行会社が取得条項（会社法108条1項6号）を行使して優先株式を取得すると，発行会社からキャッシュアウトが生じることになるため，シニアローンの完済までは発行会社による取得条項の行使を許容しないことを求めることも考えられます。

(5) 優先株主の拒否権

　会社法上，一定の事項を行う場合に，種類株主に損害を及ぼすおそれがあるときは，種類株主総会の決議がなければ当該事項の効力を生じないとされています（会社法322条1項）。これは優先株主に拒否権を認めるものです。優先株主の拒否権の内容は，シニア貸付人の権利行使に影響しうることから，シニア貸付人は，当該内容を十分に確認した上で，定款に規定することにより排除できるもの（同条2項）については，排除を求めることを検討する必要があります。

(6) シニア貸付人の担保権の実効性確保

　シニア貸付人は，借入人が期限の利益を喪失した場合には，借入人の普通株式に対する担保権実行により，当該株式を新しいスポンサーに売却することを検討しますが，優先株主が残っていると当該売却の障害となる可能性がありま

す。そこで，関係者間協定書において，担保権実行によりシニア貸付人が普通株式を第三者に売却する場合には優先株式も当該第三者に売却することを優先株主に請求できる権利（共同売却請求権（ドラッグ・アロング））を規定することを検討する必要があります。この際，逆に，優先株主から，シニア貸付人による担保権実行の際に優先株式も合わせて売却すべきことを求める権利（タグ・アロング）を優先株主が保持することを求められる場合もありますが，シニア貸付人による担保権実行の障害となる可能性があり，慎重な検討が必要です。

(7) 優先株主の譲渡制限

優先株主は，（単に資金を提供するだけでなく）株主としての権利も有することもありうること，また，優先株主が受領した金銭をシニア貸付人に引渡義務を負うことがあるため優先株主のクレジットリスクはシニア貸付人の利害に影響があることからすると，優先株主の属性がシニア貸付人にとって重大な関心事である場合があります。この場合には，定款，発行会社と優先株主の間の契約（投資契約などと呼ばれます）または関係者間協定書において優先株式の譲渡制限を規定することを要請することを検討する必要があります。

(8) 関係者間協定書に違反して受領した金銭の処理

上述2(1)および(2)のとおり，金銭を対価とする取得請求権の行使による償還価額の支払いおよび剰余金の配当は，シニアローンの元利弁済に劣後するよう設計されていますが，これに反して優先株主が金銭を受領した場合の処理（当該金銭をシニア貸付人に引き渡す等）を関係者間協定書にて規定しておく必要があります。

168　第2章　銀行取引

Q39　買収ファイナンスにおけるメザニン・ファイナンス（メザニンローン）

バイアウト・ファンドが企業買収資金を調達するために，シニアローンのほか，メザニン・ファイナンス（メザニンローン）の利用を検討しています。シニア貸付人としての銀行は，どのような点に留意すべきですか。

A

シニアローンのメザニンローンに対する優先性を確保し，かつ，借入人（買収目的会社）および対象会社の経営および財務に対するシニア貸付人のモニタリングや担保権等の権利行使がメザニン貸付人によって制約されないようにする必要があります。

1．シニア貸付人とメザニン貸付人との利益調整の必要性

優先株主が存在する場合（Q38参照）と同様，シニアローンの返済がメザニンローンの返済に優先し，かつシニア貸付人による借入人（買収目的会社）および対象会社の経営および財務のモニタリングや担保権等の権利行使がメザニン貸付人によって制約されないようにする必要があります。

2．シニア貸付人とメザニン貸付人の利益の調整（シニア貸付人からの視点）

(1)　元利弁済についての劣後性の確認

シニア貸付人としては，メザニン貸付人と借入人（買収目的会社）の間のメザニンローン契約をチェックし，かつ，シニア貸付人とメザニン貸付人の間の合意書（通常，「債権者間協定書」などと呼ばれます）において必要な条項を規定することにより，元本の返済および利息の支払いについて，シニアローンよりメザニンローンが劣後する設計（たとえば，次の①～④）にする必要があります。

　①　メザニンローンの元本の返済が，分割返済ではなく，一括返済となっており，その一括返済日がシニアローンの元本の最終返済日より後（6カ月

～1年後であることが多いです）になっていること。

② メザニンローンの期限前返済がシニアローンの完済後またはシニア貸付人の承諾がある場合にしか許容されないこと。

③ メザニンローンの利息のうち、現金利息の支払いのタイミングが、シニアローンの元利金の返済日の翌日となっているか、同日であってもシニアローンの元利金の返済完了後となっていること。なお、メザニンローンの利息については、期中のキャッシュアウトをなるべく少なくし、その一方で、メザニン貸付人のリターンを増やす観点から、(i)利払日ごとに現金での支払いがなされる現金利息と、(ii)利払日には支払われず、決められた利息分の金額をローン元本に加算する等の方法により、最終の元本返済日まで支払いが繰り延べられる繰延利息（PIK（payment in-kind））の2種類から構成されることが通常です。

④ 借入人にシニアローンについて期限の利益喪失事由が発生するなど一定の事由が生じた場合には現金利息の支払いが停止されること。

(2) 担保権についての劣後性の確認

メザニンローンについても、借入人や対象会社の資産に担保権が設定されることがありますが、その場合も、シニアローンを被担保債務とする担保権を第一順位、メザニンローンを被担保債務とする担保権を第二順位として設定し、かつ、その順位に応じた対抗要件が具備されるようにする必要があります。

(3) 劣後特約（絶対劣後方式と相対劣後方式）

借入人（買収目的会社）に倒産手続が開始された場合におけるシニアローンのメザニンローンに対する優位性を確保するため、劣後特約と呼ばれる特約を債権者間協定書等に規定しておくことが通常です。劣後特約には以下の2つの方式があり、案件によって使い分けがなされています。

① 絶対劣後方式

借入人の倒産手続においてもメザニンローンがシニアローンに劣後することを破産管財人等に対しても主張することを意図した劣後特約です。約定劣後破産債権方式と停止条件方式があります【図表2-2】参照。破産管財人等に効力を主張できるというメリットがある反面、特に約定劣後破産債権方式によった場合は、シニアローン以外の一般債権にも劣後してしまうことから、メ

170 第2章 銀行取引

ザニン貸付人として受入れが難しいというデメリットがあります。

【図表2-2】絶対劣後方式の劣後特約

約定劣後破産債権方式	メザニンローンを破産法上の約定劣後破産債権（破産法99条2項）とする合意をする方式
停止条件方式	メザニンローンがシニアローンの完済を停止条件として発生する旨の合意をする方式

② 相対劣後方式

　破産管財人等との関係ではシニア貸付人とメザニン貸付人を同順位として取り扱ってもらい（プロラタで配当を受け），当該配当によりシニアローンが完済されない場合にはメザニン貸付人が自分に配当された金額をシニア貸付人に引き渡すことを合意する方式です。メザニン貸付人からの同意は取り付けやすい反面，シニア貸付人からすると，メザニン貸付人のクレジットリスクをとることになります。

⑷　メザニン貸付人の承諾権

　メザニンローン契約においても，シニアローン契約と同様のコベナンツが規定されていることが通常であるため，たとえば，借入人の役員の変更をシニア貸付人が承諾をしても，メザニン貸付人が承諾しないために，当該変更を実行できない事態が生じる可能性があります。シニア貸付人による借入人に対するモニタリングを確保する観点から，ローン契約上のコベナンツ（誓約事項）についてメザニン貸付人はシニア貸付人と同様の判断を行ったものとみなす旨のみなし同意の規定が債権者間協定書に定められることが通常です。

　他方，金融債務の負担制限，現金利息の支払いを停止する財務コベナンツの水準の変更等メザニン貸付人の経済条件に与える影響が大きい事項については，メザニン貸付人がみなし同意の規定の適用を除外することを求めてくることがあります。

⑸　シニア貸付人による担保権の実効性確保

　シニア貸付人が（第一順位の）担保権を実行する場合，シニア貸付人の裁量により実行時期および方法を決定でき，メザニン貸付人はそれに異議を述べず，必要な協力をする旨を債権者間協定書に定めることにより，シニア貸付人の担保権実行をスムーズに行うことを確保することを求めるのが通常です。

もっとも，これに対し，メザニン貸付人からは，シニアローンのみならずメザニンローンをも回収できることを確保するため，担保実行額が合理的な金額であることや，実行の際に一定のプロセス（入札など）を踏むことを要求されることがあります。

(6) メザニン貸付人による回収行為の禁止

債権者間協定書において，シニアローンの完済までは，メザニン貸付人が（第二順位の）担保権の実行，相殺，期限の利益喪失請求等をシニア貸付人の承諾なく行うことができない旨が規定されることが通常です。第二順位の担保権を実行した場合，配当においてはシニア貸付人が優先されますが，上述したシニア貸付人の裁量による担保権の実行の時期や方法の選択権が阻害されないよう，メザニン貸付人による担保権実行自体を禁止しておくのが通常です。

(7) メザニンローン債権の譲渡制限

メザニン貸付人は，（単に資金を提供するだけでなく）メザニンローン契約上のコベナンツに基づき借入人をコントロールする権利を有し，また，上述のとおり，シニア貸付人との間で債権者間協定書に基づく義務を負担することから，メザニン貸付人の属性はシニア貸付人にとって重大な関心事である場合があります。この場合には，メザニンローン契約または債権者間協定書において，メザニンローン債権の譲渡制限を規定することを要請することを検討する必要があります。

(8) 債権者間協定書に違反して受領した金銭の処理

債権者間協定書が定める劣後性の合意に違反してメザニン貸付人が元本の返済または利息の支払いを受けてしまった場合の処理（メザニン貸付人が受領した金銭をシニア貸付人に引き渡す等）を規定しておく必要があります。

172　第2章　銀行取引

2．プロジェクト・ファイナンス

Q40　プロジェクト・ファイナンスとは

　当行は，東北地方のある場所（陸上）で行われる予定の風力発電事業に融資をすることとなりました。なお，風力発電事業を行おうとしているのは日系の○○商事ですが，当行としては，○○商事そのものの信用力に依拠した融資という形ではなく，当該発電事業のキャッシュフローを見合いにした融資を行いたいと考えています。このような方法による融資は，可能なのでしょうか。また，通常の企業向け融資に取り組む場合と比べて，どのような点に留意する必要がありますか。

　＊なお，Q40〜43は，共通の設例に関する連続した問いです。

A

　特定の事業から得られるキャッシュフローに依拠して融資を行う手法をプロジェクト・ファイナンスといい，風力発電事業でも用いられています。具体的な方法としては，当該事業のみを行う特別目的会社を設立し，当該会社が借入人となることにより，実際の事業主体の信用力からの影響を遮断します。

1．プロジェクト・ファイナンスとは

　ある企業が長期にわたって電力発電等の事業を行うにあたり，必要資金の借入れを行おうとする場合，単純に考えれば，当該企業が銀行等の金融機関から必要な資金の借入れを行えば済むようにも思えます。もっとも，当該企業が，当該事業の遂行に必要な資金を必要な期間にわたって借り入れるに足りるだけの信用力を有しているとは限りません。この場合，当該事業がある程度安定したキャッシュフローが見込めるような性質のものであれば，当該事業から得られるキャッシュフローのみを見合いに融資を受けたい（または融資をしたい）というニーズが生じえます。かかるニーズにこたえるために，特定の事業に対する融資を，当該事業から得られるキャッシュフローのみを返済原資とする形で行い，かつ，当該事業に関する資産のみを保全の引当てとすることがしばし

ば行われています。かかる手法を、一般的に、「プロジェクト・ファイナンス」と呼び、もともとは海外におけるプロジェクトにおいて発展してきた手法ですが、日本においても、発電事業や空港等のインフラ事業等でしばしば用いられるようになってきています。なお、日本においては、平成24年の「電気事業者による再生可能エネルギー電気の調達に関する特別措置法」の施行以来、長らく太陽光発電事業が隆盛を迎えていましたが、近時では、風力発電事業も目にするようになってきており、当該事業でのプロジェクト・ファイナンスの利用も進んできています。

プロジェクト・ファイナンス全般について解説した文献として、たとえば、エドワード・イェスコム著・佐々木仁監訳『プロジェクトファイナンスの理論と実務〔第2版〕』(金融財政事情研究会、2014)、樋口孝夫『資源・インフラPPP／プロジェクトファイナンスの基礎理論』(金融財政事情研究会、2014) があります。

2．プロジェクト・ファイナンスの特徴（国内の風力発電事業へのファイナンスを前提に）

(1) 一般的なストラクチャー

【図表2-3】プロジェクト・ファイナンスのストラクチャー

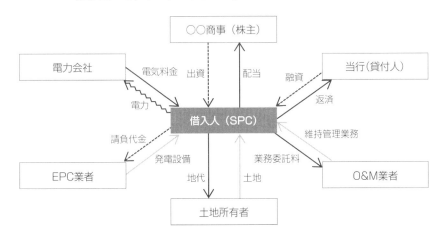

プロジェクト・ファイナンスにおける一般的なストラクチャーを図示すると、【図表2-3】のとおりです。以下、その特徴について、説明します。

(2) 特別目的会社による借入れ

【図表2－3】にあるとおり，事業を行おうとしている○○商事が借入人になるのではなく，○○商事が設立し株主となる別の会社が借入人となる形態をとるのが一般的です（ここでは，株式会社を借入人として設立したことにします）。このような形態をとる理由は，上記で述べた，ある企業の信用力ではなく，ある特定の事業から得られるキャッシュフローを返済原資として融資を行うという目的と関係があります。すなわち，借入人となる会社は，ある場所における風力発電事業のみを行うことを目的とし，当該事業に必要な資産のみを取得し，当該事業に必要な権利を保有し，義務を負担します（「特別目的会社」または「SPC」等と呼ばれます）。また，借入人となる会社は，その親会社（スポンサー）である○○商事とは別の法主体であるため，○○商事の財務状況や○○商事が行うその他の事業の採算等の影響を直接には受けません。このように，貸付人が融資の引当てとする事業を行うためだけに存在する法人を作り出し，当該法人に対する融資という形をとれば，いわば「特定の事業」に対して融資を行っているのと同じ状況を作り出すことができます。

(3) サービスおよび資金の流れ

上記のとおり，○○商事は，その子会社である借入人による借入れにより必要な資金を貸付人から調達します。また，返済の負担を軽くする必要があること，また，○○商事自身もある程度リスクを負担することが求められることから，通常は，○○商事も借入人に一定の割合で出資します（全体の2～3割程度をスポンサーが出資し，残りの7～8割程度を借入れで調達するケースが多いです。【図表2－3】の----------＞の借入人に向けられた2つのラインです）。

借入人は，このようにして調達した資金を用いて風力発電事業を行いますが，上記のとおり，当該事業のために特別にこしらえた法人であり，それ自体には，風力発電事業を行うために必要な人員も技術も設備もありません。そこで，発電所を建てるための土地の利用権を確保し（土地所有者から買ってしまうこともありますが，所有者責任等を避けるため，利用権の設定を受けるにとどめることのほうが多いように思います），当該土地の上に風力発電所を建設することをEPC業者（Engineering（設計），Procurement（調達）およびConstruction（建設）を一手に引き受けることが多いため，このように呼ばれます）に請け

負わせ（図の ―――→），主として，そのための請負代金（図の --------→ ）に充てるために，融資や出資で調達した金員を用います。

　そして，無事に発電所ができた暁には，O&M業者（Operation（運営）とMaintenance（維持管理）を行うため，このように呼ばれます）に運営・維持管理（図の ―――→ ）を委託し，発電事業を行います。発電した電気は，電力会社に売却され（図の ∾∾∾∾→ ），電力会社は借入人に対して電気料金を支払います（図の ―――→ ）。借入人は，当該電気料金から，地代やO&M業者への業務委託料を支払い（図の借入人から下と右下に伸びる ―――→ ），さらに，貸付人からの借入れの返済やスポンサーに対する配当を行います（図の借入人から右上と上に伸びる ―――→ ）。

⑷　スポンサーによるコミットの必要性（リミテッド・リコース）

　たとえば，不動産ファイナンスにおいては，（もちろん賃料収入というキャッシュフローを当てにすることもありますが）究極的には不動産の価値に依存し，いざというときには，当該不動産を売却して，貸付金の回収を図ることが想定されており，その意味で，スポンサーによるコミットはさほど重要でないという整理が可能です。これに対し，プロジェクト・ファイナンスにおいては，たとえば風力発電事業についていえば，発電設備などのアセット自体にはそこまでの価値が見込めないことが多く，不動産のように売却して回収するというのは現実的ではありません。したがって，事業の運営がうまくいかなくなるなどの問題が生じた場合は，むしろ，スポンサーに，問題を解消してもらい，事業を継続してもらう（そして返済も継続してもらう）のが，貸付人にとっても，もっとも効率的な解決方法です。かかる観点から，プロジェクト・ファイナンスにおいては，スポンサーと貸付人の間で「スポンサー・レター」と呼ばれる契約を締結することにより，スポンサーから，上記問題に対応する旨の一定の限度でのコミットを取り付けるのが通常です（「一定の限度での」コミットであるため，「リミテッド・リコース」などと呼ばれます）。

　なお，Q40〜43では，これまで実例の多かった国内の陸上風力発電事業を前提としていますが，平成30年に成立した「海洋再生可能エネルギー発電設備の整備に係る海域の利用の促進に関する法律」が平成31年4月に施行されるなど，国内における洋上風力発電事業を促進する環境整備も進んできています。

176 第2章 銀行取引

Q41 プロジェクト・ファイナンスにおけるリスク分担

　風力発電事業においては，たとえば，①発電所の建設が遅れて予定どおり発電できなくなるリスク，②（発電を開始したものの）発電量が予定された水準に満たないリスク，③（発電を開始したものの）売電先が電気を買い取ってくれないリスクなどが考えられます。当該事業に融資を行う銀行としては，どのようにしてこのようなリスクに備えるべきですか。

A

　「リスクを最も効率的にコントロールできる者がそのリスクを負担する」との発想のもと，①については，EPC業者による損害賠償の規定，②については，EPC業者，メーカーまたはO&M業者に対する責任追及により備え，③については，借入人が固定価格買取制度の適用を受けることで対応します。

1．プロジェクト・ファイナンスにおけるリスク

　風力発電事業においては，事業の予定どおりの遂行を妨げるさまざまなリスクが存在します。事業が予定どおりに進まないということは，すなわち，借入人が想定したとおりのキャッシュフローを得られないということを通常意味しますので，キャッシュフローに依拠している貸付人としては，見過ごすことができません。そこで，予め，何らかの手当てをして備えておく（仮に，手当てができないのであれば，そのようなリスクがあることを見込んだ上で与信判断をする）必要があります。以下，本設問にある主要なリスクに対する手当てについて，解説します。

2．発電所の建設が遅れて予定どおり発電できなくなるリスク

　Q40の【図表2－3】において，EPC業者は，発電設備を完成させて引き渡す義務を負いますが，このときに，予定どおりに引渡しがなされないという事態が生じえます。この場合，当然ながら，借入人は，発電事業を予定どおり開始することができない結果，同図の左上の電力会社に対する電力を供給することもできず，電力会社から，債務不履行に基づき遅延損害金を請求されたり，

解除をされたりするリスクが生じます。また，発電事業の開始が遅れた場合，既に実行されている貸付があるときは，返済のタイミングもその分遅れることになり，利息等の金融コストが余計にかかってくる可能性もあります。

これらのリスクに対する手当ての方法を考えるにあたって指針となる基本的な発想は，「リスクを最も効率的にコントロールできる者がそのリスクを負担する」というものです。これを踏まえ，上記の遅延リスクを最も効率的にコントロールできるのが誰なのかを考えると，それは，まさにその建設工事を行っているEPC業者といえるでしょう。したがって，EPC業者がそのリスクを負担するような仕組み（具体的には，遅延した場合の損害賠償の規定）を置くというのが1つの方法になります。この場合，留意すべきなのは，単に損害賠償の規定があるだけでは，不十分であるという点です。すなわち，ここでの損害賠償は，遅延によって借入人が電力会社に対して負担する遅延損害金や追加の金融コスト等を賄える金額でなければなりません。電力会社に対する遅延損害金は，後述のとおり，固定化するのが通常であり，金融コストも，遅延の日数に応じて定量的に算出可能な数字ですので，EPC業者に賠償してもらう金額は，遅延日数に応じてある程度固定的に見積もることが可能です。したがって，EPC業者が負担する損害賠償金も，それらの借入人の負担を賄うのに足りるような金額となるよう予め具体的に合意しておきます（「1日当たり◯円」など）。このような定めは，賠償額の予定（民法420条）として，原則として法的に有効と解されています。このように，何かのリスクが顕在化したことにより第一次的には借入人が被る損害や費用を，そのリスクをコントロールしうる別の関係者に転嫁する，という視点が（貸付人としても）重要です。

他方，引渡しが遅延し（その結果売電が遅れ）たことによる電力会社からの解除リスクについては，損害賠償や保険では解消できません。これについては，電力会社との間で，解除事由を限定する（一定程度の遅れが生じてはじめて解除できるようにする，など），解除事由が生じたとしても直ちには解除しない旨を貸付人との間で合意させる，といった手当てをする必要があります。

3．発電所における発電量が予定された水準に満たないリスク

売電が開始したものの，発電量（売電量）が予定された水準に満たない場合，

その分，電力会社から得られる電気料金も減少する契約になっているのが通常です。このようなリスクに対する対応策も，やはり，誰がリスクをコントロールしうる地位にあるか，という観点から検討することになります。そうすると，まずは，EPC業者に転嫁することが考えられます。発電量が基準に満たない場合，通常は，風車等の設備に何らかの問題（不具合）がある場合が多いと考えられるからです。この場合，たとえば，瑕疵を速やかに治癒した上で，瑕疵があることによって生じた損害を賠償してもらう（瑕疵担保責任の追及），ということが考えられます。もっとも，瑕疵担保責任は，設備に何らかの不具合があるといえることが前提となっていますが，そのような不具合の有無にかかわらず，端的に，設備が発電可能な状態であることを保証してもらうこともよくあります（「性能保証」とか「稼働率保証」などと呼ばれます）。

　ところで，たとえば，メーカーが供給した風車のブレード（くるくる回る羽根のような部分です）に欠陥がある場合，これは，必ずしもEPC業者に転嫁すべきものとはいえないかもしれません。しかし，この場合であっても，風車の調達も含めてEPC業者がコントロールできるはずである（すべきである）として，設備の不具合と同じようにEPC業者に責任を負わせることを契約で定めることもあります。仮に，風車のブレードについては，EPC業者の責任の範囲外とする場合には，EPC業者とメーカーとの間の供給契約上の瑕疵担保責任を追及できる地位等を借入人がEPC業者から譲り受けておく（これにより，借入人は，メーカーに対して責任追及が可能になります）こと等の手当てを検討する必要があります。

　以上とは別に，発電量が予定水準に満たないことの原因が，設備のO&M業者にある可能性もあります。この場合は，O&M業者に対する責任追及を可能とすべく，O&M業者との間の契約で定めておく必要があります。

　以上のとおり，さまざまな関係当事者への転嫁を試みるわけですが，ここで重要な視点は，①性能未達の原因究明責任を借入人が負わないようにする，ということと，②「穴」をなくすようにする，ということです。①については，たとえば，風力発電設備について不具合があった場合にのみEPC業者が責任を負う，という形にしてしまうと，借入人側で，不具合を立証しなければならなくなります。性能未達があれば，原則としてEPC業者が責任を負い，設備の発

電能力自体には何ら問題がないことを立証した場合にのみ責任を免れる，といった規定を目指すべきです。②については，たとえば，EPC業者との間の契約で，発電設備に問題がある場合のみにEPC業者が責任を負う，と定め，O&M業者との間では運営・維持管理において重過失があった場合にのみO&M業者が責任を負う，と定めた場合，まず，O&M業者の過失については，いずれの業者にも責任を問えなくなってしまいます。また，たとえば，大規模な台風や地震などが起こった場合についても，一切これらの業者には責任を問えないことになってしまいます。このように，誰にも責任が問えないような「穴」をなくすように，各契約を仕組む必要があります（または，保険など，別の方法で「穴」を埋めることを検討する必要があります）。

4．電力会社が電力を買い取らないリスク

Q40の【図表2-3】からもわかるとおり，発電事業においては，株主からの出資と貸付人からの融資を除けば，借入人に入るキャッシュは，電力会社からの電気料金しかないため，買取りがなされないリスクは極小化する必要があります。この点，日本においては，平成23年に成立し平成24年に施行された「電気事業者による再生可能エネルギー電気の調達に関する特別措置法」により，固定価格買取制度が導入され，電気事業者は，太陽光，風力等の再生可能エネルギー源を電気に変換する発電設備について認定を受けることにより，一定の期間（調達期間），一定の価格（調達価格）で電気を売却する契約（特定契約）を締結することを電力会社に原則として要求できることが法律によって保障されました（平成28年の改正前の同法4条1項）。その後，平成28年の同法改正により認定の対象が発電設備から事業計画に変更される等の変更がなされたり，徐々に買取価格を低下させたりするなどの見直しがなされているものの，固定価格による長期の安定的なキャッシュフローの確保を可能にする固定価格買取制度の基本的枠組みは維持されており，電力会社による電気の買取りがなされないリスクは，限定的といえるかと思います（もっとも，固定価格買取制度は近いうちに終了することが見込まれており，2020年にも関連法の改正案が提出される見通しとなっています（2019年6月13日付日本経済新聞朝刊））。

180　第2章　銀行取引

Q42 プロジェクト・ファイナンスにおける ドキュメンテーション

風力発電事業への融資案件においては，どのようなドキュメントを作成しますか。融資を行う銀行と，事業を行う借入人側で，ドラフト・レビューについて，どのように役割分担しますか。ドキュメントの作成・レビューを行うにあたっては，どのような点に留意するべきですか。

A

融資関連契約は貸付人が，プロジェクト関連契約は借入人がドラフトし，相手方のレビューに回します。なお，融資関連契約では，資金の実行と請負代金の支払いのタイミングをリンクさせること，資金管理の規定を置くこと等が特徴的な点であり，プロジェクト関連契約では，資金の「入り」と「出」の平準化がポイントです。

1．プロジェクト・ファイナンスにおけるドキュメント

プロジェクト・ファイナンス（風力発電事業）におけるドキュメントの種類としては，大別して，「融資（ファイナンス）関連契約」と「プロジェクト関連契約」があります。融資関連契約は，単純に言ってしまえば，融資を行う貸付人が調印する契約のことを指し，たとえば，①借入人との間のローン契約，②スポンサーである○○商事との間のスポンサー・サポート契約，③借入人やスポンサーの担保権を設定するための担保契約等がそれに該当します。なお，Q25の1(1)でも説明したとおり，プロジェクト・ファイナンス等の複雑な案件では，銀行取引約定書の適用は排除し，1つの詳細なローン契約を作成します。

以上に対し，「プロジェクト関連契約」とは，風力発電事業のために借入人が締結する契約であり，たとえば，①EPC業者との間の工事請負契約，②O&M業者との間の維持管理運営委託契約，③土地の所有者との間の土地の利用権に関する契約（土地賃貸借契約・地上権設定契約），④電力会社との間の電力受給契約がこれにあたります。

以上のうち，「融資関連契約」は，融資を行う側，すなわち貸付人側がドラ

フトし，借入人がそれをレビューし，それをまた貸付人がレビューする……ということを繰り返して確定させていく一方，「プロジェクト関連契約」のほうは，借入人と関係当事者の間である程度交渉し，それをある時点で貸付人のレビューにも回して確定させていく，という方法をとるのが一般的です。

2．融資関連契約

(1) ローン契約

ローン契約は，融資に関するさまざまな決め事を定めた長大な契約です（欧米に比べれば短いですが，それでも，別紙も含めると200頁を超えることが通常です）が，特に，プロジェクト・ファイナンスに特有の条項として，以下のようなものがあります。

① 資金使途・貸付のタイミング

プロジェクト・ファイナンスにおいては，融資による資金使途は，ほとんどが，EPC業者に対する請負代金の支払いです（Q40の【図表2－3】において，出資・融資の形で --------> が借入人に向けられる一方，借入人からは --------> がEPC業者に伸びていることに注目してください）。これは，あらゆるコストの中で，請負代金がもっとも高額であり，かつ，初期の段階で（まだ発電事業が開始せず，事業による収益が存在しない時点で）かかってくる費用であるためです。したがって，貸付のタイミングについても，当該請負代金の支払時期と合わせる形で合意されることが通常です。たとえば，請負代金の支払いが，（前払金なしで）発電設備の引渡し後に一括してなされる旨請負契約上で規定されている場合は，ローン契約に基づく貸付も，引渡しがなされた後に1回だけ行う建付けにすることが多いです。これに対し，請負代金を，たとえば，着工時，一定の中間時点（風車の半分が完成した時など），引渡時に（3回に）分けて支払うこととされている場合には，ローンの実行も，それに合わせて3回実行できるようにしておく必要があります。いずれの場合も，借入れが必要な金額や具体的な実行時期が変わりうることから，通常，一定の期間を「引出可能期間」として設定し，その期間内に借り入れることが可能な金額の上限（貸出枠）および借入れを受けることが可能な回数の上限を設定する方法で融資の実行の条件を規定します。

182 第2章 銀行取引

② 資金管理

　返済原資としてキャッシュフローに依拠するプロジェクト・ファイナンスにおいては，特に発電事業が開始し，事業からの収益が発生するようになってからの期間において，借入人において資金管理が適切になされていることが，貸付人にとっての非常に重要な関心事となります。そこで，通常，借入人には貸付人（シンジケート・ローンにおいてはエージェント）に目的ごとに複数の口座を開設させ，他の銀行に口座を開設することを禁じ，エージェントが資金の動きを把握できるようにします。そして，ローン契約において，たとえば，電気料金は「収入口座」という口座で受け取ることとし，毎月（あるいは数カ月ごとの）一定の日において，(a)公租公課を支払うための口座である「税金支払口座」に（当該支払いに必要な金額の）振替をし，(b)（まだ「収入口座」に残額があれば）賃料を支払うための口座である「賃料支払口座」に（当該支払いに必要な金額の）振替をし，(c)（まだ「収入口座」に残額があれば）維持管理運営に関する費用（維持管理運営業者への手数料等）を支払うための口座である「維持管理運営費用支払口座」に（当該支払いに必要な金額の）振替をし，(d)（まだ「収入口座」に残額があれば）融資に関する元利金の支払いをするための「元利金返済口座」に（当該支払いに必要な金額の）振替をし，(e)（まだ「収入口座」に残額があれば）スポンサーへの配当等を行うための口座である「借入人口座」に振替をする，などといった規定を置きます（これは一つの例にすぎず，しかもかなり簡略化した記載であり，実際の口座はもっと種類があり，規定も複雑です）。

(2) スポンサー・サポート契約

　Q40の2(4)で述べたとおり，プロジェクト・ファイナンスにおいては，スポンサーにも一定の責任を負ってもらうことが通常であり，これを達成するため，貸付人，スポンサー（および通常は借入人）の間で締結する契約です。

(3) 担保関連契約

　こちらについては，Q43をご参照ください。

3. プロジェクト関連契約

　プロジェクト関連契約について，契約ごとに詳細を述べる余裕はありませんが，貸付人として，レビューの際に留意すべき点は以下のとおりです。

(1) 借入人への資金の流入と流出が固定化されているか

　キャッシュフローの平準化という観点から，たとえば，電力受給契約でいえば，電力料金について，法令で認められている出力抑制を超えて減額ができるような建付けになっていないかどうか，売電が遅延したときの遅延損害金について損害賠償の予定がなされているかどうか，建設請負契約でいえば，請負代金の減額が容易に認められる建付けになっていないか，引渡しが遅延した際の遅延損害金について賠償額の予定がなされているかどうか，といったあたりがチェックポイントとなります。

(2) 倒産不申立て特約・責任財産限定特約

　プロジェクト・ファイナンスにおいては，事業を長期にわたり継続する必要があり，それを阻害するような事由はなるべく消滅させておく必要があります。この観点からは，借入人の倒産という事態は，【図表2－3】の真ん中に位置する借入人（SPC）から外に向けられた矢印の流れを阻害する可能性が高く，なるべく防ぎたいところです。

　この点，借入人とプロジェクト関連契約を締結する相手方（電力会社，土地所有者，EPC業者等）は，借入人に対して当該契約に基づく債権を有する「債権者」に該当するため，借入人について倒産手続開始の申立てをする権利を法律上認められています（たとえば，破産法18条1項）。このため，貸付人としては，これらの権利を放棄する旨の規定（倒産不申立て特約）を，関連するプロジェクト関連契約に入れるように要求することが多いです。倒産手続開始の申立てがそもそもなされなければ，倒産することもないからです。

　また，プロジェクト・ファイナンスの貸付人に対する借入人の責任財産を当該事業に関するもののみに限定し，責任財産を超過する借入人の当該貸付人に対する債務は消滅する旨を合意する特約（責任財産限定特約）を入れることもよく行われています。責任財産を超過する債務が消滅するのであれば，倒産開始原因である債務超過も起こりにくくなるからです。

184　第2章　銀行取引

─ **Q43** プロジェクト・ファイナンスにおける担保 ─

　当行が風力発電事業に対して融資をするにあたり，(i)（スポンサーが保有する）借入人の株式，(ii)（借入人が保有する）風力発電設備，(iii)（借入人が保有する）発電所の敷地の利用権，(iv)（借入人が保有する）電力受給契約上の権利・契約上の地位に担保権の設定を受けることとなりました。どのような方法がありますか。

A

　借入人の株式については，略式質（譲渡担保）の設定を受けることが多いです。風力発電設備，発電所の敷地の利用権については，工場財団を組成して一括して担保設定を受ける場合と，設備と敷地で別々に担保設定を受ける場合があります。電力受給契約については，債権担保権と契約上の地位譲渡予約の2つを備えます。

1．プロジェクト・ファイナンスにおける担保

　プロジェクト・ファイナンスにおいては，プロジェクト（ここでは風力発電事業）から得られるキャッシュフローに依拠しているため，何らかの事情で返済が滞るなどして借入人がローンの期限の利益を喪失したような場合には，当該事業を構成するすべての資産を押さえられるようにしておく必要があります。そのため，借入人のすべての資産および借入人の株式について，担保権を設定するのが原則です。以下では，本設問に列挙された担保目的資産に対する担保権についてのみ，概略を述べます。

2．株式担保（借入人株式）

　借入人の株式について担保権を設定すれば，期限の利益喪失事由が生じた場合にそれを実行することにより，借入人という法主体（および借入人が事業に必要な資産を保有するという状態）は維持したままで，借入人を株主としてコントロールする者（スポンサー）を入れ替えることにより，新スポンサーの下で事業を継続することが可能となります。株式の担保権実行は（個別の資産に

対する担保実行に比べて）手続が簡易です。また，借入人が保有する資産の中には，許認可のように，借入人とは別の法人に承継させることが困難であるものもありますが，株式の担保権実行による場合，借入人という法主体は維持されますので，承継の可否は問題とならないというメリットもあります。

借入人の株式については，Q31の3でも述べたとおり，略式質（譲渡担保）と登録質（譲渡担保）がありますが，プロジェクト・ファイナンスにおいては，実行の容易性の観点から，略式質（譲渡担保）によることが多いように思われます。登録質（譲渡担保）によった場合は，設定者の受領できる金銭等を直接受領できる（会社法154条1項）などのメリットがあるものの，プロジェクト・ファイナンスにおいては，前述のように，スポンサーへの配当は最劣後に置かれることが多く，貸付人としても，配当よりもコントロール権の確保のほうに関心があることから，実行の容易性等の要請のほうが強いためだと考えられます。

なお，借入人の株式について担保権を取得すれば借入人を通じてその保有資産も押さえたことになるので，個別の資産について重ねて担保をとる必要はないように思えるかもしれません。しかし，スポンサーが倒産した場合，借入人の株式は倒産手続に組み込まれることになり，その場合にも従前どおり効力が維持されるかについては疑義があります（破産手続や再生手続であれば別除権として取り扱われるかもしれませんが，担保権消滅請求の対象となる余地は残りますし，更生手続においては，更生担保権となり，更生計画の中に取り込まれてしまいます）。以上のことも考慮して，借入人の株式のほか，借入人の個別の資産にも担保権を設定するケースがほとんどです。

3. 風力発電設備・敷地利用権に対する担保

風力発電設備と敷地利用権を担保にとる方法としては，いくつかのバリエーションがありえますが，以下では，代表的な2つの方法を紹介します。

(1) 風力発電設備および敷地利用権に対して工場財団抵当権を設定

工場財団抵当権の設定とは，風力発電所が，「営業のため電気の供給の目的に使用する場所」であり，工場抵当法上の「工場」に該当する（同法1条2項）と考えられることを踏まえ，発電所を構成する発電設備一式やその敷地利用権によって工場財団を組成し，当該工場財団に対して抵当権を設定する（同法8

条）という方法です。この方法のメリットは，発電所を構成するものすべてに一括して担保権を設定できる点です。もっとも，デメリットとして，「工場」が完成するまでは用いることができない（したがって，風力発電所を建設している途中の段階で用いることはできません）こと，工場財団を組成する際に，登録登記制度のない動産（風車のブレードなどはこれに該当しそうです）を組成物件に含めてしまうと，一定の期間（実務上32日間とされることが多いようです）公告をしてからでないと組成（財団の所有権保存登記）が完了しないこと（同法24条），「他人の権利の目的たるもの」は組成物件として含めることができない（たとえば，借入人が保持している利用権以外の何らかの利用権が設定されている土地の敷地利用権を含めることができるかどうかが問題になりえます）（同法13条1項）こと等が挙げられます。

⑵ 風力発電設備に集合動産譲渡担保権を設定し，敷地利用権には抵当権，賃借権または譲渡担保権を設定

　風力発電設備のうち動産に該当するもの（前述のとおり，ブレードなど）については，集合動産譲渡担保権を設定し，敷地利用権については，抵当権（地上権の場合）または質権もしくは譲渡担保権（賃借権の場合）を設定するという方法です。この場合は，工場財団抵当権の場合と異なり，「工場」が完成するまで待つ必要はなく，公告のような手続も必要なく，「他人の権利の目的たるもの」かどうかを気にする必要がないという点がメリットといえるでしょう。これに対し，デメリットとしては，発電設備のうち動産であるかどうかが微妙であるもの（たとえば，風車のタワー部分などは，土地に定着しており，動産であるといえるかどうか微妙であると思われます）については，集合動産譲渡担保権を有効に設定できるか不明確であること，担保権実行の際に設備と敷地利用権のそれぞれについて手続を行う必要があること，（土地賃借権に質権を設定する場合は）不動産質権の有効期間の上限が10年とされている（民法360条）こととの平仄から10年の期間制限に服すると解する見解があること等が挙げられます。

4．電力会社に対する権利・契約上の地位に対する担保等

　借入人は，電力会社との間で電力受給契約を締結しますが，この契約は，風

力発電事業において収益を上げるために欠かせないものですから，当該契約上の権利・契約上の地位を担保にとっておくことが考えられます。もっとも，日本法上，担保権の目的とすることができるのは，「債権」等の財産権に限られ，「契約上の地位」そのものに対する担保権設定はできないと一般的に考えられていますので，担保権を設定するとすれば，電力受給契約上の「債権」に対して質権または譲渡担保権を設定するほかないことになります。しかし，「債権」だけですと，解除権等の債権とはいいがたい権利は入らないことになりそうであり，また，貸付人としては，借入人の保有する契約上の地位全体を包括して押さえておきたいと考えるのが通常です。そこで，債権担保に加えて，契約上の地位の譲渡についての予約（貸付人が予約完結権の設定を受け，期限の利益喪失時にはそれを行使して自らの指定する者に地位を譲渡する合意）をしておくことが一般的です。これは，あくまでも地位譲渡の予約であり，厳密には「担保権」とはいえませんが（第三者に対する対抗力を備えることができません。そのため，地位譲渡予約だけでは不十分であり，債権担保の設定も受けておく必要があります），日本法上の担保権の限界を踏まえた実務上の工夫といえるでしょう。

　なお，上記に述べた点は，他のプロジェクト関係者（土地所有者，EPC業者等）との契約にもそのままあてはまります。

　もっとも，契約上の地位譲渡予約を有効に行うためには，プロジェクト関係者からの承諾を取得することが必要であるため，承諾を取得できない場合（地方公共団体や個人がプロジェクト関係者である場合，しばしばそのようなことが起こります）は，契約上の地位譲渡予約は断念せざるをえません。これに対し，債権担保については，必ずしもプロジェクト関係者から承諾を取得することなく設定することが可能ですが，担保対象債権に譲渡禁止特約が付されている場合は，やはり，担保設定についてプロジェクト関係者から承諾を得ない限り有効な担保設定はできないことになります（もっとも，平成29年民法（債権法）改正の施行（令和2（2020）年4月1日）後は，譲渡禁止特約が付いている債権に対しても有効に担保設定ができると考えられます）。

188　第2章　銀行取引

5　社　　債

Q44　社債における銀行の役割（財務代理人業務）

　当行の顧客が社債を発行することになり，当行は財務代理人（Fiscal Agent）となる予定です。当行は，どのような業務を行いますか。また，社債管理者ではないことを明確にする工夫として，どのようなことが考えられますか。

A

　財務代理人は，会社法上社債管理者の設置義務がない社債において，発行会社の任意代理人の立場で，株式会社証券保管振替機構の「社債等に関する業務規程」や発行会社との委託契約に基づき，支払事務や発行事務の代行業務や発行代理人・支払代理人としての業務を行います。なお，社債管理者でないことを明確にするため，財務代理人と発行会社の間の社債管理委託契約において，財務代理人に社債管理者の法定権限（社債権者のために弁済を受けること等）を付与しない旨を定める等の工夫がなされています。

1．財務代理人

　会社が社債を発行する場合，原則として，社債管理者を設置し，社債権者のための社債の管理を委託する必要がありますが（会社法702条本文。なお，社債管理者の業務についてはQ45を参照），この社債管理者の設置義務には例外があり，会社法は，(i)各社債の金額が1億円以上である場合，または(ii)ある種類の社債の総額を当該種類の各社債の金額の最低額で除して得た数が50未満の場合（当該種類の社債の社債権者が50人以上とならない場合）には，社債管理者の設置義務を免除しています（同条ただし書，同法施行規則169条）。1億円以上の社債を購入できるプロは自ら社債を管理する能力があると考えられ，また，社債権者の数が少ない場合は社債権者間の協力が可能であると考えられるためです。実際には，社債管理者の責任が厳格であるために（詳細について，Q45の

4を参照）社債管理者の設置に要するコストが高くなることや社債管理者となる者の確保が難しいことから，上述の例外に基づき，社債管理者を定めていないことが多いようです（「会社法制（企業統治等関係）の見直しに関する中間試案の補足説明」（平成30年2月）（以下「補足説明」といいます）46頁）。

　社債管理者が設置されない社債（社債管理者不設置債）の場合，財務代理人（Fiscal Agent：FA）が置かれることが多いです（したがって，「FA債」などとも呼ばれます）。財務代理人は，社債権者に対する元利金の支払事務等を行う者であり，業務遂行に資金決済機能（序章■の1.参照）が必要となるため，銀行が就任することが通常です。

　社債管理者は，社債権者の法定代理人であり，社債権者の保護のために行動する立場にあるのに対し，財務代理人は，発行会社の任意代理人の立場に立ち，発行会社のためにサービスを提供する者です。

2．社債管理者不設置債における社債権者によるモニタリング等

　発行会社の代理人である財務代理人のみが選任され，社債管理者が設置されないFA債では，各社債権者は，社債管理者が通常行っている，①発行会社の事業活動および財務状況のモニタリング，②担保付社債への切替え等の債権保全手続，③倒産手続への参加・債権回収を社債権者自らが行う必要があります。

　このうち，①のモニタリングの手法としては，まず，負債や担保提供等を制限する条項（追加負担制限コベナンツ）や，一定の財務指標（自己資本比率，負債比率）などの維持を求める条項（財務維持コベナンツ）を社債契約に定めることにより，発行会社の行動を制約するという方法が考えられます。これらのコベナンツ（誓約事項）の中で特に重要なものは，回収可能性に直接的な影響を及ぼす可能性がある担保提供制限条項（社債の発行会社が負担しまたは将来負担する債務の支払いを確保する目的で，社債の発行者が保有する資産を担保提供することを制限する旨の誓約）です（橋本・社債法26・29頁）。

　なお，これらのコベナンツの遵守のモニタリングを各社債権者が実施することが困難な場合，社債権者は，さらに，コベナンツの遵守状況やコベナンツの対象となっている財務指標を発行会社に報告させる条項（レポーティングコベナンツを置くことにより，モニタリングに代替させることができます（橋本・

社債法33頁））。

　以上に挙げた各コベナンツの分類や具体的な規定例としては，平成24年9月18日に日本証券業協会が公表した「コベナンツモデル（参考モデル）」が参考になります。

　もっとも，以上のように原則として社債権者が自らモニタリングを行う社債管理者不設置債においては，近年，その債務の不履行が発生し，社債権者に損失や混乱が生じるという事例が出てきているようであり，このような社債について，社債の管理に関する最低限の事務を第三者に委託することを望む声が出てきました（補足説明46頁）。これを受けて，近時法務省の法制審議会会社法制（企業統治等関係）部会で取りまとめられた「会社法制（企業統治等関係）の見直しに関する要綱案」においては，社債管理者よりも権限の限定された社債管理補助者という制度を新たに設けることとされました（なお，当該要綱案は，法制審議会第183回会議（平成31年2月14日開催）において要綱として採択され，法務大臣に答申されました。要綱を踏まえた改正法案は，令和元（2019）年秋の臨時国会での提出が目指されています）。

3. 財務代理人の業務

　財務代理人の職務内容や義務については，会社法上は規定されておらず，株式会社証券保管振替機構の「社債等に関する業務規程」や発行会社との委託契約によって規律されます。

　財務代理人の業務は主として【図表2-4】のとおり分類されます（みずほ・銀行実務（証券）299～300頁〔石坂昌平〕）。

　振替機関が取り扱う社債を振替社債（振替法66条1項柱書）といい，振替社債においては，発行会社は，振替機関との間の事務手続について銘柄ごとに発行代理人および支払代理人を選任し，振替機関に届け出る必要があります（社債等に関する業務規程12条1項，一般債振替制度に係る業務処理要領2-2頁）。発行代理人は上記③記載の発行に関する事務手続を，支払代理人は上記④記載の振替社債の払込み後から償還までの手続を行いますが，これらの業務は相互に，かつ，上記①および②の各業務とも関連していることから，社債管理者不設置債においては財務代理人が上記①～④の業務をすべて行うのが通常です。

【図表2－4】財務代理人の業務

①発行事務代行業務	社債申込書の作成，払込金の交付，社債原簿の調製，開示書類のチェック，各種助言等
②期中事務代行業務	社債原簿の管理，租税特別措置法に基づく利子所得税の納付，買入消却等に係る事務等
③発行代理人業務	新規発行社債等の銘柄情報（振替法87条に基づいて公表される情報）の振替機関（同法2条2項）への連絡，振替機関に対する払込完了の通知等
④支払代理人業務	振替社債等の残存状況等に関する振替機関からの照会受付，変動金利の場合の利率決定情報等銘柄情報の更新，元利払いに関する資金決済等

4．財務代理人の留意事項─社債管理者との区別

　社債の発行会社は，社債管理者の設置義務を負わない場合でも，任意に社債管理者を置くことができ，任意に設置された社債管理者は，設置義務に基づいて設置された社債管理者と同様の権限を有し，資格制限を受け，義務および責任を負担します。社債管理者の責任の厳格さを踏まえると，社債管理委託契約が（社債管理者ではなく）あくまでも財務代理人を選任することを意図している場合，契約上，その旨を明確にしておくことが望ましいと考えられます。たとえば，財務代理人には，社債管理者の法定権限（社債権者のために弁済を受けること等）を付与しない旨を定め，事務代行のみを行わせる旨を定めておくことが考えられます。社債管理者の法定権限は，会社法上排除することが許容されているものを除き排除することができないと考えられているため，上記のような定めがあれば，財務代理人を選任するための契約と解釈される可能性が高まるからです（橋本・社債法256～257頁参照）。

192　第2章　銀行取引

── **Q45**　社債における銀行の役割（社債管理者業務）──

　当行の顧客が社債を発行することになり，当行は社債管理者となる予定です。当行は，どのような業務を行いますか。また，当行が当該顧客に別途融資を行っている場合，どのような点に留意すべきですか。

A

　社債管理者の業務は，主に，社債の募集および管理の受託業務であり，その権限としては，法定の権限と社債管理委託契約に基づく約定の権限とがあります。社債管理者が発行会社の債権者でもある場合，発行会社の業績が悪化したときに，自己の債権回収を社債の回収に優先させることのないよう留意する必要があります。

1．社債管理者

　社債には，特定少数者に向けて発行される私募債と公衆（一般投資家）に向けて発行される公募債とがあります。特に公募債の場合，社債の発行会社が契約どおりに履行しない場合に，多数の一般投資家が自ら権利行使をすることは容易ではありません。そこで，会社法は，会社が社債を発行する場合に，原則として，社債権者のために社債を管理する者（社債管理者）の設置を義務付けています（同法702条本文。設置が不要な場合について，Q44の1を参照）。

　社債管理者となることができるのは，銀行，信託会社または法務省令で定める者（一定の金融機関）に限られます（同法703条）。実務上は，発行会社のメインバンクが社債管理者に選定されることが多いようです。このような社債管理者は，自らも発行会社の債権者であるため，発行会社の業績が悪化したときに，自己の債権回収を社債の回収に優先させ，社債権者の利益を害するのではないかという懸念があります（後記3参照）。

2．社債管理者の業務

　社債の募集または管理の受託業務は，銀行の（基本的）付随業務（その意義について，Q4を参照）とされており（銀行法10条2項7号），銀行の行える業務

の範囲に含まれます。募集の受託業務とは，社債の発行および募集に関する事務を発行会社に代わって行い，起債に伴う諸契約書の作成，社債申込証の作成，社債券の調製，払込金の取扱い等の業務を行うことをいいます。社債の管理の受託業務は，社債の利払いおよび元金償還が所定の契約どおりに行われるための諸々の事務の処理です（小山・銀行法精義192～193頁）。社債管理者は，社債の発行時は，社債の期限の利益喪失事由，財務制限条項等の発行条件について発行会社との間で協議も行います（みずほ・銀行実務（証券）298頁〔石坂昌平〕）。

3. 社債管理者の権限

社債管理者の権限としては，①会社法に基づく法定権限と，②社債の発行者と社債管理者の間で締結される社債管理委託契約に基づき社債管理者に授権される約定権限とがあります。以下，順に説明します。

⑴　法定権限

法定権限の例としては，以下のものがあります。

① 社債権者のために弁済を受領する権限（会社法705条1項）

② 債権の実現を保全するために必要な一切の裁判上または裁判外の行為をする権限（同項）（例：発行会社に対する訴訟提起，法的倒産手続における債権届出）

③ 社債権の内容の変更等を伴う一定の重要な行為（同法706条1項）

　　具体的には，以下の㋐および㋑の行為であり，社債権者の保護のため（田中・会社法545頁），社債権者集会の特別決議（同法724条2項2号）を得た場合に限り社債権者がそれを行えることとされています。なお，以下の㋐および㋑の程度には至らない社債権者の権利内容を変更する行為（例：発行会社との合意による償還期限の短縮，財務上の特約の変更）は，「社債権者の利害に関する事項」（同法716条）として，社債権者集会の普通決議による承認を得れば可能と解されています（田中・会社法545頁）。

㋐ 社債の全部についてする支払いの猶予，債務不履行責任の免除，発行会社との和解（同法706条1項1号）。なお，社債の元利金の減免は，法定権限として明文で列挙されていないものの，同号の「和解」として可能と解する見解が有力であり（田中・会社法545～546頁），近時法務省の

法制審議会で採択された「会社法制（企業統治等関係）の見直しに関する要綱」（Q44の2を参照）においては，会社法706条1項1号に掲げる行為として，社債の全部についてするその債務の免除を追加することとされました。

　(イ)　社債の全部についてする訴訟行為または法的倒産手続に属する行為（同項2号）（例：訴えの取下げ，請求の放棄，裁判上の和解，社債権の内容を変更する再生計画案または更生計画案に同意する債権者集会における議決権の行使といった社債権の処分を伴う行為）（ただし，募集社債に関する事項（同法676条）において社債権者集会の決議を不要とする旨を定めることは可能です（同法706条1項ただし書））

　④　債権者保護手続における異議申述権（同法740条2項）

　　実務上は，社債権者集会の決議によるべき旨の特約が社債管理委託契約に定められることが多いようです（銀行実務（証券）339頁）。

　⑤　業務・財産状況の調査権（同法705条4項・706条4項）

　　法定権限の行使のため必要があるときは，裁判所の許可を得て，発行会社の業務および財産の状況を調査することができます。

(2)　約定権限

　約定権限の例としては，財務上の特約に違反する場合に期限の利益の喪失を宣言すること，発行会社から事業の概況や決算について報告を受けること，法定の調査権限よりも広範な形で発行会社の事業や財務状況を調査すること等があります（田中・会社法546頁）。

4．社債管理者の義務と責任

(1)　社債管理者の義務

　社債管理者は，社債権者のために，公平かつ誠実に社債の管理を行う義務を負います（公平・誠実義務）（会社法704条1項）。ここで，公平義務とは，社債の管理にあたり，社債権者を社債権の内容，金額等に応じ公平に扱う義務をいい，誠実義務とは，社債管理者が自己または第三者と社債権者の利益が相反する場合に自己または第三者の利益を優先してはならないという義務をいいます（江頭憲治郎編『会社法コンメンタール16』（商事法務，2010）138〜140頁〔藤田友

敬〕)。社債管理者は，善良なる管理者の注意をもって社債の管理を行う義務（善管注意義務）も負っています（同条2項）。なお，公平・誠実義務や善管注意義務の対象となる「社債の管理」には，法定権限の行使によるもののみならず，約定権限の行使による場合を含むと解されています（田中・会社法547頁）。

(2) 社債管理者の責任

社債管理者は，会社法または社債権者集会の決議に反する行為をしたときは，社債権者に対し，これによって生じた損害を賠償する責任を負います（会社法710条1項）。

また，社債管理者が自らも発行会社に対して債権を有する場合（典型的には発行会社に対して融資を行っているメインバンクが社債管理者となる場合），自己の債権の回収を社債権の回収に優先させたと評価しうる場合の特別の責任が定められています（同条2項）。具体的には，たとえば，社債管理者たる銀行が発行会社に対して有する貸付債権について期限前弁済または担保提供を受け，その後3カ月以内に発行会社が社債の償還もしくは利息の支払いを怠り，または発行会社に支払停止があった場合，社債管理者は社債権者に対して損害賠償責任を負うこととされています。ただし，社債管理者が誠実にすべき社債の管理を怠らなかったことまたは当該損害が当該期限前弁済または担保提供によって生じたものでないことを証明したときは，免責されます（同項ただし書）。したがって，銀行が社債管理者に就任した場合，社債管理者の担当部署と融資の担当部署は緊密に連携をとり，発行会社の信用状況や同項ただし書の免責要件を勘案しながら，自己の貸付債権の回収等を慎重に検討する必要があります（みずほ・銀行実務（証券）340頁〔石坂〕）。

196　第 2 章　銀行取引

6　デリバティブ

Q46　デリバティブ取引の付随業務該当性・行為規制

当行は，海外との取引が多い顧客企業に対し，為替相場が変動するリスクをヘッジするための為替予約（差金決済が可能な為替予約とします）を提案しようとしています。この場合，銀行法および金商法上の規制に関して，主にどのような点に留意する必要がありますか。

＊なお，Q46〜47は，共通の設例に関する連続した問いです。

A

当行が提案しようとしている為替予約が，銀行の業務範囲規制に照らして行える取引であるかどうかにまず留意する必要があります。また，銀行が行うデリバティブ取引についても金商法の行為規制の適用がありますので，当該規制にも留意する必要があります。

1．銀行が行うことができるデリバティブ取引

　銀行は，登録金融機関としての登録（金商法33条の 2 ）を受けることにより，基本的付随業務（詳細について，Q4の 2 ⑴を参照）として，一定のデリバティブ取引またはその媒介，取次もしくは代理を行うことができます（銀行法10条 2 項 2 号・12号〜17号）。

　為替予約は，将来の一定の日における為替レートを予め当事者間で合意して決め，当該日に当該為替レートで外貨を売買する取引です。たとえば，海外から原材料を仕入れる顧客が，当該仕入れ時点の為替レート（ 1 米ドル100円）が将来の代金決済の時点で 1 米ドル120円となると仕入れ時点でのレートと比較すると 1 米ドル当たり20円の損をするので，これを回避するために，銀行との間で， 1 米ドル100円で決済の日に顧客がドルを買うことを予め合意する取引です。

　金商法が定めるデリバティブ取引には市場デリバティブ取引，店頭デリバ

ティブ取引および外国市場デリバティブ取引があり（同法2条20項），①金融商品の売買のうち，②決済を将来の一定の時期に行う取引であって，③決済方法として現物決済のみならず差金決済が可能である取引を先物取引（同条21項1号）または先渡取引（同条22項1号）といいます。先物取引は市場デリバティブ取引の一類型，先渡取引は店頭デリバティブ取引の一類型ですが，為替予約については市場がなく，店頭デリバティブ取引の方法で行われているため，為替予約は先渡取引に該当します。

　本設問の為替予約は，将来の一定の日に外貨を売買する取引であり，外貨は「通貨」として「金融商品」（同条24項3号）に該当しますので，上記①および②を満たし，かつ，差金決済が可能なものですので，上記③も満たすことから，先渡取引にあたり，銀行法上銀行が基本的付随業務として行うことができるデリバティブ取引（同法10条2項12号，同法施行規則13条の2の2，金商法2条22項1号）に該当します。

2．金商法の適用

　銀行が登録金融機関として行うデリバティブ取引についても金商法の行為規制の適用があるとされていることから（小山・銀行法精義206頁），銀行が顧客に為替予約を提案する場合，金商法の行為規制にも留意する必要があります。

　もっとも，「プロ顧客」（金融商品取引業者等，適格機関投資家，資本金10億円以上の株式会社等がこれに該当します）を相手方とする店頭デリバティブ取引は基本的に金融商品取引業から除外されており（金商法2条8項，同法施行令1条の8の6第1項2号），かかる店頭デリバティブ取引を銀行が行う場合，登録金融機関の登録は不要と考えられています（金融庁平成19年パブコメ回答39頁No.22～24）。

　したがって，本設問の顧客がプロ顧客に該当する場合には行為規制が適用されないことになりますが，以下では，顧客がプロ顧客に該当せず，当行に行為規制が適用されることを前提に，行為規制の内容について説明します。

　なお，本設問では，不招請勧誘等の禁止，契約締結時における書面交付義務等について説明することとし，適合性原則および説明義務（契約締結時における書面交付義務を含みます）についてはQ47で説明します。

198 第2章 銀行取引

3．不招請勧誘等の禁止

　本設問の為替予約を提案するにあたっては，勧誘の要請をしていない顧客に対する訪問または電話による勧誘行為，勧誘受諾意思を確認しない勧誘および再勧誘（不招請勧誘等）が禁止されます（金商法38条4号～6号，同法施行令16条の4第1号イ，業府令116条）。

　したがって，勧誘に先立ち，顧客に対し，勧誘を行っても良い旨を確認し，顧客の了解を得ること（勧誘受託意思の確認）が必要です。また，顧客に為替ヘッジのニーズがあることを確認し，その証跡を残しておくことも必要です（主要行監督指針Ⅲ－3－3－1－2(2)①イf，中小・地域監督指針Ⅱ－2－1－2(2)①イf参照）。

4．契約締結時の書面の交付

　デリバティブ取引についての契約が成立したときは，原則として，遅滞なく，契約の概要，手数料等を記載した書面を交付する必要があります（金商法37条の4）。記載事項は業府令99条～107条に法定されています。ただし，店頭デリバティブ取引については，契約の成立ごとに取引の条件を記載した契約書を交付する場合は，契約締結時の書面の交付は不要です（業府令110条1項2号ホ）。

　本設問の為替予約は店頭デリバティブ取引にあたるため，契約の成立ごとに取引の条件を記載した契約書を交付する場合は，契約締結時の書面の交付は不要です。

5．保証金の受領に係る書面の交付

　本設問の為替予約は店頭デリバティブ取引にあたるため，顧客から金銭・有価証券その他の財産の預託を受けた場合，かかる財産を受領した旨の書面を交付する必要があります（金商法37条の5第1項，業府令113条・114条）。

6．特定投資家制度

　金商法は，投資家のうち，金融取引におけるリスク管理を適切に行うことができると考えられる者を「特定投資家」（同法2条31項）と位置付け，特定投資

家が取引の相手方となる場合に行為規制の一部の適用を除外しています（同法45条）。

　「特定投資家」とは，具体的には，適格機関投資家，国，日本銀行および内閣府令で定める法人をいい，当該法人には，上場会社および資本金の額が5億円以上と見込まれる株式会社が含まれています（定義府令23条）。したがって，たとえば，金融商品取引業者等または適格機関投資家のいずれにも該当しない資本金が5億円である株式会社は，プロ顧客には該当せず，これを相手方とするデリバティブ取引の場合には上記2に基づく行為規制の適用除外は受けられませんが，特定投資家に該当することを理由とする行為規制の一部の適用の除外を受けられる余地は残ることとなります。

　特定投資家が取引の相手方となる場合に適用が除外される行為規制には，たとえば，不招請勧誘等の禁止（金商法38条4号～6号），適合性の原則（同法40条1号），契約締結前書面の交付（同法37条の3），契約締結時の書面の交付（同法37条の4）および保証金の受領に係る書面の交付（同法37条の5）があります。これに対し，たとえば，損失補填等の禁止（同法39条）は特定投資家が取引の相手方となる場合でも適用があります。

　本設問およびQ47で説明している行為規制は，金販法や協会員の投資勧誘，顧客管理等に関する規則（Q47の2⑵参照）に基づくものも含めてすべて特定投資家には適用されないため，本設問の顧客が特定投資家に該当する場合には，当行はこれらの規制を遵守する必要はないことになります。

200　第2章　銀行取引

Q47　デリバティブ取引における適合性原則および説明義務

Q46のように，当行が顧客企業と為替予約（差金決済が可能な為替予約とします）を行う際，適合性原則および説明義務に関し，どのような点に留意する必要がありますか。

A

法令，監督指針や日本証券業協会の規則を踏まえ，顧客の財務状況，デリバティブ取引についての顧客の知識・経験，顧客のリスク管理体制等に照らして当該顧客にふさわしい為替予約を提案するとともに，為替相場の変動により顧客が被る可能性のある損失や中途解約における清算金等の発生リスク等についてわかりやすく説明することに留意することが必要です。

1．顧客とのデリバティブ取引における適合性原則と説明義務の重要性

金融商品を購入し損失を受けた顧客が銀行を被告として提起する損害賠償訴訟では，ほぼすべての事案で金商法上の（狭義の）適合性原則違反と金商法および金販法上の説明義務違反の主張がなされます（司法研修所編「デリバティブ（金融派生商品）の仕組み及び関係訴訟の諸問題」（法曹会，2017）105頁）。これを踏まえると，銀行が顧客と為替予約を行う際も（狭義の）適合性原則および説明義務の遵守が重要となります（（狭義の）適合性原則と説明義務の一般論についてはQ12を，デリバティブ取引を行う銀行にも金商法の行為規制が適用される点についてはQ46を参照）。

2．（狭義の）適合性原則

(1)　（狭義の）適合性原則とデリバティブ取引

Q12で説明した（狭義の）適合性原則は，銀行がデリバティブ取引を行う際にも適用され，銀行は，顧客の知識，経験，財産の状況および取引の目的に照らして，当該デリバティブ取引の勧誘を行ってよいかを判断する必要があります（金商法40条1号）。

(2)　適合性の判断

　適合性の判断にあたっては，具体的な商品特性との相関関係において，顧客の投資経験，取引の知識，投資意向，財産状態等の諸要素を総合的に考慮すべきとされているため（最判平17・7・14民集59巻6号1323頁），適合性原則を遵守して顧客と為替予約を行うには，まず，顧客の属性について知ることが必要です。

　この点に関して，日本証券業協会（銀行を含む登録金融機関の多くは特別会員として日本証券業協会に加入しています）の「協会員の投資勧誘，顧客管理等に関する規則」（以下「投資勧誘規則」といいます）は，協会員に対し，顧客の職業，生年月日，資産の状況，投資経験の有無等を記載した顧客カードの整備を求めています（5条）。なお，顧客カードは，（狭義の）適合性原則違反が主張される事案において当該違反がないことを金融機関側が主張する際に真っ先に提出されるべき必須の訴訟資料とされます（前掲・司法研修所編76頁）。

　デリバティブ取引において顧客の属性を把握するために具体的に確認すべき事項としては，たとえば，①プロ顧客または特定投資家への該当性（プロ顧客と特定投資家についてはQ46を参照），②顧客の財務状況，③顧客のデリバティブ取引の経験の有無・内容，④顧客におけるリスク管理体制・意思決定プロセス（リスク管理を専門に行う部門の有無，デリバティブ取引の時価評価・リスク管理システムの有無等），⑤デリバティブ取引の目的（ヘッジ目的か否か，ヘッジ対象となる資産・負債の金額等），⑥デリバティブ取引についての顧客の理解度（デリバティブ商品の時価が市場動向に応じて変化することを理解しているか等）があり，これらをチェックリストの形で整備している銀行もあります。（狭義の）適合性原則からは，このようにして把握した顧客の属性を踏まえ，販売するデリバティブ商品のリスクの程度および難易度を勘案し，顧客の属性に則した適正な投資勧誘を行う必要があります。

3．説明義務

(1)　説明の方法および程度

　銀行は，金商法上，為替予約に関する契約を締結しようとするときは，予め，顧客に対し，法定の事項を記載した書面（契約締結前交付書面）を交付する必

要があります（同法37条の3。詳細は下記(2)を参照）。さらに、Q12で説明した金商法および金販法上の説明義務は、銀行がデリバティブ取引を行う際にも適用され、銀行は、顧客の知識、経験、財産の状況および取引の目的に照らして、顧客に理解されるために必要な方法および程度による説明をする必要があります（広義の適合性原則による説明義務の実質化（金商法38条9号、業府令117条1項1号、金販法3条1項・2項））。

　この点に関して、監督指針は、デリバティブ取引の説明にあたり、概ね、①デリバティブ取引の商品内容やリスク（金融指標等の水準等の変化により生じる想定最大損失額および顧客の経営または財務状況に対する影響）、②デリバティブ取引の中途解約の可否、解約清算金が発生する場合にはその旨および解約清算金の内容、③デリバティブ取引がヘッジ目的の場合には、顧客が業務運営を行う上で有効なヘッジ手段として機能することについて、例示等も入れ、具体的にわかりやすい形で解説した書面を交付して、適切かつ十分な説明をすることを求めています（主要行監督指針Ⅲ-3-3-1-2(2)①イ、中小・地域監督指針Ⅱ-3-2-1-2(2)①イ）。

　為替予約でいえば、たとえば、為替相場がどう変動すれば顧客がどのような損失を被るおそれがあるかについて損益図（ペイオフ・ダイアグラム）を用いた視覚的にわかりやすい説明が求められるとともに、本設問の為替予約はヘッジ目的ですので、顧客が業務運営を行う上でヘッジ手段として有効に機能すること等をわかりやすく説明することが必要です。

(2)　契約締結前交付書面の交付

①　記載事項

　契約締結前交付書面には、各取引に共通の基本的記載事項（金商法37条の3第1項各号、業府令82条各号）および店頭デリバティブ取引についての記載事項（業府令94条）を記載する必要があります。店頭デリバティブについていえば、たとえば、(i)元本欠損・元本超過損が生ずるおそれ（金商法37条の3第1項5号～7号、業府令82条3号～6号）や(ii)手数料（金商法37条の3第1項4号）の記載が特に重要です。

　(ii)に関し、デリバティブ取引では、手数料をデリバティブ取引の価格およびレートから分離することが困難で、かつ、取引の期間中、デリバティブ取引の

時価も変動するために手数料の表示ができない場合があります。このような場合は，手数料を記載できない旨およびその理由（業府令81条1項ただし書）を記載することになると考えられます。

② 記載方法

手数料等の概要，元本欠損リスクおよび元本超過損リスク，市場リスクおよび信用リスク，ならびに，店頭デリバティブ取引の場合はカバー取引の相手方および顧客の財産の分別管理の方法・預託先等について，12ポイント以上で明瞭かつ正確に記載し，枠で囲む必要があります（業府令79条2項）。また，顧客の判断に影響を及ぼす特に重要な事項については，冒頭に平易に記載する必要があります（同条3項）。

(3) 日本証券業協会の投資勧誘規則に基づく注意喚起文書の交付等

投資勧誘規則は，店頭デリバティブ取引を顧客と行う場合，顧客への注意喚起文書の交付（6条の2）および顧客からの確認書の徴求（8条）を求めていることから，為替予約を行う場合も，注意喚起文書の交付および確認書の徴求が必要です。なお，確認書は，説明義務違反が主張される訴訟において，契約締結前交付書面とともに必須の資料となります（前掲・司法研修所編76頁）。

204　第2章　銀行取引

Q48　デリバティブ取引における信用不安時の対応

当行は，海外との取引が多い顧客企業と通貨スワップ取引を行うととも
に，そのカバー取引として，他の金融機関と通貨スワップ取引を行うこと
を検討しています。これらのデリバティブ取引の相手方である顧客企業ま
たは金融機関の信用状況が悪化する場合に備えて，どのような手当てをす
ればよいでしょうか。また，顧客企業の信用状況が実際に悪化した場合に
は，どのような対応をすればよいでしょうか。

A

相手方のデフォルトにより当行が損害を受けるリスクを削減するため，親会
社の保証もしくは担保による保全を行うことまたは契約条項の手当てをするこ
とが考えられます。また，当行が金融機関と通貨スワップ取引を行う場合には，
証拠金規制および監督指針により，証拠金の授受が必要となります。顧客の信
用状況が実際に悪化した場合は契約条項に従い，顧客のエクスポージャーを算
出し，期限前解約等を行うことを検討します。

1．保全の必要性

デリバティブ取引の相手方の信用状況が悪化し，さらに，当該相手方がデ
フォルトとなった場合，当行が損害を受ける可能性があるため，損害を受ける
リスクを削減する方策を検討しておく必要があります。

2．保全の方法①―親会社の保証（顧客とのデリバティブ取引について）

銀行は，顧客（事業法人）の信用状況によっては無担保で顧客とデリバティ
ブ取引を行うこともあるようですが，顧客の信用状況を踏まえ，債権の保全が
必要であると判断したときに顧客に親会社がある場合には，当該親会社に保証
を差し入れてもらうことが考えられます。

なお，顧客側から，顧客の親会社による保証ではなく，コンフォート・レ
ターの差入れで代替したいとの要望を受けることがあります。しかし，コン
フォート・レターには，通常，「当該子会社の親会社である」「親会社として子

会社の監督を行う」「子会社がデフォルト等の問題を起こした場合はその解決に協力する」等の趣旨は記載されているものの，子会社の債務を親会社が保証するとの記載はありません。したがって，債権者たる当行としては，保証の代わりにコンフォート・レターの差入れのみで応諾する場合には，親会社の保証が存在するという前提で与信を行うべきではないと考えられます（植木雅広『必携デリバティブ・ドキュメンテーション（担保・個別契約書編）』（近代セールス社，2010）28〜29頁）。なお，コンフォート・レターの文言上，親会社の具体的な義務の内容が明確である場合は，当該義務違反を理由に親会社に対して損害の賠償を求めたり，当該義務違反を期限の利益喪失事由とした上，期限の利益を喪失させたりすることは可能と考えられます。

3．保全の方法②―契約条項による手当て

次に，当行が顧客，金融機関等とデリバティブ取引を行う場合，取引の相手方の信用リスク削減策として，契約書において，以下の条項を規定することが考えられます。

① 中途解約条項

相手方の信用状況が悪化した場合（たとえば，顧客について銀行取引約定書に定める期限の利益喪失事由（Q26の3(1)を参照）が生じた場合）に，当行が取引を解約できるとする条項です。取引の相手方の信用格付が一定レベル以下に低下した場合に取引を期限前解約することができる旨の（狭義の）ダウン・グレード条項（植木雅広『必携デリバティブ・ドキュメンテーション（基本契約書編）』（近代セールス社，2008）240〜241頁）も，中途解約条項の一種です。

② キャッシュセトル条項

一定の期間ごとにエクスポージャー（取引を時価評価して算出される含み損益）を値洗いし，当行が顧客との間でこれをゼロとするためキャッシュで清算する旨の条項です。

③ Mark-to-market Currency Swap条項

これは，通貨スワップ取引の金利支払日に，異なる2つの通貨建ての想定元本を，当該金利支払日の2営業日前に値決めされるスポットレートで時価評価し，その時点での含み損益を当事者間で清算し，時価評価後の金額をその次の計算

206　第2章　銀行取引

期間の想定元本とする旨の条項です（前掲・植木（担保・個別契約書編）419頁）。たとえば，満期に，当行が新興国建ての元本を相手方の金融機関に支払うのと交換に当該金融機関から円建ての元本を受け取るという通貨スワップでは，新興国の通貨価値が下落すると，相手方のデフォルトが起きた際の損失が大きくなりますが，Mark-to-market Currency Swap条項があれば，期中に値洗いをすることになりますので，当該損失のリスクを軽減することができます。

> ## 4．保全の方法③
> 　—担保権の取得（金融機関とのデリバティブ取引について）

　当行が金融機関との間でデリバティブ取引を行う場合は，国際スワップ・デリバティブ協会（ISDA）制定の担保契約書であるCredit Support Annex（CSA）に基づき当事者双方が担保を提供することが考えられます。CSAの各条項の意義や解釈については，公表されている資料・文献（たとえば，ISDA作成の「User's Guide to the 1995 ISDA Credit Support Annex」，前掲・植木（担保・個別契約書編）をご覧いただければと思います。

> ## 5．証拠金規制（金融機関とのデリバティブ取引について）

　金融庁の監督指針は，①主要行等や中小・地域金融機関（業府令123条10項4号ロに該当する店頭デリバティブ取引に係る想定元本額の合計額の平均額が3,000億円未満の者を含みます）が，金融機関等を相手方とする非清算店頭デリバティブ取引において，変動証拠金の授受等，取引先リスク管理に係る態勢整備に努めること，②業府令123条1項21号の6の規定（当初証拠金）の対象となる主要行等や中小・地域金融機関が，同号で対象となる非清算店頭デリバティブ取引において，当初証拠金の授受等，取引先リスク管理に係る態勢整備に努めることを求めています（主要行監督指針Ⅲ-2-3-2-1-2(12)，中小・地域監督指針Ⅱ-2-4-2(9)）。なお，②に関し，通貨スワップのうち想定元本に相当する通貨を授受することを約する部分については，当初証拠金規制の対象外とされています（業府令123条1項21号の6）。

　証拠金授受等に係る態勢整備とは，具体的には，ISDA制定のデリバティブ取引の基本契約書であるISDAマスター契約およびCSAの締結，証拠金の計算・

授受・管理等を行うためのシステムの整備や人員の補充等を含むと考えられます。

　したがって，当行が金融機関との通貨スワップ取引を行うには，ISDAマスター契約およびCSAを利用し，かつ，証拠金（ただし，想定元本部分についての当初証拠金は除きます）の計算・授受・管理等を行うためのシステムの整備や人員を確保することが必要となります。

6.　信用不安時の対応（顧客とのデリバティブ取引について）

　顧客の信用状況が悪化した場合，当行としては，当該顧客とのデリバティブ取引について時価評価を行って含み損益を算出し，さらに，融資，預金その他の取引についても含み損益を算出した上，これらの取引の含み損益を合計した結果，プラスのエクスポージャー，つまり，当行側に残存する債権が生じている場合は，保証人である親会社の信用状況，担保権により当該債権を保全できるかを踏まえ，取引を継続するかどうかを検討します。信用状況が悪化した場合の追加担保提供義務が契約書に規定されている場合は当該規定に基づき，顧客に対し追加担保の提供を求めることも考えられます。

　保証人の信用状況も悪く，追加担保の提供も困難である等により取引を終了させるべきであると判断した場合は，中途解約条項（上記３①を参照）に基づき期限前解約により取引を終了させ，当該債権額を回収します。

208　第2章　銀行取引

7　**PEファンド**

Q49　PEファンド出資とは

　当行は，プライベート・エクイティ・ファンド（PEファンド）への出資をすることになりました。PEファンドというのは，具体的には，どのようなヴィークルなのでしょうか。当行としては，経済的利益を得る目的での出資を考えており，PEファンドの運営にはかかわるつもりはないのですが，そのような形での出資は可能なのでしょうか。

A

　PEファンドとして一般的に用いられるヴィークルは，投資事業有限責任組合と海外のリミテッド・パートナーシップです。有限責任組合員やリミテッド・パートナーとして出資をすることにより，PEファンドの運営にかかわらず，リターンのみを優先的に受けることが可能です。

1．PEファンドへの出資

　一般に，未公開株式やベンチャー企業に対して投資をするファンドをプライベート・エクイティ・ファンド（以下「PEファンド」といいます）といい，投資の目的としても，バイアウト，事業承継支援，ベンチャー支援など，さまざまなタイプのものがあります。銀行等の金融機関も，投資リターンの獲得や投資先への融資機会の確保等を目的として，しばしば，PEファンドに投資家として出資を行っています。

2．投資ヴィークルの種類

　PEファンドに用いる投資ヴィークルとしては，ヴィークルレベルでの法人税の課税を避けるため（パススルー課税），投資事業有限責任組合，海外のリミテッド・パートナーシップ，民法上の組合などを用いることが考えられます。以下，順に，検討します。

Q49　PEファンド出資とは　209

(1)　投資事業有限責任組合

　投資事業有限責任組合は，投資事業有限責任組合契約法に基づく投資事業有限責任組合契約によって成立する組合です（同法2条2項）。投資事業有限責任組合は，無限責任組合員と有限責任組合員から構成され，いずれの組合員も一口以上の出資をしますが（同法6条1項），組合の業務は，無限責任組合員のみが執行し（同法7条1項），また，無限責任組合員は，組合の債務について連帯債務を負います（同法9条1項）。これに対し，有限責任組合員は，出資の価額を限度として組合の債務を弁済する責任を負います（同条2項）。一方，投資事業有限責任組合の組合財産の分配は，まず，有限責任組合員に対してその出資額分を優先的に分配し，出資額を超える収益が上がった場合には，有限責任組合員と無限責任組合員とで何らかの方法により分け合う建付けとするのが通常です。そして，無限責任組合員には，1名のみが就任し，他の投資家は，有限責任組合員として，有限責任という利益を享受しつつ，優先的な分配を受けることを狙って出資を行う，という形がとられることが多いです。したがって，銀行としても，有限責任組合員となることを選択すれば，業務執行については責任を負わず，自らの持分についての出資義務および出資の価額を限度とする債務弁済義務のみを負いつつ，投資を行うことが可能となります。

　また，投資事業有限責任組合は，日本の法律である投資事業有限責任組合契約法を根拠とするものであるばかりでなく，経済産業省からモデル契約も公表されている（経済産業省のウェブサイトから入手可能です。なお，平成22年11月にPEファンド全般を対象としたもの（以下「平成22年版モデル契約」といいます）が公表され，平成30年4月に特にベンチャーキャピタルファンド向けにカスタマイズし，かつ，金商法等の法令の改正にも対応したもの（以下「平成30年版モデル契約」といいます）が公表されています）ことから，主として日本の投資家をターゲットにするPEファンドにおいて利用がしやすいヴィークルであるといえます（なお，各モデル契約には，詳細な解説も付されており，参考になります。また，紙の文献としては，伊東啓＝石津卓編著『投資事業有限責任組合の契約実務』（商事法務，2011），日本ベンチャーキャピタル協会ほか編著『ベンチャーキャピタルファンド契約の実務―新契約例と時価評価の解説』（金融財政事情研究会，2019）があります）。

他方，投資事業有限責任組合を用いる際の最大のデメリットは，PEファンドが営むことのできる事業が投資事業有限責任組合契約法3条1項に列挙されたものに限られており，とりわけ，「外国法人の発行する株式，新株予約権若しくは指定有価証券若しくは外国法人の持分又はこれらに類似するものの取得及び保有」（同項11号）については，その取得の価額の合計額の総組合員の出資の総額に対する割合が50％に満たない範囲内でしか行うことができないとされている（同法施行令3条）点です。想定している投資先が海外の企業である場合は，このヴィークルの利用は難しいように思われます。

(2) 海外のリミテッド・パートナーシップ

海外のリミテッド・パートナーシップ，すなわち，ケイマン諸島法や米国デラウェア州法等の外国法を準拠法として設立されたリミテッド・パートナーシップ（limited partnership）というヴィークルも，かなりの頻度で用いられます。海外のリミテッド・パートナーシップは，準拠法において若干の違いがあるものの，パートナーシップの構成員として，業務執行権限を有し，パートナーシップの債務について対外的に無限責任を負うジェネラル・パートナー（general partner）と，業務執行権限を有さず，また，パートナーシップの債務については対外的にも原則として出資額の限度でしか責任を負わないリミテッド・パートナー（limited partner）との2種類が存在する点では，概ね共通しています。また，リミテッド・パートナーシップの財産の分配において，ジェネラル・パートナーよりもリミテッド・パートナーが優先される仕組みが通常とられる点でも，投資事業有限責任組合に類似しています。

海外のリミテッド・パートナーシップにおいては，投資事業有限責任組合と異なり，原則として，その事業や投資先について制約がない点がメリットであるといえます。また，少なくとも，ケイマン諸島法やデラウェア州法等のよく使われる法域のリミテッド・パートナーシップ契約は，（モデル契約こそないものの）ある程度契約がフォーマット化されており，投資家にとってなじみがある点でも，使いやすいヴィークルであるといえます。

一方，必然的に，英語の契約となることから，日本の投資家にとっては，ややハードルが高いものであるとともに，外国法準拠であることから，そのヴィークルの法的性質や，契約条項の有効性等についての検証が難しい（厳密

にやろうと思えば，その準拠法のローカルカウンセルに照会をかける必要があるでしょう）という点は，デメリットとして挙げられるように思います。

(3) 民法上の組合

　日本法のヴィークルとして，民法上の組合（民法667条）も，税務上のパススルーを享受できるという観点だけから見れば，利用を検討する余地があります。また，投資事業有限責任組合と異なり，その事業や投資先に制約はありませんし，業務執行については，デフォルトルールでは，全組合員の過半数で決することとされていますが（民法670条1項），1人または数人の組合員または第三者に委任することができることとされていますので（我妻榮『債権各論 中巻二（民法講義Ｖ3）』（岩波書店，1962）778，784頁。なお，この点は，平成29年の民法（債権法）改正（令和2（2020）年4月1日施行予定）により，明文化されました（同法670条2項）），業務執行に関与したくないという投資家の要請にも応えることが可能です。

　もっとも，民法上の各組合員は，組合契約に定められた損失分担の割合（または各組合員とも同じ割合）で（民法675条），組合の債務について無限責任を負い，この責任は出資義務に制限されず，損失分担額を制限する組合契約があっても組合に対する債権者を拘束しないと解されている（前掲・我妻812～813頁）ため，有限責任性が確保されないという点が最大のデメリットであり，投資家にとって利用しづらいものとなっています。

　したがって，PEファンドのヴィークルとしては，投資事業有限責任組合か海外のリミテッド・パートナーシップによることがほとんどであるといって差し支えないでしょう。もっとも，投資事業有限責任組合は，有限責任組合員の有限責任性や業務執行について投資事業有限責任組合契約法上の特則はあるものの，その法的性質は民法上の「組合」であるとされており（大村敦志「法技術としての組合契約」潮見佳男ほか編著『特別法と民法法理』（有斐閣，2006）196頁），その権利義務関係等を分析するにあたっては，民法上の組合や組合契約についての議論が参考になります。なお，PEファンドの法務や契約実務等について解説した文献として，たとえば，福田匠『プライベート・エクイティ・ファンドの法務』（中央経済社，2017），本柳祐介『ファンド契約の実務Q&A〔第2版〕』（商事法務，2018）などがあります。

212　第2章　銀行取引

Q50　PEファンドの組合契約の条項

ファンド組成者より，当行に対し，当行が出資を検討しているPEファンドの組合契約のドラフトが送られてきました。投資家としての視点から，どのような点に留意してレビューする必要がありますか。

A

平成22年版モデル契約や平成30年版モデル契約の規定も参照しつつ，①当行の有限責任の明確化，②ファンド組成者の利益相反の防止，③組合財産の分配における優先性の確保・現物分配の制限，といったあたりが達成されているかに留意すべきものと思われます。

1．PEファンドの組合契約

　PEファンド（以下では，Q49で述べた投資事業有限責任組合（以下「投有責組合」と呼ぶことにします）または海外のリミテッド・パートナーシップであることを前提にします）を組成する場合，組合契約（海外のリミテッド・パートナーシップでは，limited partnership agreementですが，ここでは，それも含めて「組合契約」と呼ぶことにします）の締結が必要となりますが，この契約は，無限責任組合員（海外のリミテッド・パートナーシップの場合はジェネラル・パートナーですが，ここでは，それも含めて「無限責任組合員」と呼ぶことにします）がドラフトし，有限責任組合員（海外のリミテッド・パートナーシップの場合はリミテッド・パートナーですが，ここでは，それも含めて「有限責任組合員」と呼ぶことにします）として出資を行うことを検討している者がそれを受領してレビューをするというプロセスを踏むケースがほとんどです。

　以下，有限責任組合員として組合契約をレビューする際に留意すべき点として，主なものについて解説しますが，総論として，Q49でもご紹介した平成22年版モデル契約や平成30年版モデル契約は，1つのありうべき基準として，参照の価値が高いように思われます。これらのモデル契約は，国内の投有責組合を前提としたものであるため，国内の投有責組合の場合に参照すべきことは言

うまでもありませんが，解説部分などをお読みいただくとわかるとおり，海外案件でのプラクティスにも一定の配慮がなされた内容となっており，また，そもそも，海外案件でも国内案件でもパッシブな投資家として留意すべき点にはそれほど大きな違いがないと考えられることから，海外のリミテッド・パートナーシップの場合も，十分参照に値するように思われます。

また，組合契約は，すべての有限責任組合員が調印する契約であり，その条項は，すべての有限責任組合員に適用されます。有限責任組合員になる者にはさまざまな属性の投資家が含まれ（日本の投資家だけとは限りませんし，日本の投資家であっても，当行のような銀行であるとは限りません），それぞれ置かれた状況が異なるため，各投資家が組合契約に対して行うコメントや変更要請は，必ずしも多数の投資家の意向を代弁したものとなるとは限りません。無限責任組合員としては，多くの投資家が要請した変更要請であればその反映を真剣に検討しなければならないでしょうが，少数の投資家からの要請であれば，無視してしまってもよいと考えるかもしれません。このように，各投資家の変更要請は，必ずしも組合契約に反映されないことが多いことも認識した上で，重要な部分に限ってコメントや変更要請をすることも重要な点であると考えられます。なお，組合契約には反映されなかったものの当行としてはどうしても手当てしてもらう必要がある事項については，組合契約とは別に，当行とPEファンドの間で合意書（一般に「サイドレター」と呼びます）を締結し，その中で何らかの手当てをしてもらうこともあります。

2．有限責任性の明確化

Q49でも述べたとおり，有限責任組合員が有限責任しか負わないことが確保されていることが，有限責任組合員として出資を行う者にとっては重大な関心事となります。この点については，たとえば，日本の投資事業有限責任組合契約法9条2項においても，「有限責任組合員は，その出資の価額を限度として組合の債務を弁済する責任を負う。」との規定があり，海外のリミテッド・パートナーシップでも同様の規定が置かれていることが多いかと思いますが，通常は，組合契約においても，同趣旨の規定を置いて明確化します。また，有限責任組合員が組合の業務を執行する権限を有する組合員であると誤認させる

ような行為があった場合には，当該有限責任組合員は無限責任組合員と同一の
責任を負うとされている（「みなしGPリスク」などと呼ばれます）ことから
（同条3項），この規定の適用がなされるのを防ぐために，有限責任組合員が組
合の業務を執行しまたは代表する権限を有しない旨を明記することが通常であ
り，海外のリミテッド・パートナーシップの場合も基本的に同様であると思い
ます。

3. 無限責任組合員の利益相反の防止

　無限責任組合員は，有限責任組合員に対して善管注意義務や忠実義務を負う
のが通常ですが（平成30年版モデル契約14条参照），特に忠実義務の具体化の一
つとして，無限責任組合員による利益相反行為の禁止が挙げられます。

　具体的には，まず，①無限責任組合員が組合の事業と同種または類似の事業
を行うことや，組合の事業と同種または類似の事業を目的とするPEファンド
の運営を行うことを禁止します（または諮問委員会の承諾事項とします）。こ
れは，無限責任組合員が，組合と同種または類似の事業を他にも行う場合，あ
る投資機会の配分等において当該同種または類似の事業の利益を優先させ，組
合に不利益な配分がなされるおそれ等があることによります。

　また，②無限責任組合員が，自らまたは第三者のために組合と取引すること
も，原則として禁止します（または諮問委員会の承諾事項とします）。これも，
組合の利益を図るべき地位にある無限責任組合員が自らまたは第三者のために
組合の取引の相手方となることにより，組合の利益よりも自らまたは第三者の
利益を図るような条件での取引を行うことを防ぐためのものです。

　なお，上記で言及された「諮問委員会」（海外では「アドバイザリー・ボー
ド」などと呼びます）は，通常，出資約束金額が一定額を超える有限責任組合
員の役職員や無限責任組合員が指名する者によって構成され，一定の事項（た
とえば上記の利益相反行為を行うこと）について，承諾をする権限（または意
見陳述や助言をする権限）を有します（承認の際の決議要件は，3分の2や
50％など，さまざまです）。これによって，無限責任組合員による利益相反行
為や暴走に歯止めをかけようとしているわけです。

4．組合財産の分配における優先性の確保・現物分配の制限

　分配ルールには，さまざまなバリエーションがあり，ここでは詳細について
は割愛しますが，有限責任組合員としては，少なくとも各有限責任組合員の出
資履行金額に達するまでの間は，無限責任組合員ではなく有限責任組合員にの
み組合財産を分配する旨の規定がされているかどうかには，留意をする必要が
あるでしょう。

　また，組合財産の分配は，組合契約において，通常，特に市場性のある有価
証券（marketable securities）については，金銭ではなく現物で行うことが可
能であるとされているケースが多いと思われます。しかし，特に，銀行が有限
責任組合員として出資する場合，銀行に課される議決権保有規制（Q6および
Q51で詳述します）への抵触リスクや保管・処分の手間の煩雑さの観点から，
現物分配を禁止するよう求めるのが通常です（平成22年版モデル契約29条5項
および平成30年版モデル契約28条5項においては，現物分配を許容しつつも，
その場合は，無限責任組合員は，有限責任組合員に対し，現物のまま受け取る
か当該現物の処分代金を受け取るかの選択を与え，当該有限責任組合員が処分
代金での受領を選択した場合には現物を処分して処分代金を交付することを義
務付けています）。したがって，銀行等の投資家としては，上記のようなモデ
ル契約にあるような現物配当を避けるためのメカニズムが組合契約において設
けられているどうかを確認し，なければ，当該メカニズムを入れるための組合
契約の変更またはサイドレターでの手当てを求めていくべきでしょう。

　なお，PEファンドの投資先にはさまざまな法人がありえ，必ずしも，その
発行する株式や証券の処分が容易であるとは限りません。したがって，上記モ
デル契約のような処分義務ではなく，処分をするために合理的な努力を行う義
務を無限責任組合員に負わせるにとどめる場合もそれなりに多いように思われ
ます。

216　第2章　銀行取引

Q51　PEファンドへの出資とレギュレーション

　PEファンドへの出資を行うにあたり，当行が銀行であることを理由として，何か特別な規制はかかりますか。仮に何らかの規制がかかる場合，当該規制に違反しない形で投資を行うために，どのような工夫をすべきですか。その他，日本の法規制で，留意すべきものはありますか。

A

　当行がPEファンドを介して投資先の議決権を有することが，銀行法および独禁法に基づく議決権保有規制に抵触しないようにするため，法令上の例外要件を満たすようにする，PEファンドへの出資割合を5％未満にする等の手当てを行います。また，金商法にも留意が必要です。

1．議決権保有規制（5％ルール）

(1)　総　　論

　日本の銀行が有限責任組合員としてPEファンドに出資する場合においてまず認識すべき日本の法令上の規制は，議決権保有規制です。Q6でも説明したとおり，議決権保有規制には，銀行法によるものと独禁法によるものとがあり，いずれの法令においても，銀行（グループ）は，原則として，「国内の会社」の議決権を5％を超えて取得または保有してはならないとされています（「5％ルール」（銀行法16条の4第1項，独禁法11条1項））。銀行によるPEファンドへの出資にあたっても，これらの議決権保有規制に抵触しないかどうかを検討する必要があります。

　ところで，有限責任組合員が直接保有するのは，あくまでも，PEファンドの持分であり，投資先の持分や議決権を保有するわけではありません。投資先の持分や議決権を保有しているのは，PEファンドです。しかし，PEファンドは，投資事業有限責任組合（以下「投有責組合」といいます）や海外のリミテッド・パートナーシップなど，通常の法人以外の形態をとることが一般的であるため，PEファンドの組合財産（投資先の議決権を含みます）は，（たとえPEファンドが「保有」しているとしても）法的には，PEファンド自体ではな

く，組合員に帰属する可能性があります。そうすると，PEファンドの投資先が「国内の会社」である場合，PEファンドが「保有」する「国内の会社」の議決権が，（有限責任組合員の保有するPEファンドの持分割合に応じて）有限責任組合員に帰属してしまうのではないか，という点が問題となりうるわけです。

⑵　投有責組合の場合

　まず，PEファンドが投有責組合である場合について説明します。投有責組合は，Q49の2⑶で説明したとおり，民法上の組合として性質決定されています。したがって，投有責組合そのものは法人格を有さず，組合財産を構成する投資先の議決権は，各組合員の共有に帰属する（同法668条）と解されます。そうすると，組合員の1人である銀行に対する「国内の会社」の議決権の帰属割合によっては，議決権保有規制に抵触するのではないかという懸念が生じますが，この点については，銀行法および独禁法で議決権保有規制の例外を認める形で手当てがなされています。

　具体的には，まず，銀行法上の議決権保有規制については，⒜ある者が，投有責組合の有限責任組合員となり，組合財産として取得し，または所有する株式等は，保有議決権としてカウントしないこととされています（同法16条の4第9項，同法施行規則1条の3第1項3号）。もっとも，これには，さらなる例外（例外の例外）が設けられていることに注意が必要であり，具体的には，①有限責任組合員が議決権を行使することができる場合および②議決権の行使について有限責任組合員が投有責組合の無限責任組合員に指図を行うことができる場合は，原則に戻り，当該議決権は保有議決権としてカウントされることになります。したがって，PEファンドの投資先の議決権については，上記①②のような権限を有限責任組合員が有しないようにすることが例外⒜に依拠するために必要であり，通常は，組合契約において，その旨を明記することによって，この点を確保します。

　他方，独禁法上の議決権保有規制との関係でも，⒝ある者が，投有責組合の有限責任組合員となり，組合財産として株式を取得し，または所有することにより議決権を取得し，または保有する場合は，保有議決権に含めないこととされていますが，ここでも，やはりさらなる例外（例外の例外）が設けられてお

り，具体的には，①'有限責任組合員が議決権を行使することができる場合，②'議決権の行使について有限責任組合員が投資有責組合の無限責任組合員に指図を行うことができる場合および③'当該議決権を有することとなった日から10年を超えて当該議決権を保有する場合には，原則どおり，当該議決権が５％という基準を超えるかどうかの判定において含められてしまうこととなります（同法11条１項４号）。このうち，①'と②'は，銀行法上の例外の例外と同じですが，③'は，独禁法上の議決権保有規制との関係でのみ問題となる要件です。この要件の充足を避けるための方策としては，たとえば，組合の存続期間を10年以下にすること，ある投資先の株券等を10年を超えては保有しない旨を組合や無限責任組合員に誓約させること等が考えられます。

(3)　海外のリミテッド・パートナーシップの場合

　海外のリミテッド・パートナーシップの場合は，上記の(a)(b)のような投有責組合を通じた議決権の保有に関する例外規定は適用されず（金融庁平成26年パブコメ回答No.12），これらに依拠することはできません。したがって，厳密に対応するとすれば，当該リミテッド・パートナーシップに適用される準拠法によるとリミテッド・パートナーに組合財産が帰属するかどうかを調査し，仮に帰属する場合には，組合契約において，リミテッド・パートナーシップに対する当行の出資割合や議決権が５％を超えないようにする（このようにすれば，仮にリミテッド・パートナーシップがある「国内の会社」の株式を100％保有した場合でも，当行に帰属するのはその５％未満になるはずであると考えられます）という対応をすることになろうかと思います。もっとも，ある法域のリミテッド・パートナーシップに組合財産が帰属するかどうか，というのは，必ずしも明らかではないことも多く，ほとんどの場合，帰属することを前提に，リミテッド・パートナーシップに対する出資割合や議決権が５％を超えないようにするという対応をとっているように思われます。

2．その他の法規制

　銀行法や独禁法のほかに留意すべき日本の法令としては，金商法が挙げられます。たとえば，無限責任組合員（海外のリミテッド・パートナーシップにおけるジェネラル・パートナーも同様です。以下単に「無限責任組合員」としま

す）が，（組合を代理して）有限責任組合員（海外のリミテッド・パートナーシップではリミテッド・パートナーですが，以下単に「有限責任組合員」とします）としての持分の取得を日本の投資家に勧誘する行為（自己募集）は第二種金融商品取引業に該当し（金商法28条2項1号・2条8項7号へ），日本の投資家から出資された金銭から構成されるPEファンドの資産を運用する行為（自己運用）は投資運用業に該当する（同法28条4項3号・2条8項15号ハ）ため，それぞれ登録が必要となるのが原則です（同法29条）。しかし，通常，そのような登録を行うのは現実的でないことから，無限責任組合員が，①（第二種金融商品取引業や投資運用業の登録に代えて）適格機関投資家等特例業務の届出を行って自己募集および自己運用（またはそのいずれか）を行う（同法63条1項・2項），②（自己募集をせずに）取得勧誘行為のすべてを第二種金融商品取引業者に委託する（この場合は，自己募集は行っておらず，登録は不要とされています（金融庁平成19年パブコメ回答58〜59頁No.103〜110）），③（自己運用をせずに）運用行為のすべてを投資運用業者に委託する（この場合，金融商品取引業に該当しなくなります（定義府令16条1項10号）），④（自己運用について）日本の居住者である投資家が10名未満である等のいわゆる外国集団投資スキームの特例の要件を満たす形で運用を行うこと（この場合も，金融商品取引業に該当しなくなります（同項13号））等の方法により，登録を回避しつつ業規制を遵守するのが一般的です。

　以上の金商法上の規制に関する詳細については，たとえば，福田匠『プライベート・エクイティ・ファンドの法務』（中央経済社，2017）16〜31頁，本柳祐介『ファンド契約の実務Q&A〔第2版〕』（商事法務，2018）29〜54頁を参照してください。

　以上の業規制は，基本的には無限責任組合員側の問題であり，有限責任組合員は直接その規制を受ける立場にはありません。しかし，とりわけ銀行が有限責任組合員として出資する場合は，上記に述べたような金商法上の業規制のフレームワークを理解した上で，無限責任組合員が，いかなる方法により業規制を遵守しているのかについて，確認を行うのが通常であると思われます。無限責任組合員が上記の業規制を遵守していないことが強く疑われる場合，銀行としては，出資を見合わせるべき場面もあろうかと思います。

220　第2章　銀行取引

8　FinTech

Q52　暗号資産・デジタル通貨による決済・送金サービスの法的課題

当行は，暗号資産・デジタル通貨を用いた決済・送金サービスを提供することを検討しています。どのような法規制に留意する必要があるでしょうか。

A

検討している暗号資産・デジタル通貨の送金・決済サービスが「仮想通貨交換業」にあたるかを踏まえ，仮に該当する場合には，資金決済法上の規制について留意するとともに，それが銀行法上の「その他の付随業務」として許されるのかについても検討することになります。

1．暗号資産の仕組みと決済・送金サービスへの利用

世界最初に誕生した暗号資産は，ビットコインであり，ブロックチェーンと呼ばれるP2Pネットワーク上の分散台帳へ記録をすることにより，他者へ送金できるという特徴をもつものです。以前は「仮想通貨」とも呼ばれていましたが，国際的に"crypto asset"と呼ばれることが多いため，日本でも「暗号資産」と呼ばれるようになってきています。

ビットコインの誕生後，同様のブロックチェーン技術を応用したさまざまなタイプのコイン（アルトコイン（Altcoin））が生み出されています。しかし，今日でもビットコインが最も代表的な暗号資産であり，日本においても，広く商取引の決済や投資対象として利用されています。

一方で，ビットコインが投機の対象となり，値動きが激しくなったことから，送金・決済手段として適さなくなったとも考えられています。そこで，一部の銀行は，主に送金・決済手段として用いるため，1コインが概ね1円の価値をもつデジタル通貨を実用化すべく検討を進めています。

銀行が，このような暗号資産・デジタル通貨を送金・決済サービスに用いようとする場合，これが「暗号資産交換業」にあたるかを踏まえ，仮に該当する場合には，資金決済法上の規制について留意するとともに，それが銀行法上の「その他の付随業務」（詳細について，Q4の2(2)を参照）として許されるのかについても検討することになります。

2．暗号資産に関する規制

(1) 資金決済法による暗号資産の規制

平成28年改正資金決済法により，仮想通貨交換業が認められるとともに，利用者保護の観点から一定の規制が設けられました。しかし，その後，仮想通貨の流出事件等が発生し，事業者側の体制の不備が認識されたことなどから，令和元（2019）年5月31日に成立した「情報通信技術の進展に伴う金融取引の多様化に対応するための資金決済に関する法律等の一部を改正する法律」（令和元年法律第28号）（以下「令和元年改正法」といいます）により，従来の「仮想通貨」という用語を「暗号資産」と変更することのほか，事業者に顧客の金銭・暗号資産を事業者の金銭・暗号資産と分別管理することなど，顧客の保護のための新たな規制が設けられています。令和元年改正法は，令和2年4月施行予定ですが，以下では，令和元年改正法を前提として解説を行います。

(2) 資金決済法における暗号資産の意義

「暗号資産」とは，以下の①または②のものをいいます（同法2条5項）。

① ⅰ）物品の購入もしくは借受けまたは役務の提供の代価の弁済のために不特定の者に対して使用することができ，かつ，ⅱ）不特定の者を相手方として購入および売却を行うことができる「財産的価値」（電子機器その他の物に電子的方法により記録されているものに限り，本邦通貨および外国通貨ならびに同条6項に定義される「通貨建資産」を除く。次の②でも同じ）であって，ⅲ）電子情報処理組織を用いて移転することができるもの（「1号暗号資産」）

② ⅰ）不特定の者を相手方として1号暗号資産と相互に交換を行うことができる「財産的価値」であって，ⅱ）電子情報処理組織を用いて移転することができるもの（「2号暗号資産」）

222　第2章　銀行取引

　ビットコインは上記①の各要件を満たし，1号暗号資産にあたります。一方で，電子マネーは「通貨建資産」にあたり，また，企業が発行するポイントは①ⅱ）の要件を満たさず，いずれも暗号資産にはあたらないことになります。

　なお，令和元年改正法において，トークンに表示される一定の権利が「電子記録移転権利」として第一項有価証券に追加され，金商法の規制を受けることとされたこと（令和元年改正法による改正後の金商法2条3項）に伴い，資金決済法上の「暗号資産」から電子記録移転権利を表示するものを除外する改正がなされています（令和元年改正法による改正後の資金決済法2条5項）。

(3)　暗号資産交換業とその登録

　「暗号資産交換業」とは，①暗号資産の売買または他の暗号資産との交換，②その売買・交換の媒介，取次ぎまたは代理，③これらの行為に関して利用者の金銭または暗号資産の管理をすること，もしくは，④他人のために暗号資産の管理をすることを業とすることをいい（資金決済法2条7号），これ行うためには内閣総理大臣の登録を受ける必要があります（同法63条の2）。

(4)　暗号資産交換業者に対する規制

　暗号資産交換業の登録を受けた者（暗号資産交換業者）は，資金決済法上，①情報の漏えい，滅失または毀損の防止等の安全管理措置（同法63条の8），②手数料等の契約の内容の情報提供その他の暗号資産交換業の利用者の保護を図るために必要な措置（同法63条の10），③暗号資産交換業の利用者の金銭・暗号資産を自己の金銭・暗号資産と分別して管理する措置（同法63条の11）等を講じる必要があります。

3．銀行法上の業務範囲規制

(1)　暗号資産を用いたサービス

　さて，銀行がビットコイン等の暗号資産を用いた決済・送金サービス事業（暗号資産交換業）を行おうとする場合，これが「その他の付随業務」（銀行法10条2項柱書）にあたり，許容されるかが問題となります。

　この点，主要行監督指針Ⅴ-3-2および中小・地域監督指針Ⅲ-4-2において，「その他の付随業務」の範疇にあるかの判断にあたっては，①当該業務が銀行法10条1項各号および2項各号に掲げる業務に準ずるか，②当該業務の規

模が，その業務が付随する固有業務の規模に比して過大なものとなっていない
か，③当該業務について，銀行業務との機能的な親近性やリスクの同質性が認
められるか，④銀行が固有業務を遂行する中で正当に生じた余剰能力の活用に
資するかを総合的に考慮することとされています。したがって，銀行の行う決
済・送金サービスにより取り扱う資金額が固有業務の規模に比して過大ではな
く（②），また，送金サービスにおいて通貨から暗号資産への交換と暗号資産
から通貨への交換が瞬時に行われるなどの方法により仮想通貨の価格変動によ
る損失発生リスクが十分に限定されている（③）場合には，「その他の付随業
務」として行うことができると解する余地もあると考えられます。

　なお，暗号資産交換業が「その他の付随業務」にあたる場合でも，銀行は，
上記2で説明した規制に服することに留意が必要です。

⑵　1コインを概ね1円の価値をもつデジタル通貨を用いたサービス

　次に，1コインを概ね1円の価値をもつデジタル通貨による決済・送金サー
ビスの提供については，これが資金決済法上の暗号資産にあたるかに争いがあ
ります。この点，当該デジタル通貨は価格が変動する前提の下で，その発行者
が可能な限り1円に近づけるための行動をとるという仕組みをとる場合，当該
デジタル通貨は「暗号資産」にあたることになります。一方，当該デジタル通
貨1コインと1円の交換が保証されているような場合には，当該デジタルコイ
ンは「通貨建資産」にあたり，資金決済法上の「暗号資産」にはあたらないと
解される可能性が高いといえます。

　そして，デジタル通貨が通貨建資産に該当する場合，デジタル通貨による資
金移動は「為替取引」（銀行法10条1項3号），すなわち，「顧客から，隔地者間
で直接現金を輸送せずに資金を移動する仕組みを利用して資金を移動すること
を内容とする依頼を受けて，これを引き受けること，又はこれを引き受けて遂
行すること」（最決平13・3・12刑集55巻2号97頁，Q24の1参照）にあたると解
することが可能と考えられます。この解釈を前提とすれば，銀行は，1円と交
換することが保証されている暗号資産の資金移動等を暗号資産交換業の許可を
得ることなく本来の銀行業務として行うことができることになります。

224　第2章　銀行取引

Q53　オープンAPI提供における法的留意点

当行は，家計簿アプリを提供する企業に対し，自行のインターネットバンキングシステムをオープンAPIの形で開放することを検討しています。法務担当者としてはどのような点に留意すべきでしょうか。

A

平成29年銀行法改正により，銀行にオープンAPIの提供体制を構築する努力義務が課せられています。銀行は，電子決済等代行業者に求める事項の基準を作成・公表するとともに，その基準に基づき，オープンAPIを提供するに先立って，登録を受けた電子決済等代行業者との間で契約を締結することが必要です。

1．オープンAPIの活用と平成29年銀行法改正の概要

近年，スマートフォンのアプリ等を利用した，家計簿・会計管理サービスや，簡易な送金代行サービス等が急速に実用化されてきました。しかし，多くのサービス提供事業者は利用者からインターネットバンキングのログインID・パスワード等の提供を受けて，何ら銀行等と契約締結することなく，利用者に成り代わってインターネットバンキングにより提供されるサービスを利用する方法（スクレイピングと呼ばれる方法）をとったため，情報管理に関する不安やID・パスワードの悪用等が発生したときの責任の所在のあいまいさなどの問題が生じていました。

そこで，平成29年銀行法等改正（平成30年施行）において，情報通信技術の急速な進展等の金融サービスをめぐる環境変化に対応し，金融機関と金融関連IT企業等との適切な連携・協働を推進するとともに利用者保護を確保するため，電子決済等代行業に関する法制の整備等の措置が講じられました（同法52条の61の2〜52条の61の30）。

この改正法は，①電子決済等代行業に登録制を導入し，銀行との電子決済等代行業に係る契約の締結等を求める一方で，②銀行に対して，(i)電子決済等代行業の登録を受けた者（電子決済等代行業者）との契約の締結に係る基準の作成・公表を求めるとともに，(ii)オープンAPI（銀行が，銀行の外部のFinTech

企業等にAPI（Application Programming Interface）を提供し，銀行システムの機能を利用できるようにすることをいいます）の促進の観点から，電子決済等代行業者と契約を締結しようとする場合に，電子決済等代行業者が利用者の口座に係るID・パスワード等を取得することなく電子決済等代行業を行うことができるような体制整備に努めることを求めています。

上記②の(i)については，銀行は，平成30年3月1日までに電子決済等代行業者との連携および協働に関する方針を決定し，公表しなければならないとされたため（平成29年改正銀行法附則10条），既に各銀行は，当該方針をウェブサイト等において公表しています。

また，上記②の(ii)の体制整備の努力は，上記改正銀行法施行後2年以内（2020年5月31日まで）の政令で定める日までに行わなければならないこととされました（同改正法附則11条）。この体制整備の対象には，資金移動に係るAPI（同法2条17項1号に定めるもの）と，口座情報に係るAPI（同項2号に定めるもの）の両方が含まれます。また，「体制」としては，API接続のためのシステム開発のみならず，接続先の情報セキュリティの評価等を行う体制も含むものと考えられます。各銀行は，既に体制整備に向けたスケジュール等を示しており，今後速やかに，銀行と電子決済等代行業者とのAPI連携が進んでいくことが予想されます。

2．電子決済等代行業とその登録制

「電子決済等代行業」とは，次に掲げる行為のいずれかを行う営業をいいます（銀行法2条17項）。

① 銀行に預金の口座を開設している預金者の委託を受けて，電子情報処理組織を使用する方法により，当該口座に係る資金を移動させる為替取引を行うことの当該銀行に対する指図の伝達を受け，これを当該銀行に対して伝達すること。たとえば，複数の振込先への銀行振込みの依頼をワンクリックで行うことができるサービスがこれにあたります。

② 銀行に預金または定期積金等の口座を開設している預金者等の委託を受けて，電子情報処理組織を使用する方法により，当該銀行から当該口座に係る情報を取得し，これを当該預金者等に提供すること。たとえば，預金

226 第2章 銀行取引

口座の残高や利用履歴等の情報を銀行から取得・集計し，自動的に家計簿を作成するサービスがこれにあたります。

　ただし，預金者による特定の者に対する定期的な支払いを目的として行う決済指図の伝達（たとえば，家賃や公共料金の支払いに係る指図の伝達）等の行為については，いわゆるスクレイピングにより行う行為を除き，利用者保護の観点から規制の対象とする必要性が認められないとして，適用除外とされています（同法2条17項柱書，同法施行規則1条の3の3）。

　この電子決済等代行業は，内閣総理大臣の登録を受けた者でなければ，営むことができないとされています（同法52条の61の2）。電子決済等代行業の主な登録要件としては，①純資産の額が負の値ではないこと，②電子決済等代行業を適正かつ確実に遂行する体制の整備が行われていることが規定されています。このうち②に関しては，情報漏えいや認証情報を悪用した不正送金等により，利用者が不利益を被るおそれがあることを踏まえて，利用者保護を確保するため，システムリスク管理の審査に重点を置くこととされています。

3. 銀行と電子決済等代行業者との契約の締結

　電子決済等代行業者は，電子決済等代行業に該当する行為を行う前に，銀行との間で電子決済等代行業に係る契約を締結しなければならないとされています（銀行法52条の61の10第1項参照）。そして，当該契約には，最低限，①利用者に損害が生じた場合における賠償責任の分担に関する事項，②電子決済等代行業者が取得した利用者に関する情報の適正な取扱いおよび安全管理のために当該電子決済等代行業者が行う措置等，ならびに，③電子決済等代行業再委託者（同法施行規則34条の64の9）が取得した利用者に関する情報の適正な取扱いおよび安全管理のために電子決済等代行業者が行う措置等を定める必要があります（同法52条の61の10第2項，同法施行規則34条の64の16参照）。

　全国銀行協会は，平成30年12月27日，この契約の参考例として，「銀行法に基づくAPI利用契約の条文例（初版）」を公表しました。この条文例においては，たとえば①の損害賠償の分担に関して，電子決済等代行業に関して利用者に損害が生じたときは，原則として，電子決済等代行業者が利用者に生じた損害を賠償または補償することとされ，その後に各銀行に対して求償を行うこと

とされています。

4．銀行による基準の作成・公表

　銀行は，電子決済等代行業者との契約を締結するにあたって電子決済等代行業者に求める事項の基準を作成し，インターネットの利用その他の方法により公表する必要があります（銀行法52条の61の11第1項）。この基準には，契約の相手方となる電子決済等代行業者が電子決済等代行業の業務に関して取得する利用者に関する情報の適正な取扱いおよび安全管理のために行うべき措置，および，契約の相手方となる電子決済等代行業者が電子決済等代行業の業務の執行が法令に適合することを確保するために整備すべき体制に関する事項が含まれるべきとされています（同条2項，同法施行規則34条の64の19）。

　さらに，銀行は，当該契約を締結するにあたって，銀行の定めた基準を満たす電子決済等代行業者に対して，不当に差別的な取扱いを行ってはならないとされています（同法52条の61の11第3項）。

5．銀行の法務担当者の留意点

　以上を踏まえ，電子決済等代行業者に対してオープンAPIを提供しようとする銀行の法務担当者としては，第一に，当該事業者が電子決済等代行業の登録を受けていることを確認する必要があります。その上で，第二に，電子決済等代行業者との契約の締結することになりますが，全国銀行協会の参考例も踏まえて，法律の求める内容の条項が設けられているか，当該契約が自行の定める基準を満たしているかを十分に確認するとともに，電子決済等代行業者との適正なリスク分配がなされているかを確認することが必要となります。あわせて当該契約が自行の定める基準を満たすにもかかわらず契約の締結を拒否することなどにより不当に差別的な取扱いをしないよう留意する必要があります。

228　第2章　銀行取引

Q54　AIを用いたロボアドバイザーの利用に関する法規制

当行は，AIを用いたロボアドバイザーが顧客のために投資助言・資産運用等をするシステムの導入を検討しています。どのような法規制に留意する必要があるでしょうか。

A

金商法の規制上，銀行の行うことができるロボアドバイザーを用いた投資運用・有価証券の買付け等には限界があることから，当行としては，導入を検討しているロボアドバイザーがどのようなサービスを提供しようとしているのかを判断した上で，金商法上許される範囲でのみ行うよう注意する必要があります。

1．ロボアドバイザーの意義と種類

ロボアドバイザーとは，通常，オンライン上で利用者から質問事項に対する回答を受け付け，その回答内容に即してアルゴリズムが各利用者に適した金融商品の組み合わせ（ポートフォリオ）を自動的に組成し，これを利用者に提供する仕組みを指します。一般に，利用者は，ロボアドバイザー業者のウェブサイト上において，年齢，リスク許容度，財務状況，投資経験などを入力し，その情報をもとに，ロボアドバイザー業者は，当該顧客に最適なポートフォリオを自動的に策定します。ロボアドバイザーは，2000年代後半から米国において広がったものですが，日本においても近年急速に利用が広がっています。

ロボアドバイザーの特徴としては，プライベートバンカー等に比べて，手数料が低く，また，スマートフォン等により提供されるため，それになじみのある若い世代の利用者が多いという点が挙げられます。

実用化されているサービスは大きく2つあります。1つは「投資助言型」サービスで，この類型では，業者は各利用者に適した金融商品のポートフォリオを提案するにとどまり，提案された金融商品への投資は利用者自身が行うこととなります。もう1つは「一任運用型」サービスで，この類型では，業者が各利用者に適した金融商品のポートフォリオを提案するにとどまらず，提案した金融商品への投資も業者が利用者に代わって行うこととなります。

2．金商法に基づく登録の要否

一口にロボアドバイザーという場合にもさまざまなタイプがあり，具体的に提供されるサービスの内容に応じて，金商法に基づく登録が必要かは異なります。もっとも，通常ロボアドバイザーのサービスにおいて取り扱う株式や投資信託は金商法における「（第一項）有価証券」に該当するため（同法2条1項），登録の要否は，概ね，以下のとおりとなると考えられます。

① 「投資助言型」サービスとして，各種質問に対する顧客の回答内容を踏まえ，当該顧客に適した「（一般的な）資産クラス別の資産ポートフォリオ（構成割合）」や「個別の有価証券・金融商品」の提示を行う場合で，潜在顧客を含めた顧客へのサービスの一環として報酬を得ずに行うものは，報酬の支払いがないために投資顧問契約が存在しないことから投資助言行為（同条8項11号）に該当しません。また，この場合，運用行為も行っていないことから，金商法に基づく登録は不要です。

② 「投資助言型」サービスとして，①と同様のサービスを，顧客から報酬を得て行う場合は，投資顧問契約の締結がなされていることになりますので，投資助言行為に該当し，投資助言・代理業の登録が必要です（同法28条3項1号）。

③ 「一任運用型」サービスとして，顧客から資金運用の一任を受けて，その資産をロボアドバイザーを用いて運用する行為を業務として行う場合には投資運用業の登録が必要です（同条4項1号）。

④ 「一任運用型」サービスとして，顧客から資金運用の一任を受けて，その資産をロボアドバイザーを用いて運用する場合で，株券や投資信託等を市場で買い付けることまで行うサービスを提供する場合は，第一種金融商品取引業の登録が必要です（同条1項1号）。

そこで，ロボアドバイザーを用いたサービスを提供する場合には，個別のサービス内容を踏まえて，どのような種類の登録が必要かを判断する必要があります。なお，登録をする場合に必要となる主な要件は，【図表2－5】のとおりです。

230 第2章 銀行取引

【図表2-5】登録要件比較表

	投資助言・代理業	投資運用業	第一種金融商品取引業
最低資本金・出資金要件	なし	5,000万円	5,000万〜30億円
純資産要件	なし	5,000万円	5,000万〜30億円
自己資本要件	なし	あり（自己資本比率が120％以上）	あり（自己資本比率が120％以上）
人的構成	①同種業務について知識・経験のあるアナリストを含む営業担当者が複数名必要，②法律知識のあるコンプライアンスオフィサーが必要，③委員会の設置は不要等	①同種業務について知識・経験のある運用担当者が複数名必要，②法律知識のあるコンプライアンスオフィサーが必要，③拒否権を有する外部有識者を委員とする投資委員会およびコンプライアンス委員会の設置が必要等	①3年以上のブローカー業務経験者が複数必要，②法律知識のあるコンプライアンスオフィサーが必要，③拒否権を有する外部有識者を委員とする投資委員会およびコンプライアンス委員会の設置が場合により必要　等

3. 銀行の業務範囲規制との関係

　第一に，銀行は，金商法28条6項に規定する投資助言業務を行うことができますが（銀行法11条1項），実際に行う場合には，登録金融機関としての登録が必要です（金商法33条の2）。したがって，この登録を受けた銀行はロボアドバイザーを用いた投資助言業務を行うことができると考えられます。

　第二に，銀行は，原則として，投資運用業を行うことはできません（金商法33条1項）。一方で，銀行は，登録金融機関として，「投資信託及び投資法人に関する法律に規定する投資信託又は外国投資信託の受益証券」（金商法2条1項10号），および「投資信託及び投資法人に関する法律に規定する投資証券，新投資口予約権証券若しくは投資法人債券又は外国投資証券」（金商法2条1項11号）については，売買の媒介，取次ぎまたは代理，ないし，募集もしくは売出しの取扱い（セリング業務）を行うことができます（同法33条2項2号）。したがって，銀行は，ロボアドバイザーを用いた投資運用業を行うことはできませんが，投資信託受益証券等の売買の媒介，取次ぎまたは代理，ないしは，募集

もしくは売出しの取扱いをすることは可能です。

　第三に，銀行は，原則として，有価証券関連業を行うことはできません（同条1項）。いわゆる銀・証分離規制であり，その趣旨は，銀行の健全性確保，利益相反の防止および優越的地位の濫用の防止にあるとされます。一方で，銀行は，登録金融機関として，一定の公社債等については売買，売買の媒介・取次ぎ・代理等を行うことができるとされています（同条2項）。よって，銀行は，ロボアドバイザーを用いて，たとえば，株式一般についての売買，売買の媒介・取次ぎ・代理等にあたるサービスを行うことはできず，一定の公社債等についての売買，売買の媒介・取次ぎ・代理等を行うことができるにとどまります。

　以上のとおり，銀行の行うことができるロボアドバイザーを用いた投資運用や有価証券の買い付け等には限界があることから，導入を検討する銀行としては，そのロボアドバイザーがどのようなサービスを提供しようとしているのかを判断した上で，金商法上，登録金融機関として許される範囲（その際，当該銀行が提出した登録申請書にいかなる「業務の種類」が記載されていたかにも留意する必要があります）でのみ行うよう注意する必要があります。

232　第2章　銀行取引

9　付随業務

Q55　新たなサービス等に関する規制

　当行では，手数料ビジネス強化のための新たなサービスの展開や支店の店舗の空スペースや自社ビルなどの有効活用ができないか検討中です。銀行法上，銀行がそのようなサービス等を行うことはできますか。

A

　銀行は，預金，貸付，為替取引以外にも，「その他の付随業務」を行うことができます。銀行が新たに行う業務が，「その他の付随業務」の範疇かどうかの判断にあたっては，監督指針に示された要件を充足するか等を踏まえた検討が必要になります。

1．付随業務

　付随業務とは，銀行の固有業務に伴って当然に生ずる業務であり，Q4で説明したとおり，銀行法10条2項各号に列挙された「基本的付随業務」とそのような具体的内容の明示されていない「その他の付随業務」とがあります。本設問で問題にしている，手数料ビジネス強化のための新たなサービスの展開や支店の店舗の空スペースや自社ビルなどの有効活用は，いずれも（預金のような「固有業務」に該当しないのはもちろん）「基本的付随業務」にも該当しないことから，「その他の付随業務」に該当するかどうかを検討することになります（「その他の付随業務」の該当性をどのような基準で判断すべきかについての一般論については，Q4の2(2)も参照）。

2．手数料ビジネス

　主要行監督指針Ⅴ-3-2，中小・地域監督指針Ⅲ-4-2（以下，合わせて「監督指針」といいます）は，以下の業務については，取引先企業に対する経営相談・支援機能の強化の観点から，固有業務と切り離してこれらの業務を行

う場合も「その他の付随業務」に該当するとしています。

- コンサルティング業務
- ビジネスマッチング業務
- 人材紹介業務
- M&Aに関する業務
- 事務受託業務
- 銀行が取引先企業に対し株式公開等に向けたアドバイスを行う業務
- 引受金融商品取引業者に対し株式公開等が可能な取引先企業を紹介する業務
- 勧誘行為をせず単に顧客を金融商品取引業者に対し紹介する業務
- 個人の財産形成に関する相談に応ずる業務

　したがって，上記のいずれかのカテゴリーに入る手数料ビジネスであれば，銀行が行うことのできる「その他の付随業務」に該当することになります。以上のうち，勧誘行為をせず単に顧客を金融商品取引業者に対し紹介する業務についてはQ9の2で，M&Aに関する業務（M&Aアドバイザリー業務）についてはQ56で，ビジネスマッチング業務についてはQ57で，詳しく取り上げます。
　もっとも，これらの業務の実施にあたっては，顧客保護や法令等遵守の観点から，以下の点について態勢整備が図られている必要があることに留意することとされています。

① 優越的地位の濫用として独禁法上問題となる行為の発生防止等法令等の厳正な遵守に向けた態勢整備が行われているか。
　(注) 個人の財産形成に関する相談に応ずる業務の実施に当たっては，金商法に規定する投資助言業務に該当しない等の厳正な遵守に向けた態勢整備が行われているか。
② 提供される商品やサービスの内容，対価等契約内容が書面等により明示されているか。
③ 付随業務に関連した顧客の情報管理について，目的外使用も含め具体的な取扱い基準が定められ，それらの行員等に対する周知徹底について検証態勢が整備されているか。

3．支店の店舗の空スペースや自社ビルの有効活用

　銀行が，支店の店舗の空スペースや自社ビルの空フロアなどの事業用不動産を有効活用する点に関して，監督指針によれば，銀行グループの効率的かつ合理的な業務運営を目的として，事業用不動産の賃貸等をグループ会社に対して行う場合は，当該グループ会社が自ら使用する場合に限り，「その他の付随業務」の範疇にあるとされています（主要行監督指針V－3－2⑷（注1），中小・地域監督指針Ⅲ－4－2⑷（注1））。他方で，グループ会社以外の者に対し事業用不動産の賃貸等を行わざるをえなくなった場合については，以下の要件が満たされていることについて，銀行自らが十分挙証できるよう態勢整備を図る必要があるとされています（主要行監督指針V－3－2⑷（注2），中小・地域監督指針Ⅲ－4－2⑷（注2））。

イ．行内的に業務としての積極的な推進態勢がとられていないこと。

ロ．全行的な規模での実施や特定の管理業者との間における組織的な実施が行われていないこと。

ハ．当該不動産に対する経費支出が必要最低限の改装や修繕程度にとどまること。ただし，公的な再開発事業や地方自治体等からの要請に伴う建替え及び新設等の場合においては，必要最低限の経費支出にとどまっていること。

ニ．賃貸等の規模が，当該不動産を利用して行われる固有業務の規模に比較して過大なものとなっていないこと。

　※　賃貸等の規模については，賃料収入，経費支出及び賃貸面積等を総合的に勘案して判断する（一の項目の状況のみをもって機械的に判断する必要はないものとする。）。

　グループ会社以外の者に対し事業用不動産の賃貸等を行わざるをえなくなった場合としては，たとえば，町内会等から，地域の祭事のために，支店の駐車場を休日だけ使用させてほしいといった要請があった場合や地元企業から社員研修のために支店の会議室を使用させてほしいとの要請があった場合などが想定されます。このように，町内会や地元企業からの要請で一部の支店が駐車場や会議室を使用させるのであれば，行内的に業務としての積極的な推進態勢が

とられているとはいえないでしょうし，全行的な規模での実施や特定の管理業者との間における組織的な実施にも該当しないと考えられます。また，賃料収入，経費支出および賃貸面積等を総合的に勘案して賃貸等の規模が固有業務の規模に比較して過大とはいえないのであれば（たとえば，駐車場や会議室といった限られた範囲で既存の設備を使用させるにとどまるのであれば，経費支出は必要最低限度にとどまるといいやすいでしょう），「その他の付随業務」に該当すると考えられます。

4．法令適用事前確認手続（ノーアクションレター制度）

　以上のように，銀行が新たなサービス等を行おうとする際に，当該サービス等が，「その他の付随業務」に該当するかどうかの判断に疑義や迷いが生じた場合には，Q17で説明したノーアクションレター制度を活用することも考えられます。

　ノーアクションレター制度にて「その他の付随業務」に該当するとされたものとしては，現金自動預払機（以下「ATM」といいます）のディスプレイ画面やATM利用明細票，店舗の壁面・屋上設備などの空きスペースを広告代理店に有料で利用させる契約を締結し，当該広告代理店が広告主から依頼を受けて広告を掲示するスキームがあります。また，銀行が銀行業務提携先企業や取引先企業の委託を受けて，顧客に送付するダイレクトメールや店舗内情報提供機器，金利ボード，通帳，残高証明書，ステートメント（取引明細書等），パンフレット，インターネットバンキング画面，電子メールの余剰部分に当該企業のために情報提供を行い受託に係る対価を受け取る業務も「その他の付随業務」に該当すると考えられています。

Q56 M&Aアドバイザリー業務の留意点

当銀行持株会社グループには，甲銀行と乙銀行の2つの銀行があります。このたび，甲銀行の顧客であるA社から，甲銀行のM&A部門に対して，乙銀行の顧客であるB社の事業部門の取得を検討しているとの話がありました。話によると，両社はこれまでも取引関係があり，今回の買収は友好的なものであって，B社のほうでは乙銀行のM&A部門にアドバイザリー業務を依頼するようです。このような事案にあたって，当銀行グループおよび各銀行はどのような点に留意すべきでしょうか。

M&Aアドバイザリー業務を提供するにあたっては，優越的地位の濫用にあたらないよう注意するとともに，サービス内容や手数料を書面により明確化し，情報の厳重な管理，利益相反行為の管理等に留意する必要があります。

1．銀行が行うM&Aアドバイザリー業務の意義

　M&Aアドバイザリー業務を含むM&Aに関する業務等は，銀行が銀行法上行うことが可能な「その他の付随業務」（同法10条2項。Q4参照）に該当するとされています（Q4の1(2)，Q55の2参照）。

　銀行は融資を通して顧客企業の財務状況や事業内容について豊富な情報を有しています。そのため，銀行には，それらの情報を活用して，顧客企業の経営改善や事業再生，事業承継などの課題にソリューションを提供するコンサルティング機能の発揮が求められています。そして，銀行が有する財務，税務，法務等の知識を総動員して，顧客企業にアドバイスを行うM&Aアドバイザリー業務は，銀行がこのようなコンサルティング機能を発揮する上で重要な業務と位置付けられます。

2．「その他の付随業務」としての監督指針上の留意点

　Q55の2で説明したとおり，M&Aアドバイザリー業務を含む手数料ビジネスの実施にあたっては，優越的地位の濫用の防止等のための態勢整備が求めら

れます。以下，順に説明します。

(1) 優越的地位の濫用の防止

優越的地位の濫用とは，取引上，優越的地位にある事業者が当該地位を利用して，取引先に対し，正常な商慣習に照らして不当に不利益を与える行為をいいます。銀行は，融資を通して顧客に対して優越的地位にある場合があることから，顧客に対する優越的地位の濫用にあたらないように注意が必要となります（独禁法2条9項5号，銀行法13条の3第3号・4号，同法施行規則14条の11の3）。

M&Aアドバイザリー業務において，要注意先などの業況不振先に対してサービスを提供することについては，顧客が事業再生を目的にM&Aを検討している場合もあることから，サービスの提供自体禁止されるわけではありません。しかし，その場合であっても，サービスを受けることを条件に融資の引上げを留保したり，他の業者とのアドバイザリー契約の締結を妨げたりするようなことは認められません。

(2) サービス内容や手数料の明確化

監督指針では，提供される商品やサービスの内容，対価等契約内容が書面等により明示されていることが必要とされています。そこで，実務上は，M&Aアドバイザリー業務において提供するサービスの内容や手数料額，M&Aアドバイザリー業務が結果を保証するものでないことやM&Aアドバイザリー業務の提供が弁護士業務，税理士業務にあたらないことなどの各種ディスクレーマーを書面で明確化するなどの対応がとられています。

(3) 情報取扱上の留意点

銀行は，契約上の付随義務，信義則，商慣習等を根拠として，顧客に対して守秘義務を負っていると考えられています。最高裁は，「金融機関は，顧客との取引内容に関する情報や顧客との取引に関して得た顧客の信用にかかわる情報などの顧客情報につき，商慣習上又は契約上，当該顧客の関係において守秘義務を負い，その顧客情報をみだりに外部に漏らすことは許されない。」（最決平19・12・11民集61巻9号3364頁）と述べています。

顧客が上場会社等（金商法163条1項）である場合，M&Aに関する情報は，インサイダー取引の対象となる未公表の重要事実（同法166条1項・2項）や法

238　第2章　銀行取引

人関係情報（業府令1条4項14号）に該当する場合があります。また，顧客が非上場会社であっても，M&Aに関する情報が流出した場合には，顧客の従業員や取引先が離反するなどの風評リスクが発生するおそれがあります。そのため，銀行の守秘義務遵守のみならず，インサイダー取引防止や顧客の風評リスク防止の観点から，M&Aに関する情報は，行内で定められた者が情報を管理する，行内のネットワークにつながったパソコンには入力しないなどの厳重な管理が必要になります。

3．利益相反行為の管理

　銀行法は，銀行や銀行持株会社に対して，当該銀行が業務を行うにあたり，顧客の利益が不当に害されることのないよう，当該業務に関する情報を適正に管理し，かつ，当該業務の実施状況を適切に監視するための体制の整備その他必要な措置を講じなければならないとして，利益相反行為の管理態勢の整備について規定しています（同法13条の3の2第1項・52条の21の3第1項）。利益相反行為の類型としては以下のものがありますが（【図表2－6】参照），これらに該当するからといって取引を行うことが直ちに違法となるわけではなく，銀行に対する社会的信頼を確保するために，これらの行為を適正に管理していくことが求められています。利益相反行為の管理の方法としては，①部門の分離，

【図表2－6】利益相反行為の類型

	顧客と銀行・銀行持株会社グループの利益相反	顧客相互間の利益相反
直接取引型	Ⓐ顧客と銀行・銀行持株会社グループが直接の当事者となる状況・状態	Ⓓ顧客と他の顧客が直接の当事者となる状況・状態
間接取引型	Ⓑ顧客と銀行・銀行持株会社グループが，相互に排他的なまたは競合する利害を有している状況・状態	Ⓔ顧客と他の顧客が，相互に排他的なまたは競合する利害を有している状況・状態
情報利用型	Ⓒ銀行・銀行持株会社グループが顧客から入手した非公開情報を利用することにより，銀行・銀行持株会社グループの利益を図ることが構造的に可能な状況・状態	Ⓕ銀行・銀行持株会社グループが顧客から入手した非公開情報を利用することにより，他の顧客の利益を図ることが構造的に可能な状況・状態

②取引条件の変更，③取引の中止，④利益相反事実の顧客への開示があります（同法施行規則14条の11の3の3第1項2号・34条の14の6第1項2号）。

本件のように銀行グループ内の各銀行がそれぞれの顧客に対してM&Aアドバイザリー業務を提供する場合，少なくとも顧客と銀行が直接の当事者となる状況（Ⓐ），顧客同士が相互に排他的または競合する利害を有している状況（Ⓔ）があると考えられます。そのため，各銀行のM&A部門を分離する，一方の銀行は取引を中止し別のアドバイザーを紹介するにとどめる，双方代理とならないよう相手方にはグループ内の別の銀行がアドバイザーに就任することについて顧客の同意を得るといった方法（民法108条ただし書，平成29年の民法（債権法）改正後は同条1項ただし書）を組み合わせて利益相反行為を管理していくことになります。

なお，銀行持株会社には経営管理として，「銀行持株会社グループに属する会社相互の利益が相反する場合における必要な調整」を行わなければならないとされていることから（銀行法52条の21第4項2号），本件のような場面で，銀行持株会社が，傘下の銀行の一方に対してM&Aアドバイザリー業務の提供を中止するよう指示することができるか問題となります。しかし，この点については，銀行持株会社はあくまで「調整」を行うにとどまり，子会社の取締役に対し具体的に指揮命令する権限は有していないと考えられています（梅澤拓「改正銀行法と金融グループの経営管理」金法2066号13頁）。

240 第2章 銀行取引

Q57 ビジネスマッチング業務の留意点

　当行がビジネスマッチング業務の一環として個人顧客を紹介している業者において，当該業者が当行に支払った紹介料を業者の顧客に対する料金に上乗せしていることが発覚しました。どのように対処すべきでしょうか。そのほかビジネスマッチング業務を行う上での留意点にはどのようなものがありますか。

A

　ビジネスマッチング業務はあくまで顧客の紹介にとどまるものであり，それ以上の行為や他業に該当する業務を行うことはできません。ビジネスマッチング業務を行うにあたっては，「その他の付随業務」を行うにあたって留意すべき点に加え，適切な利益相反管理を行う必要があります。

1．ビジネスマッチング業務の意義

　ビジネスマッチング業務とは，顧客のニーズに基づき，顧客の営業上の商売あっせん，業務提携等のため，顧客同士の面談機会を設定する業務を指し，取引関係のない取引先同士をつなげることを本質とするものと考えられています（遠藤俊英ほか監修『金融機関の法務対策5000講 II巻』（金融財政事情研究会，2018）1084頁）。銀行法上は，M&Aアドバイザリー業務（Q56参照）と同様，「その他の付随業務」（同法10条2項。Q4参照）に該当します（Q4の1(2)，Q55の2参照）。銀行が持つ顧客に関する豊富な情報を駆使して新しい技術や製品を生み出す機会を創出するものであり，ソリューションビジネスの一つとして捉えられています。

　ビジネスマッチング業務は本来，法人顧客同士を引き合わせるものが想定されていますが，本件のように個人顧客を業者に紹介することも付随業務の要件を満たしていれば「その他の付随業務」として認められると考えられています（森下国彦＝渡邉雅之「新しい付随業務ビジネスとコンプライアンス」金法1727号14頁）。

2．ビジネスマッチング業務の範疇

(1) 紹介の範疇を超える行為の禁止

　ビジネスマッチング業務はあくまで銀行が顧客を紹介するにとどまるものであり，それ以上の行為を行うことは，銀行が銀行法で認められた事業者以外の事業者の代理や媒介を行っているとみなされるおそれがあります（同法10条2項8号，同法施行規則13条参照）。そのため，実務上は，原則として，顧客を紹介した後に銀行員が顧客の商談の場に同席することはなく，例外的に双方の顧客の同意を得た場合に限り同席する取扱いがなされています。

(2) 他業禁止との関係

　銀行は，他の法律で許容された業務のほか，他の業務を営むことができないことから（銀行法12条，Q4参照），ビジネスマッチング業務を行うにあたっては他業禁止に抵触しないよう留意が必要となります。

　たとえば，弁護士法は，弁護士または弁護士法人でない者が報酬を得る目的で法律事務の周旋を業とすることができないと規定しており，違反した者には刑事罰が科されます（同法72条・77条3号）。報酬を得る目的には，直接的なもののみならず間接的なものも含むと考えられていることから，当該弁護士や紹介した顧客が銀行取引を行うことも間接的な報酬とみなされるおそれがあります。そのため，銀行が弁護士の紹介を業として行うことはできません。

　また，不動産売買の媒介（宅地建物取引業法2条2号）も他業にあたることから，銀行が不動産の買主に売主を紹介することは認められません。他方で，不動産情報の一般的な情報提供は媒介に至らない行為と考えられています（前掲・遠藤ほか監修1089頁）。

　なお，職業紹介（職業安定法4条1項）は，許可（同法30条・33条等）を得た職業紹介事業者（同法4条9項）しか営むことができないことから，銀行にとっては他業にあたると考えられてきましたが（前掲・遠藤ほか監修1087頁），平成30年3月30日の主要行監督指針，中小・地域監督指針の改正により，銀行が許可を得たうえで人材紹介業務を行うことが「その他の付随業務」に該当することが明確化されました（主要行監督指針Ⅴ－3－2(1)（注3），中小・地域監督指針Ⅲ－4－2(1)（注3））。これを受けて，自ら職業紹介の許可を取得し，求人

242　第2章　銀行取引

票の受入れを行っている銀行もあります（鈴木英介「地域の持続可能性を高める地銀の人材紹介ビジネス」金融財政事情3297号12頁）。

　以上のように，ビジネスマッチング業務を行うにあたっては，他の法律で免許や許可が必要とされる行為にあたるかどうか，あるいは他の法律で禁止されている行為にあたるかどうかといった検討が必要となります。

3.「その他の付随業務」としての監督指針上の留意点

　Q55の2で説明したとおり，ビジネスマッチング業務を含む手数料ビジネスの実施にあたっては，優越的地位の濫用の防止等のための態勢整備が求められます。以下，順に説明します。

(1)　優越的地位の濫用の防止

　ビジネスマッチング業務を行う上でも，M&Aアドバイザリー業務と同様に優越的地位の濫用にあたらないように気をつける必要があります。たとえば，顧客に対して紹介先との取引開始を強要することや，取引開始を条件に融資の約束をすることなどは禁止されます。

　また，製造業を営む顧客の販路拡大のために他の顧客を紹介するビジネスマッチング契約において，紹介手数料を製品販売実績に応じた従量制とした場合，銀行にとっては，多くの買手を紹介するほうが多額の手数料を得られることから，優越的地位を利用して手数料の条件を設定したとみられるおそれがあるとされています（前掲・遠藤ほか監修1085頁）。そのため，従量制とする範囲や時期を限定するなどして，あくまで顧客紹介の対価であることを明確にする必要があります。

(2)　サービス内容や手数料の明確化

　M&Aアドバイザリー業務と同様，監督指針上，サービス内容や手数料の明確化が求められています。そこで，実務上，上記のように手数料を従量制とする範囲や時期を限定してあくまで紹介の対価であることを明確化するほか，行っている業務がビジネスマッチングの範囲を超えて取引先の業務の媒介をすると評価されることにより他業禁止に抵触することのないよう，ビジネスマッチング業務があくまで紹介にとどまるものであること，商談にあたっては顧客の自己責任にて行うことなどを書面で明確化するなどの対応がとられています。

(3) 情報取扱上の留意点

　銀行が負う守秘義務（Q56参照）を遵守するため，ビジネスマッチング業務で得た顧客の情報を，顧客の同意なく紹介先に提供することや顧客の同意なくビジネスマッチング以外の目的で使用することは認められません。また，インサイダー取引防止や顧客の風評リスク防止の観点から，情報について厳重な管理が必要になる点も，M&Aアドバイザリー業務と同様です。

4．利益相反行為の管理

　本設問のように銀行が顧客に紹介した業者が，銀行に支払った紹介料分を顧客に対する料金に上乗せしているような場合や，前述のように手数料を従量制に設定した上で業者が手数料分を製品の販売価格に上乗せしているような場合，銀行は顧客を紹介すればその分だけ業者から多額の手数料が得られる一方で，顧客はその紹介料分を業者から請求されることになることから，顧客と銀行が相互に排他的なまたは競合する利害を有している状況（Q56【図表2－6】Ⓑ）にあるとともに，顧客と他の顧客が直接の当事者となる状況（同Ⓓ）にあるといえます。

　このような場合，ビジネスマッチング契約締結前であれば，銀行としては，紹介する業者がそのような料金設定を行っていないか可能な範囲で調査し，料金設定に不審な点があればビジネスマッチング契約の締結を断念するという対応が考えられます。また，ビジネスマッチング契約締結後に発覚した場合には，業者に対して可能な範囲で料金設定の是正を求めるとともに，料金設定に疑義がある場合には当該業者の紹介を中止するといった対応をとることが考えられます。

244 第2章　銀行取引

10　銀行業務の拡大，銀行の海外展開

Q58　業務拡大―相続関連業務の拡大

　当行は，高齢化社会を見据え，①事業承継コンサルティング，②個人の相続による資産承継コンサルティング，③遺言信託，④相続発生時の法定相続人の確認，財産の整理，名義変更（いわゆる遺産整理業務）などの相続関連サービスを提供しようと考えています。どのような法規制に留意する必要があるでしょうか。

A

　当行としては，まず，①～④の各業務を，「その他の付随業務」として行うことができないかを検討することになります。次に，これに含まれない業務については，金融機関の信託業務の兼営等に関する法律における認可を受けた上で，信託業ないし信託契約代理業として行うことができないかを検討することになります。

1．銀行の経営環境の変化と業務拡大の必要性

　近年，伝統的な銀行業務が，縮小・分化しつつあります。

　第一に，銀行業務の分化（アンバンドリング化）による影響があります。近時，銀行の固有業務（Q4の1参照）の専業規制が緩和され，または他の同等の経済的効果を有する業務により代替されることにより，銀行免許を有しない者であっても，銀行の固有業務ないしこれと類似の業務を行うことができるようになってきています。たとえば，預金業務や為替取引業務は電子マネー発行業務や資金移動業へと，貸付業務はクレジットカード業務へというように，従来銀行が行っていた業務が他の事業者によって代替されるということが生じています。

　第二に，銀行の業務範囲規制（銀行法10条等。Q4参照）の存在により，銀行およびその子会社が業務を拡大できないため，上記の分化（アンバンドリング

化）等の影響で，子会社を含めた銀行業務が縮小をするという状況にあります。

このような中，多くの銀行は，その社会的役割・機能を維持するため，環境変化に応じて，従来銀行の業務範囲ではなかった業態の業務についても，積極的に銀行業務として取り組んでいく必要が生じています。

実際にも，多くの銀行が，業務拡大の一分野として，事業承継対策や相続関連商品・サービスの拡大に力を入れています。

2. 銀行法上の業務範囲規制（銀行法10条）との関係

銀行が相続関連サービス等の新規事業を行うためには，その事業が銀行法10条等の定める銀行の業務範囲，特に，「その他の付随業務」（同条2項柱書）に含まれる必要があります（「その他の付随業務」の意義や判断基準等についてはQ4を，「その他の付随業務」に含まれる業務として金融庁の監督指針に列挙されている業務についてはQ4の1⑴やQ55の2をご参照ください）。

そこで，本設問の各業務が「その他の付随業務」に該当するかを検討すると，以下のとおりです。

まず，①事業承継コンサルティングについては，取引先企業に対して行うコンサルティング業務，ビジネスマッチング業務ないしM&Aに関する業務（Q55の2参照）に該当し，銀行が実施することが可能であると解されます。

次に，②個人の相続による資産承継コンサルティングについては，効率的な資産承継を行うという「個人の財産形成に関する相談に応ずる業務」（Q55の2参照）に該当すると考えられ，銀行が実施することが可能と解されます。

以上に対し，③遺言信託や，④遺産整理業務は，「その他の付随業務」にあたると判断されるために必要な，「法第10条第1項各号及び第2項各号に掲げる業務に準ずる」との要件や，「銀行業務との機能的な親近性やリスクの同質性」との要件（Q4の2⑵参照）を充足しないと解される場合が多いと考えられ，これらの業務は「その他の付随業務」にはあたらないと解される場合が多いといえます。したがって，銀行が，③遺言信託や，④遺産整理業務に関する業務を実施することは銀行法10条に違反するおそれがあります。

なお，各監督指針の定める「その他の付随業務」（同条2項柱書）の4要件（Q4の2⑵参照）については，近年，これらの要件を硬直的に要求することは，

246　第2章　銀行取引

実態に合わなくなってきているとの指摘もなされています（たとえば，西村あさひ法律事務所『ファイナンス法大全（上）〔全訂版〕』（商事法務，2017）938頁〔小張裕司〕）。すなわち，「その他の付随業務」の各要件は，銀行の固有業務との関連性が強く意識されて規定されているところ，上記のとおり銀行の固有業務が分化・縮小していく中で，「その他の付随業務」の範囲がその制約を受けるのは実態と合わなくなってきているとされるのです。このような問題意識に基づき，たとえば，「銀行業務との機能的な親近性やリスクの同質性」という要件にいう「銀行業務」を広く捉えるなどの，「その他の付随業務」の範囲を緩和する旨の解釈論が提言されています。

3. 金融機関の信託業務の兼営等に関する法律（兼営法）との関係

　一方，金融機関の信託業務の兼営等に関する法律（以下「兼営法」といいます）に基づき，銀行は，内閣総理大臣による銀行業との兼営の認可を受けて，信託業法に定める信託業や信託契約代理業を営むことができます（兼営法1条1項。銀行法12条による他業禁止の例外にあたることになります）。

　「信託業」とは，信託の引受けを行う営業をいい（信託業法2条1項），信託業は，内閣総理大臣の免許を受けた者でなければ，営むことができません（同法3条）。また，「信託契約代理業」とは，信託契約の締結の代理または媒介を行う営業をいい（同法2条8項），内閣総理大臣の登録を受けた者でなければ，営むことができません（同法67条1項）。

　そして，信託会社が，信託業，信託契約代理業，信託受益権売買等業務および財産の管理業務以外の業務を営むためには，内閣総理大臣の承認を受ける必要があります（同法21条2項・5項）。

　本設問の各業務についてみますと，③遺言信託を引き受ける業務は，「信託の引受けを行う営業」であるため，銀行は銀行業との兼営の認可（兼営法1条）および信託業の免許（信託業法3条）を受けなければ行うことができないと考えられます。ただし，銀行が信託会社を代理して信託契約を締結する信託契約代理業を行うことは，銀行業との兼営の認可（兼営法1条）および信託契約代理業の登録（信託業法67条1項）を受けることにより可能であり，現に，このような形で信託契約代理業を行う銀行は多くあります。

次に，④の相続発生時の法定相続人の確認，財産の整理，名義変更といった
いわゆる遺産整理業務は，直接信託業にあたるものではありません。そこで，
これらの業務を行おうとする銀行は，別途信託業法21条2項に基づき，内閣総
理大臣の承認を受ける必要があります。

すなわち，銀行が，銀行業との兼営の認可（兼営法1条）および信託業の免
許（信託業法3条）を受けた場合，当該銀行は，別途，遺産整理業務を実施す
ることの内閣総理大臣の承認（信託業法21条2項）を受けて当該業務を実施す
ることになります。一方，銀行が，銀行業との兼営の認可（兼営法1条）およ
び信託契約代理業の登録（信託業法67条1項）を受けた場合，当該銀行は，別途，
信託会社を代理して遺産整理業務に係る契約を締結する業務を行うことの内閣
総理大臣の承認（同法21条2項）を受けて，これを実施することになります。

248　第2章　銀行取引

Q59　業務提携

　当行は，民泊ビジネスをしようと考えているお客様への不動産担保ローンの提供を開始しようと考えており，そのようなお客様を紹介してもらうため，既存の民泊事業者からお客様を紹介してもらうよう同社との間で業務提携をしようと考えています。この不動産担保ローンの提供および業務提携にあたっては，どのような点に留意しなければならないのでしょうか。

A

　民泊事業者に委託する業務が「銀行代理業」（銀行法2条14項）にあたるかどうかを確認の上，必要があれば，民泊事業者に許可を取得してもらう必要があります。また，業務を委託する銀行としては，民泊事業者との契約等において委託業務の的確な遂行を確保するための措置を講じるとともに，提供しようとする不動産担保ローンについてその適切なリスク評価および審査体制の構築が必要となります。

1．銀行代理業（銀行法2条14項）の許可の要否

　銀行法2条14項は，銀行代理業の一つとして，銀行のために資金の貸付又は手形の割引を内容とする契約の締結の代理又は媒介を行う営業を定めています。ここで「媒介」とは他人間の法律行為の締結に尽力する事実行為をいいます（小山・銀行法精義533頁）。

　そこで，本設問では銀行が民泊事業者に対して委託する行為（不動産担保ローンを提供する顧客の紹介）が，「銀行のための」資金の貸付の「媒介」にあたる場合には，当該民泊事業者は銀行代理業を行うことになりますので，銀行代理業の許可を得る必要があります。

　この点，第一に，銀行代理業にあたるのは，「銀行のため」に媒介が行われる場合に限られ，顧客のために，預金等の受入れ等を内容とする契約の代理または媒介を行う者については，銀行代理業の許可は不要です（主要行監督指針Ⅷ-3-2-1-1(3)①，中小・地域監督指針Ⅳ-3-2-1-1(3)①）。したがって，民泊事業者が銀行ではなく顧客のみから仲介料等をもらう場合には，原則として

銀行代理業にあたらないものと解されます（金融庁総務企画局「銀行法等に関する留意事項について（銀行法等ガイドライン）」（平成30年5月）2-1②）。また，民泊事業者が銀行から経済的対価を受け取っていても，当該対価の実質が，資金の貸付けの契約の締結の代理または媒介に係る「契約の条件の確定又は締結に関与する対価」とはいえない場合（たとえば，民泊事業者のウェブサイト上に銀行のサービスを広告したことの対価としての広告料である場合）は，銀行代理業にあたらないと解されます（銀行法等ガイドライン2-2）。もっとも，たとえば，銀行と民泊事業者との間で合意された契約上またはスキーム上は顧客のために行為することとされている場合でも，当該民泊事業者が実務上，その契約もしくはスキームに定められた範囲を超えてまたはこれに反し，実質的に銀行のために代理・媒介業務を行っている場合には，許可が必要となる場合があるとされている点には留意が必要です（主要行監督指針Ⅷ-3-2-1-1(3)①，中小・地域監督指針Ⅳ-3-2-1-1(3)①）。

　第二に，銀行代理業にあたるのは，銀行のために「媒介」が行われる場合に限られ，媒介に至らない行為を銀行から受託して行う場合には，銀行代理業の許可を得る必要はありません。具体的には，資金の貸付けの契約の締結の勧誘，契約の勧誘を目的とした商品説明，契約の締結に向けた条件交渉，契約の申込みの受領（単に契約申込書の受領・回収または契約申込書の誤記・記載漏れ・必要書類の添付漏れの指摘のみを行う場合を除きます）はいずれも，「媒介」にあたるとされています（主要行監督指針Ⅷ-3-2-1-1(2)，中小・地域監督指針Ⅳ-3-2-1-1(2)）。これに対し，商品案内チラシ・パンフレット・契約申込書等の単なる配布・交付や，契約申込書およびその添付書類等の受領・回収のみを行う場合には，「媒介」にあたらないとされていますが，前者については，配布または交付する書類の記載方法等の説明をする場合には，媒介にあたることがありうるとされ，後者については，単なる契約申込書の受領・回収または契約申込書の誤記・記載漏れ・必要書類の添付漏れの指摘を超えて，契約申込書の記載内容の確認等まで行う場合は，媒介にあたることがありうるとされていることに留意が必要です（主要行監督指針Ⅷ-3-2-1-1(3)②，中小・地域監督指針Ⅳ-3-2-1-1(3)②）。

　以上のとおり，民泊事業者が，顧客のために銀行を紹介・仲介する場合や，

250　第2章　銀行取引

銀行のローン商品のチラシ・パンフレット・契約申込書等の配布を委託するのみであれば，銀行代理業にはあたらないものの，銀行のために，民泊事業者が積極的に銀行のローン商品の内容の説明をしたり，その借入れの勧誘を行ったりする場合には，銀行代理業にあたり，民泊事業者には，銀行代理業の許可を得てもらう必要があると考えられます。

２．委託業務の的確な遂行を確保するための措置

　銀行法12条の２第２項は，「銀行は，内閣府令で定めるところにより，……その業務を第三者に委託する場合における当該業務の的確な遂行その他の健全かつ適切な運営を確保するための措置を講じなければならない。」と定め，これを受けた同法施行規則13条の６の８第１項は，業務を委託する場合に，当該業務の内容に応じ，次に掲げる措置を講じなければならないとしています。

一　当該業務を的確，公正かつ効率的に遂行することができる能力を有する者に委託するための措置
二　当該業務の委託を受けた者（以下この項において「受託者」という。）における当該業務の実施状況を，定期的に又は必要に応じて確認することにより，受託者が当該業務を的確に遂行しているかを検証し，必要に応じ改善させることその他の受託者に対する必要かつ適切な監督を行うための措置
三　受託者が行う当該業務に係る顧客からの苦情を適切かつ迅速に処理するために必要な措置
四　受託者が当該業務を適切に行うことができない事態が生じた場合には，他の適切な第三者に当該業務を速やかに委託することその他の当該業務に係る顧客の保護に支障が生じることを防止するための措置
五　銀行の業務の健全かつ適切な運営を確保し，当該業務に係る顧客の保護を図るため必要がある場合には，当該業務の委託に係る契約の変更又は解除をする等の必要な措置を講ずるための措置

　さらに，金融庁の監督指針は，上記の銀行法，同法施行規則の考え方を踏まえ，①顧客保護の観点から，委託契約によっても当該銀行と顧客との間の権利義務関係に変更がないこと，委託先からサービスを受けられない場合に顧客利便に支障が生じることを未然に防止する態勢整備をすること，顧客等に関する情報管理が整備されていること等を定めるとともに（主要行監督指針Ⅲ-3-3-

4-2(1)，中小・地域監督指針Ⅱ-3-2-4-2(1))，②銀行の経営の健全性確保の観点から，委託先からサービスを受けられない場合の銀行業務への影響等外部委託に係るリスクへの対応策を検討すること，委託先が十分なレベルのサービスの提供を行うことができ，契約に沿ったサービス提供や損害等負担が確保できる財務・経営内容であること等を定めています（主要行監督指針Ⅲ-3-3-4-2(2)，中小・地域監督指針Ⅱ-3-2-4-2(2))。

　したがって，民泊事業者との業務提携にあたり，民泊事業者に対して銀行業務の一部を委託する形をとる場合には，業務提携における契約書等の取り決めにおいて，上記各規定の要件を充足することができるような定めを設ける必要があります。

3．融資にあたっての審査の問題

　以上のほか，民泊ビジネスへの不動産担保ローン商品の販売開始にあたっては，そのローンの的確なリスク評価に基づく審査体制の整備が必要となります。

　すなわち，銀行は，信用リスクに係る内部管理態勢を適切に整備し，財務の健全性の確保に努める必要があることから（主要行監督指針Ⅲ-2-3-2-1-1，中小・地域監督指針Ⅱ-2-4-1)，民泊ビジネスへの不動産担保ローンという新たな商品の販売にあたっては，一般のアパートローン等の既存の融資商品とは異なる独自の信用リスク（たとえば，その事業性，利益構造や所要資金の特徴等）の有無およびその内容を確認し，それに応じた的確な審査項目や評価方法を検討，確立し，さらにそれを確実に遂行する審査体制を構築する必要があります。

252　第2章　銀行取引

Q60　海外展開

　顧客の東南アジア地域への進出を支援するため，当行はシンガポールに拠点を設置することを検討しています。進出方法としては，駐在員事務所や支店の設置，現地法人の設立や現地金融機関との提携などさまざまな方法があると聞きましたが，どのような違いがありますか。また，もし拠点を設置せずに外国企業に直接融資をする場合，留意すべき事項はありますか。さらに，海外で事業をするに際して，法律的な観点で特に留意すべき事項はありますか。

A

　まずは，進出予定国の外資規制を確認した上で，現地法人の設立，支店の開設，駐在員事務所・出張所等の開設等，取りうる選択肢を検討します。シンガポールにおいては，積極的な事業活動を行うのであれば支店の設置が一般的ですが，その手前段階や情報収集目的であれば，駐在員事務所を選択するのが一般的です。

1．外資規制・銀行業規制の確認

　まず，進出しようとする国において，銀行業その他金融業に外資規制があるか，さらにどのような業務が銀行業として規制されるかを確認します。国によっては，支店形態の進出を認めず，現地法人を作る必要があるところもあります。たとえば，本設問のシンガポールでは支店形態の進出が可能ですが，マレーシアでは，商業銀行のライセンスの申請者はマレーシア会社法に基づいて設立された会社でなければならないとされており，進出するには現地法人を作る必要があります。また，現地法人の株式すべてを外国人たる本邦の銀行が保有することができるのかといった一般的な外資規制の確認も必要です。

　さらには，現地通貨を国外で扱えるのか，現地で外国通貨（たとえば日本円や米国ドル）を扱えるのか，日本との送金に支障はないかといった点も確認が必要です。本設問のシンガポールにおいては，現地での外国通貨の取扱いに制限はありません。

２．現地法人の設立と支店の開設

(1) 支店と現地法人の概要

　銀行法において，支店とは，本店に直属し，支店の名義により，かつ独立の計算をもって銀行業務を行う営業所をいいます（同法施行規則８条３項）。国内の支店であっても海外の支店であっても，同一の法人格のもとで営業を行います。

　他方，現地法人を設立する場合は，進出国の会社法制に基づき，法人を設立し，通常は本邦の銀行またはその親会社・関連会社が当該現地法人の株式を保有します（外資規制がある場合はそれによります）。現地法人は，本邦の銀行とは別個の法主体となり，個別に（当該国の会社法に基づき）取締役会などの機関を設計します。

(2) 支店開設のメリット・デメリット

　支店は，あくまで本邦の本店と同一の法人ですので，本店は，支店に対して直接指揮命令ができ，また資金の融通等も柔軟に対処できます。

　他方，同一の法人格ゆえ，支店の債務につき，本店は制限なく責任を負うことになります。また，原則として国内の支店と同様に銀行法の規制が適用されるため，業務範囲規制（詳細については，Ｑ４を参照）が適用されます。なお，海外で支店を設置するには認可を受ける必要があります（同法８条２項，同法施行規則９条の２）。

(3) 現地法人のメリット・デメリット

　現地法人は，本店とは別個の法人ですので，本店は，原則として現地法人の債務を負担することはありません。

　また，現地法人は，本邦銀行法上の「銀行」ではないため，同法の業務範囲規制は及びませんが，銀行の子会社ではあるので，子会社の業務範囲規制は適用されます（同法16条の２。詳細についてはＱ５を参照）。ただ，監督指針において，外国で銀行業を営む現地法人の業務については，現地監督当局が容認するものは，本邦銀行法の趣旨を逸脱しない限り原則として容認するとされており（主要行監督指針Ⅴ－３－３－４(1)注），現地法人の業務範囲は（銀行本体の業務範囲規制よりは）やや柔軟になっています。なお，子会社の設立は認可事項です

（同法16条の2第7項）。

　他方，現地の会社法制によりますが，別個の法人ゆえ，本店から直接の指揮命令ができないことがあり，銀行グループとしてのガバナンスをどう確保するかといった問題や（もちろん支配株主としての権利行使は可能です），本店と現地法人との取引が，いわゆるアームズ・レングス・ルールを満たさなければならない等の制約もあります。また，本店と現地法人とが連携してサービスを提供する場合には，本店において外国銀行代理業の届出や（銀行法10条2項8号の2・52条の2第3項），現地法人との情報共有に関する顧客の同意の取得など，支店の場合とは異なる対応が必要になります。

⑷　支店と現地法人の双方に必要なもの

　多くの国では，外国銀行の支店を銀行として扱うため（日本も同様に，銀行法上，外国銀行の支店は，それ自体が1つの銀行とみなされます（同法47条2項）），支店の開設であっても現地金融当局から銀行業の営業許可等を取得する必要があります。また，現地法人の場合も，当然に現地当局からの許可等が必要となります。

　同様の理由から，支店であっても，コンプライアンス体制の整備など，現地法人と同程度の体制整備を求められることが多いです。

　なお，現地の規制や会社法等の観点で，支店のほうが進出しやすいことが多いため，本邦の金融機関の海外進出は，その多くが支店形態となっています。本設問のシンガポールでも，支店形態の進出が多いです。

3．出張所・駐在員事務所の開設

　出張所は，本店または支店に従属し，比較的小規模な銀行業務を行う営業所です。出張所の業務はすべて母店となる本店または支店の名義により行われ，母店において記帳されます（銀行法施行規則8条3項と4項を対照）。

　駐在員事務所は，情報の収集・提供，マーケティング等の目的で設置されるものです。

　いずれも，単独で銀行業務（貸付，預金の受入れ等）を行うことはできませんが，現地法人の設立や支店の開設に比べて手続が簡単なことがあり（ただし，国によります），進出の最初の形態として選択されることが多いです。

4．海外展開時に留意すべき事項

(1) 現地法制と日本法との齟齬

本邦銀行法は，主に国内で業務を行う銀行を想定して規定されていると思われ，海外で業務を行う場合に，法律がどのように適用されるのか，さらには海外の金融規制法とコンフリクトがあると思われる場合にどのように対処するのか，対応に苦慮することがあります。また，現地当局の要請に従うことが日本の銀行法その他の規制法に抵触するとも解釈されうる場合や，その反対のことも起こりえます。現地拠点において，日本法の適用があることを理解してもらい，疑義が生じた場合の確認手段を確保しておくことも必要です。

(2) 規制当局とのコミュニケーション

現地法人の場合はもとより，支店や駐在員事務所・出張所の場合でも，通常現地の規制当局の監督を受けることになります。最近では各国の規制当局同士で密に連絡しているとも聞き，それぞれの当局に，いかなる内容をどのタイミングで伝えるかも重要になってきています。現地での当局対応部署と本店の当局対応部署とが緊密に連携して業務を進めることが肝要です。

(3) バーゼル規制

従前海外拠点をもっていない銀行が新たに海外拠点を開設した場合，「国際統一基準行」となり，バーゼル規制上，最低自己資本比率が8％となり，より厳格な規制を受けることになる点に注意が必要です（なお，国内基準行であれば4％です（バーゼル規制の詳細についてはQ15を参照））。

COLUMN 3
印紙税とは

　契約担当者として，契約を作成する際に，忘れてはならないのが印紙税です。印紙税法は，一定の文書を課税文書として定め，課税文書の作成者に対して印紙税の納付義務を課しています（同法３条）。したがって，作成した契約書が課税文書に該当すれば，印紙税を納付する（具体的には，必要な金額の収入印紙を契約書上に貼付する）必要があります。

　課税文書とは，印紙税法別表第一の課税物件の欄に具体的に列挙された文書から非課税文書を除いたものを意味します。たとえば，銀行が締結することが非常に多い金銭消費貸借契約書は，別表第一の一に掲げられている「消費貸借に関する契約書」に該当すると考えられますので，契約上に記載された契約金額に応じて定められた金額の収入印紙を貼付することになります。

　何が課税文書（課税物件）に含まれるのかを判断する際には，別表第一の課税物件の「定義」や，国税庁がウェブサイトで公表している「印紙税の手引」（本書脱稿時である令和元年６月18日時点における最新版は令和元年６月版ですが，頻繁に改訂されます）やタックスアンサーが参考になります。

　また，印紙税の手引において，契約書については，①（本契約のみならず）「予約契約書」も含まれるとされていること，②目的物の内容，契約金額等の重要な事項について変更する場合は，変更契約書も課税文書となるとされていること，③契約書の写しは原本証明等があれば課税文書となりうるが，単なるコピーであれば課税文書には該当しないとされていることに留意が必要です。

　なお，紙の文書を送付せず，ある文書をもっぱらファックスや電子メール等により送信するだけの場合は，課税文書とはならないとされています（タックスアンサーNo. 7120）。したがって，たとえば，領収書を紙で作成して押印してそのまま郵送すると課税文書となりえますが（別表第一の十六，十七），紙で作成して押印して紙自体は送らずにファックス等で送付する場合は課税文書とはなりません。

索　引

英字

APLMA 149
Credit Support Annex 206
CSA 206
DSCR 158
EBITDA 158
EPC業者 174
FATCA 150
FATF 65
FA債 189
Financial Action Task Force 65
FinTech企業 31
FinTechサポートデスク 80
general partner 210
ISDA 206
ISDAマスター契約 206
JSLA 132
limited partner 210
limited partnership 210
LMA 148
LSTA 148
Mark-to-market Currency Swap条項 205
O&D 7, 151
O&M業者 175
OFAC規制 149
payment in-kind 169
PIK 169
SPC 35, 151, 156, 174
The Asia Pacific Loan Market Association 149
The Loan Market Association 148
The Loan Syndications and Trading Association 148

あ行

アームズ・レングス・ルール 22, 49, 254
アップフロントフィー 6, 12
アレンジメントフィー 6, 12
アレンジャー 128
暗号資産 221
暗号資産交換業 222
印紙税 147, 256
インフォメーション・メモランダム 130
疑わしい取引の届出 66
売掛債権担保 139, 143, 162
エージェント 128
大口与信供与規制 17
オープンAPI 224
オフサイト・モニタリング 74
親会社の保証 204
オリジネーション&ディストリビューション 7, 151
オンサイト・モニタリング 74

か行

外国集団投資スキームの特例 219
外資規制 153
確定日付のある証書 140, 160
瑕疵担保責任 178
稼働率保証 178
株式担保 137, 143, 160, 184
為替取引 5, 109, 223
為替予約 196
関係者間協定書 165
元利金の弁済額 158
議決権保有規制（銀行法） 35, 216
議決権保有規制（独禁法） 216
期限の利益喪失事由 115, 118, 169
基本的付随業務 28, 192, 196, 232
キャッシュセトル条項 205
狭義の適合性原則 58, 200
共通重複業務 86
共同売却請求権 167
銀行代理業 248
銀行取引約定書 113, 115, 116

銀行法上の取締役会の設置強制…………… 83
金銭を対価とする取得請求権……………… 165
金融関連業務会社……………………………… 32
金融危機対応措置……………………………… 41
金融行政ご意見受付窓口……………………… 80
金融行政モニター受付窓口…………………… 80
金融業務会社…………………………………… 30
金融検査・監督の考え方と進め方（検査・
　監督基本方針）……………………………… 76
金融検査マニュアル…………………………… 74
金融事業者……………………………………… 54
金融商品仲介業………………………………… 48
金融の円滑……………………………………… 17
繰延利息……………………………………… 169
グレーゾーン解消制度………………………… 81
グロスアップ条項…………………………… 147
経営者保証…………………………………… 125
経営判断原則………………………………… 120
契約上の地位の移転………………… 135, 141
契約上の地位の譲渡についての予約…… 187
契約締結前交付書面………………………… 201
兼営の認可…………………………………… 246
兼職規制………………………………… 51, 84
現地法人……………………………………… 253
広義の適合性原則……………………………… 59
工場財団抵当権……………………………… 185
コーポレートガバナンス・コード………… 85
子会社対象会社………………………… 30, 35
顧客本位の業務運営に関する原則
　………………………………… 54, 60, 76
国際スワップ・デリバティブ協会……… 206
国際統一基準行………………………………… 71
国内基準行……………………………………… 71
固定価格買取制度…………………………… 179
5％ルール（銀行法）………………… 35, 216
5％ルール（独禁法）……………………… 216
個別同順位方式……………………………… 136
コベナンツ（誓約事項）
　………………… 114, 133, 158, 170, 189
コベナンツモデル（参考モデル）……… 190
コミットメントライン……………………… 132
固有業務……………………………… 5, 27, 244

コンフォート・レター……………………… 204

さ行

債権者間協定書………………………… 134, 168
債権譲渡………………………………… 135, 140
債権担保……………………………………… 187
サイドレター………………………………… 213
財務代理人…………………………………… 189
債務引受……………………………………… 141
先物取引……………………………………… 197
先渡取引……………………………………… 197
差押え………………………………………… 101
　――の競合………………………………… 101
指図による占有移転………………………… 143
ジェネラル・パートナー…………………… 210
事業再生会社…………………………… 31, 35
資金移動業…………………………………… 111
資金決済機能……………………………………… 3
資金仲介機能……………………………………… 2
自己資本……………………………………… 72
自己資本比率規制……………………………… 15
実質的支配者…………………………………… 64
支店…………………………………………… 253
仕向銀行……………………………………… 104
諮問委員会…………………………………… 214
社債管理者…………………………… 188, 192
　――の約定権限…………………………… 194
社債管理者不設置債………………………… 189
社債管理補助者……………………………… 190
集合動産譲渡担保権………………………… 186
従属業務会社…………………………………… 31
収納代行……………………………………… 110
出張所………………………………………… 254
取得条項……………………………………… 166
守秘義務………………… 94, 107, 151, 237, 243
準共有方式…………………………………… 137
準拠法…………………………… 145, 151, 153
証拠金規制…………………………………… 206
証書貸付………………………………… 112, 114
譲渡禁止特約…………………………… 135, 187
譲渡制限株式………………………………… 161
書面照会手続…………………………………… 79

新事業特例制度……………………… 81	投資事業有限責任組合……………… 209
信託業………………………………… 246	投資助言・代理業…………………… 229
信託契約代理業……………………… 246	登録金融機関…………… 27, 48, 196, 230
信用創造機能…………………………… 2	登録質（譲渡担保）……… 138, 161, 185
信用の維持…………………………… 15	特定関係者…………………………… 22
随伴性………………………………… 141	特定子会社………………………… 31, 35
スポンサー・サポート契約………… 182	特定投資家…………………………… 198
スポンサー・レター………………… 175	特定取引…………………………… 67, 68
制裁条項……………………………… 149	特別事業再生会社………………… 31, 35
性能保証……………………………… 178	特別目的会社…………… 35, 151, 156, 174
責任財産限定特約…………………… 183	特例対象会社………………………… 36
絶対劣後方式………………………… 169	ドラッグ・アロング………………… 167
説明義務………………………… 59, 202	取引時確認…………………………… 62

な行

善管注意義務……… 110, 120, 163, 195, 214	日本証券業協会…………………… 190, 201
全国銀行協会…………………… 43, 44, 226	日本ローン債権市場協会…………… 132
善良なる管理者の注意をもって事務を処理	ニューヨーク条約…………………… 145
する義務…………………………… 84	根抵当権…………………………… 137, 142
相殺…………………………… 98, 107, 118	——の一部譲渡……………………… 142
相対劣後方式………………………… 170	——の全部譲渡……………………… 142
その他の付随業務…… 29, 47, 79, 81, 222, 232,	——の分割譲渡……………………… 142
236, 240, 245	ノーアクションレター制度……… 78, 90, 235
損害担保条項………………………… 153	

た行

	は行

タームシート………………………… 129	バーゼル規制…………………… 71, 255
タームローン………………………… 132	賠償額の予定………………………… 177
第一種金融商品取引業……………… 229	陪審裁判の放棄……………………… 150
代金取立て…………………………… 110	ビジネスマッチング業務における紹介… 241
第二種金融商品取引業……………… 219	被仕向銀行…………………………… 104
他業証券業務等…………………… 27, 54	広く共有することが有効な相談事例…… 79
タグ・アロング……………………… 167	フィナンシャル・アシスタンス…… 163
担保権…………………………… 118, 136	不祥事件……………………………… 18
担保提供制限条項…………………… 189	付随業務………………………… 27, 232
駐在員事務所………………………… 254	普通株式を対価とする取得請求権…… 165
中途解約条項………………………… 205	不動産担保…………… 137, 142, 154, 162
手形貸付………………………… 113, 115	付保預金……………………………… 38
適格機関投資家等特例業務………… 219	フリーキャッシュフロー…………… 158
電子決済等代行業…………………… 225	振込みの法的性質…………………… 105
当座貸越………………………… 113, 115	プロ顧客……………………………… 197
動産担保……………………………… 162	プロジェクト型「規制のサンドボックス」
倒産不申立て特約…………………… 183	制度………………………………… 81
投資運用業…………………… 47, 219, 229	

260 索 引

紛争解決条項……………………………… 145
分配可能額………………………………… 164
ベイル・イン……………………………… 150
弁護士会照会……………………………… 95
ベンチャー・ビジネス会社…………… 31, 35
法定権限…………………………………… 193
法定他業…………………………………… 27
法律意見書………………………………… 155
ホームベース・ルール…………………… 52
保証意思宣明公正証書…………………… 124
保証人………………………… 119, 124, 153
本人特定事項……………………………… 62

ま行

マンデート・レター……………………… 129
マンデートの付与（取得）……………… 129
みなしGPリスク………………………… 214
民法上の組合…………………… 211, 217
無限責任組合員…………………………… 209
メザニン貸付人の承諾権………………… 170
メザニンローン…………………………… 168

や行

優越的地位の濫用………………… 51, 237, 242
有価証券関連業………………………… 47, 231
有限責任組合員…………………………… 209

有限責任組合の有限責任性……………… 213
優先株式…………………………………… 164
優先株主の拒否権………………………… 166
有利子負債………………………………… 158
預金債権担保……………………………… 160
預金者等の保護…………………………… 15
預金者保護法………………………… 16, 42
預金の帰属………………………………… 93
預金の法的性質……………………… 15, 92
預金保険制度………………………… 16, 38

ら行

利益相反行為………………… 214, 238, 243
履行保証金信託契約……………………… 111
履行保証金保全契約……………………… 111
リスク・アセット等……………………… 72
リスケ要請………………………………… 117
リミテッド・パートナー………………… 210
リミテッド・パートナーシップ………… 210
リミテッド・リコース…………………… 175
略式質（譲渡担保）………… 138, 161, 185
劣後特約…………………………………… 169
レバレッジレシオ………………………… 158
連帯保証人………………………… 119, 163
ロボアドバイザー………………………… 228

《監修者紹介》

日本組織内弁護士協会（JILA）
Japan In-House Lawyers Association

　日本組織内弁護士協会（JILA）は，組織内弁護士およびその経験者によって2001年8月1日に創立された任意団体。組織内弁護士の現状について調査研究を行うと共に，組織内弁護士の普及促進のためのさまざまな活動を行うことにより，社会正義の実現と社会全体の利益の増進に寄与すること，および会員相互の親睦を図ることを目的としている。

　現在の会員数は1,616名（2019年5月17日時点）。全会員向けのセミナーやシンポジウムの開催，会報誌や専門書の発行，各種政策提言などを行っている。また，全会員が所属する業種別の10の部会，任意参加の11の研究会，関西支部，東海支部，中国四国支部，九州支部の4つの支部などを通じて，多様な活動を展開している。

　主な監修・編集書籍に，『公務員弁護士のすべて』（第一法規，2018），『事例でわかる問題社員への対応アドバイス』（新日本法規出版，2013），『契約用語使い分け辞典』（新日本法規出版，2011），『最新 金融商品取引法ガイドブック』（新日本法規出版，2009），『インハウスローヤーの時代』（日本評論社，2004）がある。

≪編者紹介≫

桑原　秀介（くわばら　しゅうすけ）

JILA第2部会所属
株式会社あおぞら銀行　法人営業統括部トランザクションマネジメントグループ
　カウンセル　弁護士・ニューヨーク州弁護士
2002年　東京大学法学部卒業
2004年　弁護士登録，アンダーソン・毛利・友常法律事務所入所（～2017年）
2012年　ボストン大学ロースクール卒業（LL.M. in American Law Program）
　　　　　ニュージーランド（オークランド）のBell Gully勤務（～2013年）
2013年　ニューヨーク州弁護士登録
2017年～現職
＜主要著作＞
「貸金業者との間の第1基本契約により発生した過払金は第2基本契約に基づく債務に充当されないとされた事例」ビジネス法務2008年10月号
「「賃料増減特約」はどこまで有効か？　近時最高裁判例をふまえた賃貸借契約の留意点」ビジネス法務2009年1月号
『ANALYSIS 公開買付け』（共著，商事法務，2009）

西原　一幸（にしはら　かずゆき）

JILA第2部会所属
金融機関法務部　弁護士・ニューヨーク州弁護士

1998年　東京大学法学部卒業
2006年　弁護士登録，シティユーワ法律事務所入所（～2016年）
2010年　金融庁総務企画局市場課勤務（～2012年）
2013年　バンダービルト大学ロースクール卒業（LL.M.）
　　　　Pillsbury Winthrop Shaw Pittman LLP New York Office勤務（～2014年）
2016年　株式会社あおぞら銀行勤務（～2019年5月）
＜主要著作＞
『信託と倒産』（共著，商事法務，2008）
『こんなときどうする会社役員の責任』（共著，第一法規出版，1994〔加除式〕）
『逐条解説　2011年金融商品取引法改正』（共著，商事法務，2011）
『なるほど図解　労働法のしくみ』（共著，中央経済社，2014）

≪著者紹介≫

伊藤　淳（いとう　あつし）

JILA第2部会所属
LINE Pay株式会社　執行役員　リスク統括室コンプライアンスチーム　マネージャー　弁
　護士
2007年　弁護士登録
2008年　株式会社福岡銀行入行
2010年　福岡財務支局検査総括課金融証券検査官
2013年　金融庁検査局専門検査官
2016年～現職
＜主要著作＞
『新訂貸出管理回収手続双書　不動産担保（上）』（共著，金融財政事情研究会，2010）
『契約用語使い分け辞典』（共著，新日本法規出版，2011）
『公務員弁護士のすべて』（共著，レクシスネクシス・ジャパン，2016）

上野　陽子（うえの　ようこ）

JILA第2部会所属
株式会社ジャックス　信用管理部　エキスパート・マネジャー　弁護士
日弁連業務改革委員会企業内弁護士小委員会委員，一弁組織内弁護士委員会副委員長
2001年　一橋大学経済学部卒業後，NTTコミュニケーションズ株式会社等勤務
2013年　弁護士登録，総務省総合通信基盤局電波部移動通信課（課長補佐）
2015年　株式会社ジャックス入社（コンプライアンス統括部法務課長等に従事）
＜主要著作＞
『最新取締役の実務マニュアル』（共著，新日本法規出版，2007〔加除式〕）
『法務の技法【OJT編】』（共著，中央経済社，2017）
『データ戦略と法律』（共著，日経BP社，2018）
「特定商取引法―事業者に与える影響」ビジネス法務 2016年4月号（共著）

「改正特商法の骨子とクレジット業者が対応すべきポイント」月刊消費者信用 2017年11月号（共著）

「特定継続的役務の類型に加わった「美容医療」判別のポイント」月刊消費者信用 2018年2月号）

「スケジュール調整，審理内容の分析 訴訟マネジメント」ビジネス法務 2018年6月号

小山　晋資（こやま　しゅんすけ）

JILA第2部会所属

金融機関法務部　カウンセル　弁護士

2008年　弁護士登録

2016年　ペンシルバニア大学ロースクール卒業（LL.M.）

現在　ブラウン大学（Executive Master in Cybersecurity）在学中

＜主要著作＞

『ファイナンス法大全（上）〔全訂版〕』（共著，商事法務，2017）

近内　京太（こんない　きょうた）

JILA第2部会所属

丸の内総合法律事務所　パートナー弁護士

2003年　京都大学法学部卒業

2006年　弁護士登録，丸の内総合法律事務所入所

2011年　預金保険機構勤務（〜2012年）

2016年　ワシントン大学ロースクール卒業，Shatz Law Group勤務（〜2017年）

＜主要著作＞

「日本振興銀行の破綻処理—預金者保護を中心として（1〜4）」金融法務事情1957〜1960号（共著）

「自動運転自動車による交通事故の法的責任—米国における議論を踏まえた日本法の枠組みとその評価（上）・（下）」国際商事法務652〜653号

『一問一答　金融機関のための事業承継の手引き』（共著，経済法令研究会，2018）

佐藤　優樹（さとう　ゆうき）

JILA第2部会所属

株式会社三井住友銀行　総務部法務室戦略法務グループ　弁護士

2014年　一橋大学法科大学院卒業

2015年　弁護士登録

2016年　株式会社三井住友銀行入行

杉坂　春奈（すぎさか　はるな）

JILA第2部会所属

株式会社七十七銀行　コンプライアンス統轄部　弁護士

2009年　弁護士登録，岩田合同法律事務所山根室入所

2014年　株式会社七十七銀行入行
＜主要著作＞
『第三者委員会―設置と運用』（共著，金融財政事情研究会，2011）
『Q&A　家事事件と銀行実務』（共著，日本加除出版，2013）
『銀行員のためのトラブル相談ハンドブック』（共著，新日本法規出版，2017）
「震災対応と実務対策」銀行実務2011年7月号（共著）
「被災生活と金融」金融法務事情2016年3月10日号
「金融機関における社内弁護士活躍のために」銀行法務21・2017年5月号
「実務相談室―融資推進時における不動産情報の取扱いの留意点」金融法務事情2082号
「実務相談室―銀行がM&Aアドバイザリー業務を行うに当たっての留意点」金融法務事情
　　2094号
「実務相談室―預金取引における本人確認の留意点」金融法務事情2112号

鈴木　健之（すずき　たけゆき）

JILA第2部会所属
三菱UFJ信託銀行株式会社　法務部　弁護士
2009年　弁護士登録，三菱UFJ信託銀行株式会社に復職し現職
＜主要著作＞
「主債務者が反社会的勢力であることを理由とする信用保証契約の錯誤無効等―最三小判平
　　28.1.12（4事件中2事件）の検討」金融法務事情2041号
「全部相続させる遺言と遺留分侵害額算定に関する最三小判平21.3.24等の検討」金融法務事
　　情2102号40頁
金融法務事情　連載「信託コトハジメ」（共同執筆）
『成年後見制度　法の理論と実務（第2版)』（共著，有斐閣，2014）

田中　努（たなか　つとむ）

JILA第2部会所属
株式会社ローソン銀行　経営管理部法務課　弁護士
2012年　弁護士登録
　　　　　地方銀行および同グループ内の証券会社に勤務（～2018年）
2019年～現職
＜主要著作＞
「金融機関の業務における不祥事防止態勢とその検討」銀行法務21・789号
『業界別・場面別　役員が知っておきたい法的責任―役員責任追及訴訟に学ぶ現場対応策』
　　（共著，経済法令研究会，2014）
『銀行員のためのトラブル相談ハンドブック』（共著，新日本法規，2017）

Q&Aでわかる業種別法務

銀　行

2019年7月25日　第1版第1刷発行

監　修	日本組織内弁護士協会	
編　者	桑　原　秀　介	
	西　原　一　幸	
発行者	山　本　　　継	
発行所	㈱中　央　経　済　社	
発売元	㈱中央経済グループ	
	パ ブ リ ッ シ ン グ	

〒101-0051　東京都千代田区神田神保町1-31-2
電話　03 (3293) 3371(編集代表)
　　　03 (3293) 3381(営業代表)
http://www.chuokeizai.co.jp/

© 2019
Printed in Japan

印刷／三 英 印 刷 ㈱
製本／誠　製　本　㈱

＊頁の「欠落」や「順序違い」などがありましたらお取り替えいた
しますので発売元までご送付ください。(送料小社負担)
ISBN978-4-502-31111-6　C3332

JCOPY〈出版者著作権管理機構委託出版物〉本書を無断で複写複製（コピー）することは，
著作権法上の例外を除き，禁じられています。本書をコピーされる場合は事前に出版者著
作権管理機構（JCOPY）の許諾を受けてください。
　JCOPY〈http://www.jcopy.or.jp　eメール：info@jcopy.or.jp〉

「Q&Aでわかる業種別法務」シリーズ

―― 日本組織内弁護士協会〔監修〕 ――

インハウスローヤーを中心とした執筆者が,各業種のビジネスに沿った法務のポイントや法規制等について解説するシリーズです。自己研鑽,部署のトレーニング等にぜひお役立てください。

Point
- 実際の法務の現場で問題となるシチュエーションを中心にQ&Aを設定。
- 執筆者が自身の経験等をふまえ,「実務に役立つ」視点を提供。
- 参考文献や関連ウェブサイトを随所で紹介。本書を足がかりに,さらに各分野の理解を深めることができます。

〔シリーズラインナップ〕

銀行	好評発売中
不動産	好評発売中
自治体	続　刊
医薬品・医療機器	続　刊
証券・資産運用	続　刊
製造	続　刊
建設	続　刊

中央経済社